法治建设与法学理论研究部级科研项目成果

U0731792

审判中心主义下警察出庭作证的
落实问题研究

姬艳涛　著

山西出版传媒集团　山西人民出版社

图书在版编目（ＣＩＰ）数据

审判中心主义下警察出庭作证的落实问题研究 / 姬
艳涛著 . —太原：山西人民出版社，2019.5
ISBN 978-7-203-10676-0

Ⅰ．①审… Ⅱ．①姬… Ⅲ．①警察—举证责任
—研究—中国 Ⅳ.① D925.213.4

中国版本图书馆CIP数据核字（2019）第000784号

审判中心主义下警察出庭作证的落实问题研究

著　　者：	姬艳涛
责任编辑：	郭向南
复　　审：	武　静
终　　审：	梁晋华

出　版　者：山西出版传媒集团 · 山西人民出版社
地　　　址：太原市建设南路21号
邮　　　编：030012
发行营销：0351-4922220　4955996　4956039　4922127（传真）
天猫官网：https://sxrmcbs.tmall.com　电话：0351-4922159
E-mail：　sxskcb@163.com　发行部
　　　　　sxskcb@126.com　总编室
网　　　址：www.sxskcb.com

经　销　者：山西出版传媒集团 · 山西人民出版社
承　印　厂：山西荣博印业有限责任公司

开　　本：787mm×1092mm　　1/16
印　　张：17
字　　数：360千字
印　　数：1-700册
版　　次：2019年5月　第1版
印　　次：2019年5月　第1次印刷
书　　号：ISBN 978-7-203-10676-0
定　　价：68.00元

如有印装质量问题请与本社联系调换

目 录

导　论

一、研究缘起

警察出庭作证，是指警察就其执法活动或者诉讼参与过程中所亲历的客观事实（包括程序事实、量刑事实以及犯罪事实）出庭作证并接受控辩双方质询以及法庭询问的诉讼法律制度。在我国，警察出庭作证制度经历了从无到有、从"偶尔为之"到"常态化"机制的发展过程。

1979 年《刑事诉讼法》规制下的审判程序是典型的书面审判程序。在"线形结构"和"流水作业式"的诉讼模式中，侦查活动的追诉倾向和证据材料往往直接决定对被告人的定罪量刑结果。同时，书面裁判主义和相应的卷宗移送制度，又使得法庭审判因过度虚化而流于形式。因此，在刑事司法传统语境中，警察证人不出庭与刑事诉讼不但不会发生冲突，而且正是后者的结构性功能表现，其现实合理性显而易见。[1]

1996 年，随着刑事诉讼程序的改革推进，以控辩式为表征的审判模式初步形成，卷宗的全卷移送被只移送主要证据复印件替代，证人被要求出庭，而且证人证言必须经过各方讯问、质证才能作为定案的依据。[2] 上述规定不仅彰显了正当程序和直接言词原则的诉讼要求，同时也体现了侦查中心主义向审判中心主义的重要转变。正是在 1996 年《刑事诉讼法》修改的大背景下，刑事审判程序的结构性调整使得警察证人不到庭或出庭率低下等问题引起越来越多的关注。

---

[1] 左卫民：《刑事证人出庭作证程序实证研究与理论阐析》，《中外法学》2005 年第 6 期。
[2] 参见 1996 年《刑事诉讼法》第 47 条、第 150 条。

针对这一问题，在 2012 年和 2018 年《刑事诉讼法》修改的过程中，专门以立法的形式明确了警察出庭作证制度。《刑事诉讼法》第 59 条规定："现有证据材料不能证明证据收集的合法性的，人民检察院可以提请人民法院通知有关警察或者其他人员出庭说明情况；人民法院可以通知有关警察或者其他人员出庭说明情况。有关侦查人员或者其他人员也可以要求出庭说明情况。经人民法院通知，有关人员应当出庭。"《刑事诉讼法》第 192 条"人民警察就其执行职务时目击的犯罪情况作为证人出庭作证，适用前款规定"规定了警察应当就执行职务时目击的犯罪情况出庭作证。同时，司法解释对警察出庭作证做出了进一步的细化规定。

《最高人民法院关于适用〈中华人民共和国刑事诉讼法〉的解释》（以下简称《刑事诉讼法》审判解释）第 108 条："对侦查机关出具的被告人到案经过、抓获经过等材料，应当审查是否有出具该说明材料的办案人、办案机关的签名、盖章。对到案经过、抓获经过或者确定被告人有重大嫌疑的根据有疑问的，应当要求侦查机关补充说明。"《刑事诉讼法》审判解释第 110 条："对被告人及其辩护人提出有自首、坦白、立功的事实和理由，有关机关未予认定，或者有关机关提出被告人有自首、坦白、立功表现，但证据材料不全的，人民法院应当要求有关机关提供证明材料，或者要求相关人员作证，并结合其他证据作出认定。"最高人民法院的司法解释明确了程序性事实及量刑性事实证实中警察的出庭作证义务。

《人民检察院刑事诉讼规则》第 440 条："公诉人对证人证言有异议，且该证人证言对案件定罪量刑有重大影响的，可以申请人民法院通知证人出庭作证。人民警察就其执行职务时目击的犯罪情况作为证人出庭作证，适用前款规定。"《人民检察院刑事诉讼规则》第 446 条："在法庭审理过程中，被告人及其辩护人提出被告人庭前供述系非法取得，审判人员认为需要进行法庭调查的，公诉人可以根据讯问笔录、羁押记录、出入看守所的健康检查记录、看守管教人员的谈话记录以及侦查机关对讯问过程合法性的说明等，对庭前讯问被告人的合法性进行证明，可以要求法庭播放讯问录音、录像，必要时可以申请法庭通知侦查人员或者其他人员出庭说明情况。"《人民检察院刑事诉讼规则》第 449 条："对于搜查、查封、扣押、冻结、勘验、检查、辨认、侦查实验等侦查活动中形成的笔录存在争议，需要负责侦查的人员以及搜查、查封、扣押、冻结、勘验、检查、辨认、侦查实验等活动的见证人出庭陈述有关情况的，公诉人可以建议合议庭通知其出庭。"最高人民检察院的司法解释就警察出庭作证的适用范围以及相关程序性问题做出了进一步的说明和阐释。

公安部修订后的《公安机关办理刑事案件程序规定》第68条："人民法院认为现有证据材料不能证明证据收集的合法性，通知有关侦查人员或者其他人员出庭说明情况的，有关侦查人员或者其他人员应当出庭。必要时，有关侦查人员或者其他人员也可以要求出庭说明情况。经人民法院通知，人民警察应当就其执行职务时目击的犯罪情况出庭作证。"此外，《关于办理刑事案件排除非法证据若干问题的规定》（以下简称《排除非法证据规定》）第7条还进一步规定："经审查，法庭对被告人审判前供述取得的合法性有疑问的，公诉人应当向法庭提供讯问笔录、原始的讯问过程录音录像或者其他证据，提请法庭通知讯问时其他在场人员或者其他证人出庭作证……经依法通知，讯问人员或者其他人员应当出庭作证……"

概括而言，随着2012年《刑事诉讼法》以及相关司法解释的实施，警察出庭作证由过去的偶尔为之变成一种常态化机制，这对于审判中心主义的诉讼改革以及"法治公安"的建设具有重要的作用和价值。警察出庭作证虽然能够更好地维护司法公正、提高庭审质量、维护被告人诉讼权利，但也给卷宗中心主义的改革、警检关系的重塑、证据裁判原则的落实、侦查中心主义的转型以及警察出庭作证能力的培育提出了更大的挑战和更高的要求。例如，依据证据裁判原则的基本要求，一切作为定案根据的证据都必须在法庭上出示和查证属实，只有经过法庭举证、质证和认证后采纳的证据，才能作为认定被告人有罪和判处刑罚的证据。[1]然而，在"案卷笔录审判模式"的影响下，我国长期实行的是书面裁判主义和相应的卷宗移送制度，法官庭前活动极度强化，审判的依据基本来自侦查机关提供的口供和其他书面证据材料。特别是警察不出庭，检察机关不参与侦查，导致侦查过程中取得的证据难以在法庭上接受质证，即使控辩双方对证据产生争议，法庭最常用的处理方式也是根据警察出具的"情况说明"进行裁

---

[1] 陈卫东主编《刑事诉讼法》，中国人民大学出版社，2004，第340页。

判。警察不出庭导致的卷宗中心主义，不仅严重违反了直接言词原则的基本要求，同时也是"诉讼公正观念、人权保护观念、法治权威观念缺失"的集中缩影。[1]

同时，侦查中心主义对警察出庭作证制度的实施也造成诸多的不利影响和现实羁绊。侦查办案人员在侦查中心主义影响下，其侦查工作的重点往往局限于抓获犯罪嫌疑人顺利破案，加上考评机制的导向作用，"使侦查人员比较关注案件是否能顺利移送审查起诉，而不太重视调查取证是否能够满足案件起诉、审判阶段证明犯罪事实和审查判断证据的需要"[2]。另外，还有些侦查人员持"有罪推定"的办案思路，进行选择性取证，特别侧重收集证实犯罪嫌疑人有罪或者罪重的证据，而忽视收集证实犯罪嫌疑人无罪或者罪轻的证据，反映出其"只要犯罪嫌疑人归案，主要犯罪事实查清，任务即告完成"的心理。推进警察出庭作证制度的实施，即"要求与定罪量刑相关的各类证据，无论言词证据还是实物证据，都要在庭审的聚光灯下充分展现，保证诉讼双方在法庭上充分举证、质证、互相辩驳、发表意见"[3]。在以审判为中心的诉讼模式背景下，侦查人员应当认识到出庭作证是侦查工作的继续，是对侦查工作成效的检验，并积极配合，必须做到出庭对所收集的证据接受控辩双方的质证。可见，警察出庭作证制度是对执法规范化的一种倒逼，倒逼办案人员树立证据意识、程序意识、庭审意识以及提高证据证明标准和创新侦查手段。

此外，我国警检关系的结构性错位，也是制约警察出庭作证制度发展的重要瓶颈。在我国《刑事诉讼法》所预设的侦控结构中，侦查和公诉职能分别由警检机关承担，侦查与起诉程序各自独立，司法实践中侦、诉"两张皮"现象突出。在这种警检关系模式中，既缺乏大陆法系国家检察官领导、指挥警察的权威，也没有英美法系国家实践中那种警察为支持公诉服务的驱动力，警检目标存在断裂，侦诉命运共同体远未形成。[4] 因而，我

---

[1] 陈瑞华：《刑事诉讼的前沿问题》（第二版），中国人民大学出版社，2005，第333页。

[2] 周欣：《警察出庭作证制度的中国化进程》，《中国人民公安大学学报》（社会科学版）2015年第2期。

[3] 沈德咏：《论以审判为中心的诉讼制度改革》，《中国法学》2015年第3期。

[4] 谢波：《从警检关系论警察出庭作证》，《国家检察官学院学报》2015年第2期。

国特殊的警检关系和侦控模式，使警察出庭作证深陷结构性矛盾之中，一方面《刑事诉讼法》以及相关的司法解释对警察出庭制度作出了明确规定，另一方面侦控结构的长期错位以及侦检部门在出庭作证制度衔接方面的立法缺失，使得该制度的推进举步维艰。

因此，警察出庭作证制度的贯彻落实，并不是单一立法就可以解决的问题。有了司法体制、诉讼模式、侦控结构的整体改革以及相关配套制度措施的有效支撑，才能使警察出庭作证由静态的制度规范变成动态的现实操作。因而，本书在对我国警察出庭作证实证研究的基础上，运用系统论的研究范式对上述问题进行深入分析和全面阐释，并为警察出庭作证的进一步改革和完善提出相应的对策和建议。

二、研究的价值和意义

1. 有利于正当程序的落实

正当程序，又称为"正当的法律程序"，是法律实施的方法和过程，是程序正义的内在要求，是实现实体公正的基本途径。美国大法官 W. 道格拉斯指出，美国"权利法案的大多数规定都是程序性条款，这一事实绝不是无意义的。正是程序决定了法治与肆意的人治之间的基本区别"[1]。正当程序是现代法治国家的重要标志，通过正当程序不仅有助于制衡权力，保障公民的基本人权和诉讼权益，而且对于维护司法权威和提高诉讼效率具有重要作用和价值。

一方面，控辩平等是程序正义的基础保障。司法公正的实现，需要程序正义，而只有实现控辩双方的平等才能实现程序上的正义。事实上，通过警察出庭作证，使得被告方取得了与控诉方就侦查人员调查取证活动的合法性展开平等抗辩的机会。司法实践中，相比被动接受追诉的犯罪嫌疑人，侦查人员在拘留、逮捕、冻结和扣押等强制措施方面具有压倒性优势。但是，如果被告方能够以非法证据排除等为由，申请启动警察出庭作证程序，那么法院就可以为被告方提供一个就侦查活动展开平等讨论的平台。

---

[1] 吕世伦：《当代西方理论法学研究》，中国人民公安大学出版社，1997，第246—247页。

可以说，启动警察出庭作证程序，由法庭就侦查行为合法性进行司法审查本身，实质上就为被告人及其辩护律师积极参与审查过程提供了程序保障。

另一方面，警察出庭作证也为程序法的实施提供了重要保障。法律规范的贯彻落实，不仅需要实体性法律责任的构建，还有赖于程序性制裁的设立。侦查人员就调查取证合法性出庭作证，使得其在客观上处于"程序被告"或"接受审查"的境地，其搜查、扣押、辨认、讯问、鉴定等侦查程序的合法性要经受全面的审查和检验。相对那种从不接受法庭审查的侦查人员而言，出庭作证的警察都会在一定程度上受到震慑或约束，并在以后的调查取证过程中更加注重程序公正和执法规范化。

2. 有利于审判中心主义改革的推进

党的十八届四中全会通过的《中共中央关于全面推进依法治国若干重大问题的决定》提出，要"推进以审判为中心的诉讼制度改革，确保侦查、审查起诉的案件事实证据经得起法律的检验。全面贯彻证据裁判规则，严格依法收集、固定、保存、审查、运用证据，完善证人、鉴定人出庭制度，保证庭审在查明事实、认定证据、保护诉权、公正裁判中发挥决定性作用"。庭审实质化是以审判为中心的诉讼模式改革的关键环节，其主要目标是实现"诉讼证据质证在法庭、案件事实查明在法庭、诉辩意见发表在法庭、裁判理由形成在法庭"[1]，通过法庭审理判定证据真伪、查明案情真相、理清量刑事实，在此基础上正确适用法律规范。

以庭审实质化改革为契机推动侦查中心主义向审判中心主义的转型，不仅是客观司法规律的内生需求，也是重塑我国刑事诉讼模式和庭审结构的重要途径。一方面，作为司法规律的关键，司法判断要求法官必须亲身经历证据审核、法庭调查和辩论程序，综合法庭审理中获得的各种信息材料为准确做出司法判断提供必要条件。另一方面，审判中心主义要求法庭审判在案件事实认定和法律适用方面发挥决定性作用，摆脱庭审虚化的现象。[2] 相反，如果仍然以书面证据材料的方式推动法庭审判，不仅无法克服侦查中心主义和案卷笔录中心主义带来的各种弊端，而且无法实现对"线

---

[1] 参见《人民法院第四个五年改革纲要》。

[2] 龙宗智：《庭审实质化的路径和方法》，《法学研究》2015 年第 5 期。

性诉讼构造"的实质转变，难以有效发挥审判在整个刑事诉讼进程中的决定作用。

事实上，我国立法为推动庭审实质化的发展做出了诸多努力，然而庭审虚化的现象仍然是诉讼模式改革面临的一项制度性难题。所谓庭审虚化，是指法官对案件事实的认定和对法律的适用主要不是通过法庭调查和辩论来完成，而是通过庭审之前或之后对案卷的审查来完成，即庭审在刑事诉讼过程中没有起到实质性作用，法院不经过庭审程序也照样可以作出判决。[1]

概括而言，庭审虚化的重要诱因就是，法庭审判没有贯彻直接言词原则，证据调查的形式化趋势非常严重。证人证言往往是刑事审判中定罪量刑的主要判决依据，但法庭调查阶段证人却很少出庭，而是以侦查程序中形成的书面材料代替证人出庭。在这种案卷笔录中心主义的庭审方式中，由于证人、鉴定人以及侦查人员等不出庭，作为对抗制核心的质证程序无法有效展开，导致庭审实质化举步维艰。此外，我国《刑事诉讼法》将勘验、检查、辨认、侦查实验等侦查行为形成的笔录材料，作为天然具有证明资格的载体形式，却忽略了这些侦查笔录的程序合法性和内容可错性，以及在争议情形下对侦查人员当面质证的必要性。上述法庭审理的种种行为违反了直接审理原则的证据核查方式，最终造成司法实践中的侦查中心主义，并使法庭审判演变为一种检验或复核程序。

审判中心主义诉讼模式改革的重点就是庭审实质化的确立，为此需要保障法庭对证据的有效审查。为实现这一目标，首先需要规制书面案卷材料，有效限制由侦查笔录形成的"侦审联结"，由法庭对侦查人员等原始人证进行直接质询。因此，警察出庭作证制度的设立，是审判中心主义改革的集中体现，有利于改变法庭对侦查案卷笔录的过度依赖，充实法庭调查和法庭辩论程序，完善刑事审判阶段举证、质证和认证程序，有效促进庭审实质化的发展。同时，从法理上分析，辨认、勘验、搜查、侦查实验等侦查行为形成的笔录材料，实质上仍属于传闻证据。而对这些证据的法庭调查和质证，不仅符合刑事司法的基本规律，同时对于促进侦查中心主

---

[1] 熊秋红：《刑事庭审实质化与审判方式改革》，《比较法研究》2016 年第 5 期。

义向审判中心主义的转变具有重要作用。

3. 有利于贯彻直接言词原则

直接言词原则，是指裁判者亲自听取控辩双方、证人及其他诉讼参与人的当庭口头陈述和法庭辩论，在此基础上形成对案件的认识并据此对案件作出相应的裁判。[1]作为刑事诉讼法学的一项基本原则，直接言词原则分为直接原则和言词原则。其中，直接原则要求当事人及其他诉讼参与人在法庭公开审判时亲自到庭参加法庭审判活动，同时也要求审判人员亲自主持庭审，听取控辩双方的陈述和辩论。言词原则是指法庭审理如质证和举证以及辩论都必须以言词陈述的方式进行，任何没有经过言词方式质证的证据材料都不得作为定罪量刑的依据。[2]在警察出庭作证的制度中，该原则要求警察证人不能在法庭上使用书面证言而必须亲自到庭参加诉讼，并以言词陈述方式参与法庭审理活动，否则其证言不能作为定案根据。

"从证据锁链来看，证明案件的真实性，必须形成一个完整的证据链，要求环环相扣，排除合理怀疑，如果证人不出庭，就不能对其证言进行印证和补强，使得证据锁链环环相扣的强度和排除合理怀疑可能性的程度得不到验证，这不利于更加充分地排除合理怀疑，不利于实现'客观真实'的证明标准。"[3]无论英美法系的传闻证据规则，还是大陆法系的直接言词原则，都要求证人到庭以言词陈述自己所了解的情况，并接受法庭的直接询问。

事实上，警察出庭作证不仅符合直接言词的诉讼原则和自由心证的基本精神，同时对保障被告人诉讼权利特别是对质权具有重要作用。在英美刑事诉讼中，将对质权视为公民的一项宪法性权利。要求证人宣誓后作证，使被告人有机会询问证人，使陪审团能够亲自观察评估证人的行为举止，是法律保障对质权的三个目的。[4]对质权要求将证人带到公开的法庭上并

---

[1] 汪海燕：《论刑事庭审实质化》，《中国社会科学》2015年第2期。

[2] 陈卫东：《刑事诉讼法》，中国人民大学出版社，2013，第58页。

[3] 何家弘、张卫平：《外国证据法选编》（下卷），人民法院出版社，2000，第754—766页。

[4] 王兆鹏：《美国刑事诉讼法》，台湾元照出版有限公司，2004，第383页。

宣誓，这样也就使证人被置于伪证罪的威胁之下。他们的证词连同他们的举止、态度都要在法庭上受到审查。对质权允许被告人向对其不利的证据提出挑战，以便在可能的范围内对案件事实作出最有利于其的辩护。[1]

"程序性价值的基本要求是在刑事诉讼中，参与人都有机会参与并有机会提出有利于自己的主张和证据以及反驳对方的证据和主张。"[2]在具体的法庭审理中，被追诉方行使辩护权的重要途径就是要求证人出庭并就相应的量刑事实和定罪事实等进行质询。因而，构建警察出庭作证程序，一方面通过质证能够获得警察证人最接近原始状态的感受；另一方面，被告方可以就不利于其的警察证言进行当庭对质，即通过对定罪量刑情节直接的言词交锋，有利于法庭对证据真伪的查明以及对证据证明效力的认定。

4. 有利于规范调查取证

"审判中心"的提出，不仅是对"侦查中心"的反思，更是对侦查活动的一种倒逼。在"侦查中心"背景下，公安机关的侦查权在整个刑事诉讼流程中居于主导地位。[3]公安机关侦查办案坚持实体优先，重实体而轻程序，有时为了收集证据、抓获犯罪嫌疑人，甚至突破程序办案。同时，公安侦查人员由于受到侦查中心主义传统思维的影响，其侦查工作的重点往往局限于抓获犯罪嫌疑人以顺利破案，再加上考评机制的导向作用，"使侦查人员比较关注案件是否能顺利移送审查起诉，而不太重视调查取证是否能够满足案件起诉、审判阶段证明犯罪事实和审查判断证据的需要，在证据收集上存在欠缺，不能形成证据锁链，影响了案件的最终定罪量刑"[4]。

审判中心主义强调实体正义与程序正义的统一，要求发挥程序在认定事实上的决定作用，甚至更加重视程序正义。法庭是检验侦查活动合法性和有效性的唯一场所，所有侦查活动取得的证据材料，都要经过法庭质证，接受法庭的最终检验才能被用于案件裁判。特别是警察出庭作证，能够培

---

[1] 熊秋红：《刑事庭审实质化与审判方式改革》，《比较法研究》2016年第5期。

[2] 何家弘：《新编证据法学》，法律出版社，2000，第51页。

[3] 陈瑞华：《论侦查中心主义》，《政法论坛》2017年第2期。

[4] 周欣：《警察出庭作证制度的中国化进程》，《中国人民公安大学学报》(社会科学版)2015年第2期。

养警察在侦查活动中的证据意识、程序意识和庭审意识，遏制刑讯逼供、威胁引诱等非法取证行为，进而提升公安机关的整体刑事执法水平。

《刑事诉讼法》明确规定了侦查人员出庭作证的情形，要求侦查人员在规定情形下出庭对相关事项进行说明，这些法律规定以法律责任形式倒逼侦查人员规范侦查活动。也就是说，在警察出庭作证制度下，警察会更加自觉地规范侦查行为，依法行使侦查权，规范证据以使所收集的证据能够经得起控辩双方举证、质证和辩论，经得起审判，特别是庭审标准的考验。相反，若在侦查活动中存在刑讯逼供和非法取证行为或不满足程序公正标准，面对法庭各方质证便会漏洞百出，最终导致证据无效以及庭审败诉的法律后果。

推进以审判为中心的诉讼制度改革的关键是实现以庭审为中心。以庭审为中心，即"要求与定罪量刑相关的各类证据，无论言词证据还是实物证据，都要在庭审的聚光灯下充分展现，保证诉讼双方在法庭上充分举证、质证、互相辩驳、发表意见，进而使法官辨明证据真伪，独立地形成心证，作出事实认定准确、法律适用正确的公正裁判"[1]。因此，在以审判为中心的诉讼思想影响下，侦查人员必须在侦查阶段严格按照裁判阶段的相关标准调查取证，必须在审判阶段出庭就其所收集证据的有效性、合法性进行解释或说明，必须从始至终认识到出庭作证是对侦查工作的"考核"，更是对今后完善侦查工作的"示范"和积极配合。

在具体的侦查活动中要摆脱重实体、轻程序的思维禁锢，应坚持程序正义和实体公正相结合，始终在无罪推定原则指导下收集证据。在审判中心诉讼制度中，必须消除口供是证据之王的思想，弱化对口供的依赖，逐渐加快从"由供到证"向"由证到供"的侦查思路转变，严格排除使用刑讯逼供和暴力、威胁等非法手段收集的证据；充分发挥物证书证等客观证据的证明效力，减轻对口供证言的倚重，避免因调查取证的程序违规而导致诉讼失败，致使罪犯逍遥法外；坚持做到全面调查，主动"双向"收集证据，既注重收集证明犯罪嫌疑人有罪、罪重的有罪证据，也注重收集证明犯罪嫌疑人无罪、罪轻的无罪证据。

---

[1] 沈德咏：《论以审判为中心的诉讼制度改革》，《中国法学》2015 年第 3 期。

此外，"审判中心"要求所有的证据都必须经过法庭质证方能作为定案的依据，改变了过去诉讼不同阶段对证据证明标准要求不同的状况，倒逼侦查机关在侦查阶段按照审判阶段的标准收集证据。也就是说，从侦查阶段开始，侦查机关就要严格按照审判对证据的证明要求全面、规范地收集证据：根据证据的不同特点，制定详细的侦查取证操作指南，将能反映案件动机、目的、时间、地点、过程、手段、方法、后果等的证据收集齐全；收集证据时，严格按照法律规定的程序进行，达到既有证据力又有证明力的要求，证据不符合证明标准的，坚决依法排除，确保证据经得起法庭检验，用严密的证据链条锁定犯罪事实，既要努力做到全面收集，又要及时对现有证据进行保全和固定。[1]

5. 有利于诉讼模式的改革

长期以来，案卷笔录中心审判模式是我国刑事诉讼模式备受诟病的一大问题，主要表现为司法审判活动中，由于实行书面裁判主义和相应的卷宗移送制度，法官庭前活动极度强化，审判的依据基本来自侦查机关提供的口供和其他书面证据材料。[2]特别是警察不出庭，检察机关不参与侦查，导致侦查过程中取得的证据难以在法庭上接受质证，即使控辩双方对证据产生争议，法庭最常用的处理方式也是根据警察出具的"情况说明"进行裁判。警察不出庭导致的卷宗中心主义，不仅严重违反了直接言词原则的基本要求，同时也是"诉讼公正观念、人权保护观念、法治权威观念缺失"的集中缩影。[3]

案卷笔录中心主义制约了庭审功能的发挥，使法庭审理形式化、萎缩化。[4]特别是在审判阶段，法庭审理对侦查卷宗同样过分依赖，这种依赖使侦查获取的证据对法庭定案存在预设的效力，大量庭前收集的书面证据在法庭审理中出现并难以被推翻，审判程序不能发挥应有的作用，庭审走

---

[1] 乔宗楼：《审判中心下侦查工作之困境与路径》，《北京警察学院学报》2017年第4期。

[2] 叶青：《以审判为中心的证人、鉴定人出庭作证制度的实践思考》，《中国司法鉴定》2017年第4期。

[3] 陈瑞华：《刑事诉讼的前沿问题》（第二版），中国人民大学出版社，2005，第333页。

[4] 林劲松：《我国侦查案卷制度反思》，《中国刑事法杂志》2009年第4期。

过场、形式化。在审判过程中，法官即使对证据存有疑问，或者认为证据达不到法律规定的定罪要求，但面对方方面面的压力，也常常作出"留有余地"的判决，疑罪从有、疑罪从轻的现象时有发生。肇始于侦查阶段的冤案错案，在随后的审查起诉和审判程序中不能被及时发现，即使发现了也难以纠正，出现"起点错，跟着错，错到底"的现象。[1]

正是这些问题的大量存在，使得越来越多的学者认识到，案卷移送制度以及由此所带来的案卷笔录中心主义的裁判方式已经成为审判中心主义改革的最大瓶颈。正如沈德咏大法官所说，在坚持全案卷宗移送制度的前提下，如何推进庭审的实质化并形成以审判为中心的刑事司法制度，是中国刑事审判制度所面临的难题。案卷笔录中心主义的裁判方式是造成刑事庭审虚置的首要因素。如果这一问题无法得到解决，那么，以审判为中心的司法改革就注定会失败。[2]

因此，引导诉讼模式走向审判中心主义，就是要保证庭审在案件事实的查明、案件证据的认定、诉讼权利的保障中起到决定性的作用，使定罪量刑更为合法、合理。警察出庭作证有助于实现庭审实质化的改革目标，引导诉讼模式走向审判中心主义。具体而言，一方面，警察就侦查阶段收集的各类证据的合法性进行直接作证以及对由这些证据引出的各类问题进行当面解释，法官就能从警察的直接言词和控辩双方的对质中更为直观地了解案件的真实情况，并对警察与被告人的神情、情绪与行为等进行观察，从而能从多角度为案件的事实和证据的认定提供佐证，并为最终的判决提供更为可靠的依据。另一方面，警察出庭作证保障了被告人质证权的实现，使被告人能对警察在法庭上所提供的各类不利于自身的言词及证据和警察直接进行对质，从而一定程度上弥补了辩方在取证能力方面的不足，引导庭审避免走向"案卷笔录中心主义"的窠臼，确保庭审的实质化和程序的规范化。

---

[1] 卞建林：《证据裁判原则在我国的确立与贯彻》，《贵州民族大学学报》（哲学社会科学版）2015 年第 4 期。

[2] 沈德咏：《论疑罪从无》，《中国法学》2013 年第 5 期。

6.有利于贯彻落实证据裁判原则

在诉讼环节中，证据占据主导地位，是诉讼的基础。从立案、侦查、起诉到审判，每一个环节的进行与推进都离不开证据，因为证据是还原真相最为可靠的工具。无论什么案件发生后，司法人员对案件的认定均依赖证据，这就是所谓的证据裁判原则。该原则是现代刑事诉讼中认定案件事实应当遵循的核心原则，其有两层含义：第一，证据裁判在法庭判决中必须有证可依；第二，证据在证据裁判中必须具备充分的证明力，能够形成具有逻辑性、严密性的证据链，从而使证据达到足以定罪量刑的证明标准。[1]以证人证言为例，证人证言需要具备客观性、全面性及准确性，而因证人主观及客观的因素——证人的认知能力、品行、记忆力以及证人在案发现场所处的环境、作证环境等导致证人提供的证言具有不稳定性，从而使得其证明力下降。所以，英美法系国家大多都是拒绝传闻证据的，而要求证人出庭作证。

我国之前依据的非理性审判制度对许多案件的审理产生了不良的影响，没有将证据作为案件审理的主导性因素，导致案件审判的随意性。在证据裁判原则确立后，非理性的审判制度逐渐被消解，证据主导案件的审理过程，案件事实的认定均建立在证据基础之上，从而更牢固地树立起司法的权威，增强了人们对以证据为基础的裁判的信心，实现了证据法的法治价值。与此同时，党的十八届四中全会《关于全面推进依法治国若干重大问题的决定》强调了证据裁判原则，这直接肯定了我国在诉讼制度改革进程中以审判为中心、证据主导审判的方式，更加稳固了司法这一维护社会公平正义的最后防线。

证据裁判原则可以分三个方面进行诠释：首先，裁判事实问题必须依靠证据，这是无罪推定原则的要求和体现，证据应当包括有罪证据与无罪证据，侦查机关不应偏向任何一种证据。其次，裁判所依据的证据必须具备法定资格，即裁判所依据的证据必须具备合法性。证据合法性可从四个方面进行判断，即证据主体合法、证据形式合法、证据取得方法合法以及

---

[1] 卞建林：《证据裁判原则在我国的确立与贯彻》，《贵州民族大学学报》（哲学社会科学版）2015年第4期。

证据程序合法。再次，裁判所依据的证据必须在法庭上出示和查证，要经得起法庭推敲。法庭必须对证据进行举证、质证和认证，只有符合法律要求的证据才可以被采纳，从而作为被告人定罪量刑的证据。[1]

然而，在我国的司法审判中，向来都是以案卷中心主义进行证据裁判的。以案卷笔录为例，案卷笔录证据通常只要在法庭上进行宣读即可认定。但从诉讼程序观之，这明显略去了当事人与证人之间利用直接言词进行质证对抗的机会，实则在一定程度上剥夺了当事人的对质权。侦查机关提供的以书面形式呈现的证据材料大多属于"哑巴证据"，其只能一定程度上记录案件的事实，但不具备进一步补充或者说明情况的能力。法官若只凭借以书面形式呈现的证据材料进行审判，很可能会错判，也会对定罪量刑产生不当的裁决。故法官应当批判地看待以书面形式呈现的证据材料，尤其应当谨慎查证与核实对案件某一事实起到证明作用的所谓"证据"。因此，为确保证据的查证与认证的顺利进行，提供这些证据的警察作为证人出庭对证据的同一性、真实性作证是必要且不可或缺的。这体现了证据法的一个普遍原则，即证据提出者必须首先进行证据铺垫。如此，警察作为证人出庭将成为常态，法庭上法官仅以检察官宣读的以书面形式呈现的证据材料或出示的实物证据为依据进行裁决的情形会被逐步取代。

此外，警察出庭作证还有助于警检诉讼构造的重塑和基本人权的保障。一直以来，公安、检察院、法院三个部门分别承担一个案件的侦查、起诉和审判。理论上而言，三个部门应当相互配合、相互制约。但在实际操作过程中，三个部门各自承担的职能所处的阶段是相对独立的，并且这三个阶段是单向的、连续的，犹如"流水作业"。对于公安机关而言，其只负责侦查，案件一旦侦查终结进入起诉阶段，"接力棒"就被交给检察院，此后警检双方就很少有交集了。在以审判为中心的改革背景下，警察出庭作证将成为常态，此时警检双方就有了相同的目标，能真正实现相互配合，确保提交法庭的证据经得起法庭检验。

此外，加强对基本人权的保障是当代诉讼制度改革的重要方向之一，也是我国司法理念的具体体现之一。"推进以审判为中心的刑事诉讼制度

---

[1] 张保生、常林：《2012年我国证据法治发展的步伐》，《证据科学》2014年第2期。

改革，是完善人权司法保障的必然要求。"[1] 对质权在刑事诉讼中是公民人权保障的核心权利，保障公民对质权就是保障公民人权司法的具体体现。警察出庭作证为被告对质权的行使提供了保障，是被告对质权实现的前提，也是对公民基本人权保障的体现。无论在英美法系国家，还是在大陆法系国家，对质都有利于法官更清晰、更全面地了解案件的发展过程以及案件办理程序，从而对案件的定性和对被告人的定罪量刑有更为客观、准确的裁决。《公民权利和政治权利国际公约》规定人人可"讯问或已讯问对他不利的证人，并使对他有利的证人在与对他不利的证人同等的条件下出庭作证"，对质权就是要让被告人有机会同提供不利于其的证据的证人在法庭上直接对质，降低证人作伪证的可能性，从而使司法公正得以真正体现。

三、文献综述

在以审判为中心的诉讼制度改革背景下，警察出庭作证制度不仅对推动庭审实质化具有重要价值，同时对我国警察树立程序意识、证据意识和法治意识以及公安执法规范化的落实具有促进作用。概括而言，所谓警察出庭作证，是指警察就其执法活动或者诉讼参与过程中所亲历的客观事实（包括程序事实、量刑事实以及犯罪事实），出庭作证并接受控辩双方质询的诉讼法律制度。在我国，警察出庭作证法律法规的不断完善，对于全面贯彻落实直接言词原则和公开审判原则，以及促进侦查中心主义向审判中心主义的理念转变和制度重塑具有重要影响。特别是《刑事诉讼法》修订实施以及全面深化公安改革以来，警察出庭作证由过往的任意性行为逐步演化成一种规范性和常态化的法律制度，进而在很大程度上促进了我国庭审实质化的发展以及以审判为中心诉讼制度改革的深化。但实践中，警察出庭作证的身份界定、适用范围、作证形式不明确以及配套性保障机制缺乏等问题的客观存在，造成该立法举措一直未达到预期效果和目标。因此，有必要从立法技术、理论架构和制度路径等维度对警察出庭作证制度相关文献进行梳理和分析，进而为该制度的路径探索和贯彻落实提供更

---

[1] 叶青：《以审判为中心的证人、鉴定人出庭作证制度的实践思考》，《中国司法鉴定》2017 年第 4 期。

为坚实的研究基础。

1. 警察出庭作证的身份问题

警察出庭作证作为《刑事诉讼法》规定的一项制度，对于维护程序公正、固化侦查成果、提高诉讼效率、提升警察形象具有重要意义。然而，在司法实务中，警察到底以什么身份出庭作证，在我国的司法理论界一直存在争议。身份问题直接关系到警察在诉讼中权利义务的确定以及庭审基本结构的设立，因而，对这一问题的回答也成为贯彻落实警察出庭制度的基础和前提。

在英美法系国家，出庭警察的身份并无争议，通常都被认定为一般证人。（中国政法大学刑事法律研究中心，2001）在英国，警察常作为控方证人，被传唤出庭作证。个别情况下，辩方根据需要，也可以传唤警察出庭作证。警察与普通证人一样，负有同样的出庭义务，没有不出庭的特权和理由。控辩双方传唤警察出庭作证主要是为了了解警察实施某一侦查行为的情况，如逮捕、搜查、扣押、讯问、现场勘验等，使法庭明确警察对某一实物证据的保全情况等。（杰弗里·威尔逊、何家弘，2003）在美国，《美国联邦诉讼规则及证据规则》第606条表明除与案件有关系的人员外，检察官及警察都有资格作为证人。警察可以结合具体状况及案件需要进行出庭作证，对案件的事实进行还原。（康海军、艾静，2008）之所以出现这一局面，主要有两方面的原因：一方面，英美法系国家的立法通常都对"证人"作广义的解释，即凡在诉讼过程中向司法机关提供证言的人均称为证人，警察显然也属于出庭作证的人；另一方面，英美法系国家所实施的交叉询问规则和传闻证据规则，也要求警察以证人的身份出庭作证和接受质询。

总体来说，在英美法系的证据法中，证人是指一切用自己的言词、思想意识等形式对案件事实做出证明的人，不管其在诉讼中的地位如何，都可称为证人。这表明英美法系国家的证人是一个非常宽泛的概念，包括所有在诉讼过程中向司法机关提供口头证词的人。（卞建林，2000）事实上，英美法系国家的诉讼模式，导致其对于证人资格的限制历来不多，因为在法庭上双方争斗的理想模式能够尽可能地确保一项证据的可信性和合法性。反过来，这种对抗制模式下证据审查判断的方式也对证据的全面性提出要求。因此，无论"局外人"还是"局内人"，在满足证人能力和不违背禁止性规定和证人豁免权的情况下，都可以出庭作证，这既是义务也是权利。（王超、康海军，2008）

根据大陆法系国家传统理论，证人一般是指向司法机关陈述所知案件情况且不具有其他诉讼身份的人员，从而把被告人、被害人及鉴定人均排除在外，将被告人的供述和辩解、被害人的陈述以及鉴定结论从证人证言中划分出来，另作三种独立的证据种类。（左卫民、周长军，2005）因此，大多数大陆法系国家的传统理论主张承办案件的法官、检察官及协助其侦查的警察不得同时为证人。然而，近年来随着对"证人"概念认识的不断深入，无论英美法系国家还是大陆法系国家，对于证人资格的界定都越来越宽泛。特别是大陆法系国家现行的刑事诉讼法律均没有明确将警察排除在证人之外，这就使警察出庭作证在法律上具有可能性。

在我国，目前理论界对于警察出庭作证的意义和价值几乎已达成共识，都充分予以肯定。《刑事诉讼法》第192条专门对警察出庭作证进行了规定："人民警察就其执行职务时目击的犯罪情况作为证人出庭作证。"《公安机关办理刑事案件程序规定》第68条规定："人民法院认为现有证据材料不能证明证据收集的合法性，通知有关侦查人员或者其他人员出庭说明情况的，有关侦查人员或者其他人员应当出庭。必要时，有关侦查人员或者其他人员也可以要求出庭说明情况。经人民法院通知，人民警察应当就其执行职务时目击的犯罪情况出庭作证。"虽然《刑事诉讼法》以及相关司法解释的规定弥补了我国立法的空白，但是该制度在具体的贯彻落实中依然面临诸多理论难题，特别是警察出庭作证的身份问题一直面临诸多争议。一种观点认为，《刑事诉讼法》第62条规定的是一切知道案件情况的人，而非仅指诉讼主体以外的第三人。以证人身份出庭作证的警察可以称为警察证人。（李群英，2006）另一种观点则认为，虽然《刑事诉讼法》第62条中"知道案件情况的人"包含警察，但是《刑事诉讼法》第29条实际上否定了警察出庭作证的证人资格。有的学者指出，我国《刑事诉讼法》第62条有关证人资格的规定不甚明确，导致在理论上和实践中对警察是否具备证人资格存在争议。我国《刑事诉讼法》第29

条则明确规定，曾担任过案件证人的侦查人员应适用回避该案，实际上否定了承担侦查任务的侦查人员作为同案证人的资格。（郝宏奎，2004）还有学者认为，侦查人员不能同时作为同一案件的证人、鉴定人。如果侦查人员承担侦查任务并就侦查过程的情况到庭作证，就违反了法律规定，造成角色冲突，这一角色冲突直接造成警察出庭作证的法律限制。（徐永胜，2008）事实上，综合《刑事诉讼法》的全文来看，这样理解实质上颠倒了该条款的内在关系。因为该条不是为了解决侦查人员能否当证人的问题，而是为了解决当过证人的人能否当侦查人员的问题，即在某一案件中原来当过证人的人，其后不可以再担任该案的侦查人员。至于已成为某一案件侦查人员的人能否在该案中出庭作证，该条根本没有涉及。因此，该条并不能成为否认警察证人身份的法律依据。

在警察的身份界定方面，本书认为应区别对待。警察在履行职务时所目睹的犯罪情形，是警察身处现场的亲身体验，并以此为基础成为警察的具体感知，最终形成警察向法庭提交的与案件相关的证据或出庭作证的证言，就法理而言其与目击证人提出的证据或证言并没有本质的区别；在其他情形下，即警察作为量刑事实提供者或程序事实提供者的庭审中，虽然警察作为量刑相关事实情节或执法程序性事实情节的目击者出席庭审并作出证言，但追诉职能、部门利益以及职业属性等外部因素使警察在刑事审判阶段具有区别于一般证人的特殊性。

2. 警察出庭作证的适用范围

依照我国《刑事诉讼法》第 192 条的规定，警察在执行职务时目击犯罪情况，可以作为证人出庭作证。据此，有学者指出"该条文从立法规范层面严格界定了警察出庭作证的边界和范围，排除了执行职务之外其他作证情况的可能性"。（徐素萍，2012）就规范法学的维度而言，警察出庭作证的适用边界是只限于执行职务范围，还是同时包括其他相应的法律行为呢？综合当前的研究文献和法治实践，警察出庭作证不应仅适用于执行职务中目击的犯罪事实，无罪、罪轻等相关量刑情节以及侦查措施程序合法性的证实活动也应在其中。

首先，对于"执行职务"的界定和阐释。依据《刑事诉讼法》第 192

条的规定，警察出庭作证中"目击到的犯罪情况"应是"执行职务"背景下发生的，因而，对于"执行职务"内涵的界定直接关系到该制度的适用范围。有学者认为，对于该概念应在结合警务活动内在规律和司法审判具体实践的基础上，做出相应的扩张性解释——既包括侦查人员依法行使职权和履行公务时所目击的犯罪事实，还包含侦查人员执行其他警务活动特别是公安基层基础工作（如公安勤务、日常巡逻、社区警务）时目击的犯罪情况以及在技术侦查或秘密侦查措施使用过程中所目击的案件情况。（陈瑞华，2014）之所以进行扩大解释，主要是因为警察所目击的"事实"并非从诉讼过程中间接获取而是直接来源于"第一现场"，所以警察职务自身属性的差别不宜成为证据效力评判的标准。与此同时，鉴于技术侦查措施的封闭性和秘密性，其往往存在挣脱权力规制而走向肆意之风险，警察被要求出庭作证并接受控辩双方以及法官质询，不仅有利于促进庭审实质发展，而且对于提高技术侦查手段的法治化和规范性具有倒逼作用。（熊秋红，2015）

其次，量刑情节的证实。在我国量刑规范化改革的大背景下，法庭审理不仅需就实体罪名进行准确定性，还应当对被追诉人的量刑问题进行调查与裁定。（陈卫东，2012）依据《关于规范量刑程序若干问题的意见》，我国实行的是"相对独立"的量刑程序，即为了在定罪前提下确定一个符合案件事实的量刑种类和量刑幅度，法庭可以在庭审中专门围绕案件量刑问题进行法庭调查与证据核实。尽管如此，虽然立法在量刑程序的制度构建方面取得了很大进步，但在具体的司法实务中尤其是在量刑证据材料的制作、出示和证成方面依然问题重重。一方面，在"重定罪，轻量刑"传统思维惯性的影响下，法庭定罪审理环节往往大量挤压量刑情节的调查核实空间，这在很大程度上使其因过于仓促而流于形式。另一方面，受侦查程序的相对封闭性和证据材料稀缺性的影响，大量事关被控诉人量刑情节的证据材料集中于公安机关出具的说明材料中。然而，有学者研究发现，"情况说明"或"破案经过"等材料既不属于法定的证据种类又欠缺关联证据的必要佐证，如果再加上侦查机关的推诿、遮掩甚至造假等违规行为，刑事审判中对量刑情节准确认定和公正裁决的难度就不言而喻了。（李玉华，2013）事实上，作为从立案到侦破整个刑事案件的全程亲历者，警察不仅承担打击违法犯罪和追究刑事责任的职责，还负有维护犯罪嫌疑人基本权利的"公正性义务"或"真实性义务"。因此，有学者认为，为帮助法庭在量刑情节的调查核实程序中做出准确裁决，警察还应就无罪、罪轻（如坦白、悔罪、立功）等量刑情节出席法庭审理并如实作证。（顾永忠、樊学勇、周欣，2013）

再次，证据收集的合法性证明。从程序规制的维度而言，非法证据排除制度的设立和完善，在很大程度上将侦查阶段中的立案受理、讯问、搜查、扣押、侦查实验以及勘验等侦查取证活动纳入法庭审查的范畴。（张建伟，2012）事实上，这不仅有效提高了侦查程序的透明性和可视性，还极大加强了对侦查措施适用的审查和监督力度，即侦查机关须就相关的"程序事实"出庭进行作证并接受法庭调查。"程序事实"依据价值功能可以划分为以下两个方面：一方面是侦查人员在职务执行过程中所亲历的调查取证行为，如人身检查、侦查讯问以及搜查、扣押、辨认等侦查活动；另一方面则是对具有"程序违法"可能的侦查行为所进行的补正或说明，如某一侦查取证行为是否违反程序规范或违反程序的严重程度、通过不当方式取得的某一证据是瑕疵证据还是非法证据、有关瑕疵证据对司法公正的危害程度以及是否能够补正说明等等。（陈瑞华，2013）前一种"程序事实"，着重对案件侦查取证活动合法性的证成和固定；后一种"程序事实"，则更侧重对"瑕疵证据"的技术性缺陷进行合理说明和适当补正。

综上所述，在具体的适用范围方面，考虑到我国出庭作证配套性保障机制的缺失以及全国警力资源的限制，如果一味强调警察出庭作证方面的强制性规定，即要求侦查人员就执行职务时所亲历的所有案件出庭作证，这显然不符合我国基本的法治环境和现实国情。因而，应当在公安司法资源配置和实现公平正义之间寻求平衡，对此本书认为出庭警察无论就程序事实或量刑事实进行客观说明，还是就其亲历的案件情况提供证言，都应有一个前置性的法定条件，即案件事实不清或控辩双方对侦查取证行为存有异议，警察出庭作证对诉讼进程的整体推进以及定罪量刑情节的审查认定具有重要作用。

3. 警察出庭的作证形式问题

当前，我国在警察出庭作证的顶层设计和程序规制方面取得了较大进步，且该制度越来越成为连接侦查活动和庭审程序的关键节点。然而，在具体的庭审实务中，警察就执行职务时"目击"或亲历的量刑事实、程序事实或其他案件事实，仍然大多以"抓捕经过""破案经过""情况说明"等作证形式向法庭提供相关证言，而要求警察出庭作证的立法规范在具体执行中也依然问题重重。

对此，有学者精辟指出，这是我国警察作证所特有的"情况说明"模式，正是这种模式为警察不出庭作证提供了最为宽容的制度环境。（王超，2012）由于我国《刑事诉讼法》及相关司法解释并未禁止警察以书面证言的方式作证，从这个意义讲，只要警察提交的书面说明材料符合书面证言的形式要求，其便具备现实合法性。重庆警察学院团队专门对此做了实证调研，该团队随机抽取了某公安分局 2013 年办结的 100 起刑事案件卷宗，其中包含各种书面说明和无"说明"之名而有"说明"之实的书面材料（如"归案经过""破案经过"等）共计 261 份，平均每件案件约 2.6 份，而仅有 1 例贩毒案件警察出庭作证，卷中仍有书面说明 3 份。（谢波，2015）这些数据显示，尽管《刑事诉讼法》对警察出庭作出了规定，但提交书面说明材料仍然是当下警察提供证言最主要的方式，"情况说明"模式并没有出现大的变化。

事实上，在过往的司法实践中，公安机关通过出具书面说明材料来帮助法庭认定犯罪事实和量刑情节，一直都是司法实务中的普遍做法，然而这种做法本身所固有的理论缺陷却是整个制度构建中不可忽视的法律难题。

首先，学术界对警察"说明材料"的法律性质界定进行了重点讨论。在我国庭审司法实务中，法庭对于"抓捕经过""破案经过""情况说明"等证明材料的审查核实标准相对宽松，通常只要有办案人员的签名或盖章并加盖公安机关公章，便可以作为定罪量刑的证据材料来使用。（崔敏，2013）然而，依据证据学基础理论，办案人员提供的上述说明材料既不属于法定的证据形式，还有别于传统的公文书证，其作为法庭裁决依据的合法性依然存有异议。正如一些学者所言，尽管在外部形式结构方面，说明材料和公文书证两者有诸多相似之处，但由于说明材料缺乏统一规范的格式要求和科学严格的生成程序，同时又无法像调解书等诉讼文书一样产生法律效力，因而，将其作为公文书证来使用显然缺乏必要的理论支撑与规范依据。（李玉华，2014）

此外，在内容属性方面，有学者指出，虽然公安机关提供的说明材料具备证人证言的一般性质，但也绝不能就此将其与证言笔录画等号。一方面，公安机关的办案人员通常不会像一般证人那样历经询问程序，并在其他侦查人员询问下形成询问笔录或证言笔录；另一方面，说明材料中涉及的案件事实，往往是办案人员在诉讼进程中通过职务执行或案件侦办知悉或了解到的，而这显然无法满足证据材料形成的时间要件。（陈卫东、程雷，2013）

其次，说明材料的制作和审查问题。综合考察我国的相关法律规定，2010年两个证据规定对侦查机关的书面说明材料首次做出了规范要求。《关于办理刑事案件严格排除非法证据若干问题的规定》第7条规定："公诉人提交加盖公章的说明材料，未经讯问人员签名或盖章，便不能作为证明取证合法性的证据。"《关于办理死刑案件审查判断证据若干问题的规定》第31条规定："法检机关对侦查机关出具的破案经过等材料，应从是否有出具说明材料的办案人、办案机关签字或盖章等方面进行审查。"这些规定反映了公检法机关对书面说明材料的认可，并试图通过立法加以规范，使之成为形式上合法的判决依据，而不是以直接言词原则为参照，放弃对其证据效力的追求。（谢波，2015）随后，上述的立法精神在2012年《人民检察院刑诉规则》第72、378、429、446条和最高人民法院《刑事诉讼法》审判解释第101、108、110条等司法解释条文中得到基本的阐释和细化。以《刑事诉讼法》审判解释为例，为强调对书面说明材料进行形式审查的重要性，该法的第108条第1款规定法院对侦查机关出具的被告人到案经过、抓获经过等说明材料，应当审查是否有出具材料的办案人、办案机关的签名盖章。

再次，书面说明材料的证明效力问题。有学者指出，司法实务中，"破案经过""情况说明"等的制作程序的随意性在很大程度上降低了侦查机关书面说明材料的公信力和可靠性，而法庭审查核实中程序规制的不足则直接影响到上述说明材料的权威性和可采性。（左卫民，2013）事实上，公安机关的书面材料不仅缺乏证据法基础理论的有力支撑，同时其自身的公信力和可靠性一直以来也备受诟病。之所以如此，盖因为"抓捕经过""破案经过""情况说明"等材料在具体的制作生成和核实认定中的单向性、随意性和不规范性。譬如，在公安机关的侦查活动中，侦查人员为了侦破案件和追诉犯罪通常更侧重对犯罪线索和证据材料的收集，而往往忽视罪轻、无罪证据材料的调查和固定。（李群英）同时，由于内部制约和外部监督机制的缺失，个别侦查人员甚至玩忽职守、徇私枉法，伪造和虚构"自首""立功"等量刑情节，或违规操作、滥用职权，在调查取证中擅自将"减轻处罚"或"降格处理"等作为"据实供述"的允诺前提。

此外，在刑事审判阶段，法院对公安机关所出具的案件说明材料只进行流程式的书面审核，通常只要有相关侦查人员的签字捺印和盖章，同时加盖办案机关公章，法院一般会予以采用。然而，该书面审核流程虽然快捷高效，却在实质上损害了被追诉人在审判阶段的质证权和辩护权等诉讼权利。这不仅与刑事诉讼的直接言词原则、正当程序原则背道而驰，还会增大事实认定错误和法院判决不公的法律风险。

因此，本书认为在以审判为中心的诉讼制度改革中，应推进警察出庭作证的制度衔接，即在相关法定情形下，警察应当出席庭审作出证言，并接受控诉方和辩护方以及庭审法官的交叉询问。

具体而言，对于警察证人的质询规则，根据直接言词原则和《刑事诉讼法》第194条关于"公诉人、当事人和辩护人、诉讼代理人经审判长许可，可以对证人、鉴定人发问"的规定，警察证人无论以何种证人身份（目击证人、程序证人或量刑事实提供者）出庭，都应该以"问—答"形式作证，并通过辩护人交叉询问和被告人对质的方式接受辩方质证。（龙宗智，2013）其具体规则如下。

其一，对案件侦办人员的直接询问规则。根据《关于办理刑事案件严格排除非法证据若干问题规定》（以下简称《严格排除非法证据规定》）第31条第1款和第2款，对案件侦办人员的直接询问包括如下内容：对侦查办案的取证过程进行直接询问，根据第31条第1款："公诉人对证据收集的合法性加以证明，可以出示讯问笔录、提讯登记、体检记录、采取强制措施或者侦查措施的法律文书、侦查终结前对讯问合法性的核查材料等证据材料，有针对性地播放讯问录音录像，提请法庭通知侦查人员或者其他人员出庭说明情况。"对辩方质疑的非法取证情况进行直接询问，根据第 31 条第 2 款的规定："被告人及其辩护人可以出示相关线索或者材料，并申请法庭播放特定时段的讯问录音录像。"对此，公诉人的直接询问应当围绕上述线索、材料或讯问录音录像，让出庭的案件侦办人员对其作出说明。同时，直接询问规则还要求，不得提出证人可以用"是"或"否"来回答的诱导性问题。（张保生，2017）

其二，对案件侦办人员的交叉询问规则。《刑事诉讼法》审判解释第 212 条规定，在公诉人直接询问后，"经审判长准许，对方也可以发问"。也就是说，被告人及其辩护人对案件侦办人员的发问是质证的重要方式。其中，质证包括交叉询问和对质两种方式。交叉询问一般是指辩护律师的质证，对质则是被告人对案件侦办人员的质证。（顾永忠，2011）

值得注意的是，我国《刑事诉讼法》虽然确立了未经质证的证言不可采信的规则，但对如何质证却语焉不详。对此，有学者指出司法解释中关于任何询问都"不得以诱导方式发问"的规定实际上扼杀了交叉询问。因为不得以诱导方式发问是直接询问的证据规则，而允许以诱导方式发问恰恰是交叉询问的本质特征。正因为有此特征，交叉询问才能成为"揭示事实真相之最伟大的法律引擎"。（威格莫尔，2006）在交叉询问中，对律师提出的诱导性问题，证人必须考虑其陈述的一致性，避免陷入自相矛盾和作伪证的风险，这些都是迫使证人说实话的动因。因此，为了保障辩方对案件侦办人员质证的权利，很多学者都指出应该修订交叉询问"不得以诱导方式发问"的规定。（王进喜、董坤、李奋飞，2015）

同时，在证据合法性调查的质证环节，由于涉及大量专门知识和技术问题，往往给被告人对质或律师交叉询问带来一定困难。对此，有学者指出可以引入美国的"过度使用暴力专家"(excessive force expert) 出庭作证，即由受过专业教育培训且经验丰富的警务专家出庭为证明"警察不端行为"提供专业意见。其作证范围涉及案件侦办人员疏于监管、不端行为、非法拘留、非法监禁和过度使用暴力等方面。我国证据合法性调查可以借鉴这些经验，探索建立"非法证据专家辅助人"制度，参照《刑事诉讼法》第 197 条"有专门知识的人出庭"的规定，允许辩方申请法庭通知有专门侦

查经验的人（如退役警官）出庭，对案件侦办人员的证言进行交叉询问。（张保生，2017）

其三，被告人与案件侦办人员的对质规则。被告人与案件侦办人员在法庭上对质，既是一种质证方法，更是一项诉讼权利。（郑曦，2012）根据联合国《公民权利与政治权利国际公约》第14条规定，被告人面对刑事指控时享有与证人对质的权利。在美国，对质不仅是一种查明案件事实的手段，而且被上升为一项宪法性权利。美国宪法第六修正案规定："在所有的刑事诉讼当中，被告人有权……与对己不利的证人进行对质。"针对警察不端行为缺少中立目击证人的特殊情况，美国联邦第七巡回上诉法院还提出一项被告人与警察单一对质的权利。鉴于中国政府已正式签署联合国《公民权利与政治权利国际公约》，有学者认为应当将被告人与案件侦办人员的对质权作为一项基本人权加以保护。在证据合法性调查程序中，当案件侦办人员接受公诉人直接询问和辩护律师交叉询问之后，法庭还应该告知被告人享有与其对质的权利，即对非法取证的事实进行面对面的质问。（董坤，2017）

在警察出庭作证的过程中，有学者指出无论警察还是其他办案人员，都不应该享有与其他证人不同的特权，更不应该有任何凌驾于法庭之上的优越感。（牟绿叶，2012）因此，在案件侦办人员以证人身份出庭对取证合法性作证时，警察证人必须履行作证宣誓程序。根据《刑事诉讼法》审判解释第211条第2款关于"证人、鉴定人作证前，应当保证向法庭如实提供证言、说明鉴定意见，并在保证书上签名"的规定，应该让警察证人在作证前向法庭保证其如实提供证言，并在保证书上签名。同时，根据《刑事诉讼法》第61条"法庭查明证人有意作伪证或者隐匿罪证的时候，应当依法处理"的规定，案件侦办人员出庭作证或说明情况，必须承担作伪证的法律后果。

4.配套性保障机制问题

我国《刑事诉讼法》第192条明确了警察出庭作证制度，并对警察证人出庭作证的具体情形进行了详细规定，这对完善和推动我国证人出庭作证制度和对抗制审判方式具有重要意义。然而，作为一项新制度，警察出庭作证仍然面临诸多的困难和问题，尤其是保障性配套机制的立法缺失，极大地阻碍了这一制度在实践中的贯彻落实。

首先，关于出庭警察的"证人豁免权"。警察出庭作证的一个重要任务就是配合公诉，说明案件侦查行为的合法性，以解决控方证据的效用问题。但是，司法实践中，警察出庭作证具有很强的倾向性和公务性，为避免公诉失败和个人利益受损，即使存在非法取证行为或者侦查程序上的瑕疵，也不可能向法庭如实供述。因为如实供述不仅可能使整个部门利益受损，其本人也可能受到行政处罚甚至刑事制裁。这种情况下便形成一个悖论，即证人如实供述义务和不能强迫任何人自证其罪权利的矛盾和冲突：一方面，为了维护实体正义和发现案件真实，证人要履行如实作证的义务；另一方面，公民依法享有"不被强迫作不利于自己的证言"的权利，法庭又无法强制警察自我归罪。（姬艳涛，2015）可见，由于这一矛盾的存在，警察出庭作证的效果会大打折扣甚至流于形式。

为解决警察证人豁免权的理论难题和现实困境，有学者从比较法研究维度对该问题进行了深入分析。在美国，证人豁免权制度首先是从美国《权利法案》第五条的宪法权利发展而来的证人免于作证的程序上的豁免权利，然后演变为可以不予追究刑事责任或者不予承担不利后果的实体上的豁免权利。（迈克尔·H.格莱姆，1999），美国早期通过案例将警察归为证人，也适用证人的豁免权。但是在发展过程中，美国通过判例首先确立了对于检察官的绝对豁免权。警察的侦查行为由于带有明显的行政色彩，不具有司法特征，不能适用检察官的绝对豁免，只能适用相对豁免规则，即符合条件的行为可以获得豁免权，无须承担相应责任，反之则需要承担责任。然而，对于警察证人豁免权的"条件"，各个州法律仍存在很大争议，在Scheuer v.Rhodes案中，法院认为适用豁免的条件是：警察在执行有关逮捕行为时，需有善意(good faith)和合理根据(probable cause)。即警察在有善意和合理根据的前提下执行逮捕行为，即使造成犯罪嫌疑人合法权益的损害，也享有不受司法追诉的豁免权。警察如需要在庭审和其他相关司法程序中以证人身份作证，则其在相关司法程序中的证言必然会受到证人豁免制度的保护。而在Butz v. Economou案中，法庭认为有条件的豁免原则应当适用于联邦警察，绝对豁免则仅适用于极端特殊的情况，即不适用绝

对豁免就不能执行职务的情况。（William Murphy and John Mood，1997）

在对警察证人豁免的程序和方式方面，各州法院的判例则达成一致，即只限于证据使用豁免，而不包括罪行豁免。（Donald T. Allen，Richard B. Kuhns，Eleanor Swift，2006）因而，在美国，警察作为政府公职人员，并未被赋予司法上的绝对豁免权利，只要被追诉者能够举证证明警察在刑事司法程序中存在诽谤或恶意控诉行为，警察便会受到追诉。在警察需要承担刑事责任时，由于警察作为证人在先前案件中出庭进行过陈述，这种证人身份可以使得警察在后续针对他的刑事诉讼中获得证据使用上的豁免权，即其在先前庭审中的证言不得成为后来对其不利的证据。但为平衡对警察职权行为予以豁免对司法公正造成的损害，法院有权继续保留对警察非法取证行为的刑事追诉权，使警察不能从其违法行为中获利，即排除了警察证人的罪行豁免。（刘少军，2014）

我国学界认为可以在借鉴证人豁免制度的基础上建立警察豁免制度。所谓证人豁免，是指为查明案件事实和获得真实证言，司法机关给予证人一定程度的豁免承诺，保证其证言以及从中衍生的证据不得作为追究其法律责任的依据或者其证言中所涉及的犯罪行为不被追究。（易延友，2007）总的来说，该制度是政府强制取证权所导致的公民作证义务与宪法赋予公民的不被强迫自证其罪特权冲突下的利益权衡的结果，也是以投入较小的司法成本换取最大限度地惩罚犯罪的实用主义的体现。（李国莉，2012）但是，需要强调的是，警察证人豁免的方式只限于证据的使用豁免，而不包括罪行豁免。因为，罪行豁免意味着国家放弃了对犯罪行为的求刑权和刑罚权，司法代价过高并且不利于对侦查权力的规制以及实现程序正义。相反，使用豁免是指证人被赋予豁免权后，其直接提供的证据以及由此衍生的其他证据都不得在其后的诉讼程序中用于对该证人的追诉。（马桂翔，2013）警察出庭作证之后，公安司法机关在以后的诉讼中不能以警察在法庭上提供的证言作为追究其法律责任的直接依据。如果有合理根据认为出庭警察确实存在违法犯罪行为，公安司法机关必须另行通过调查取证活动来收集警察不法行为的相关证据，而不能使用警察出庭作证中的不利证言。可见，警察豁免制度不仅能够消除出庭警察被行政处罚或刑事追诉等的担忧，鼓励其如实作证，同时还能避免警察从其违法行为中不法获利，这对解决惩罚犯罪和保障人权的矛盾和冲突具有重要意义。

其次，关于警察证人的人身保护。实践中，参与办案的侦查人员及警察作为证人出庭作证，特别是揭露被告人的罪行，通常会给警察以后的职务活动带来诸多不便，甚至其本人及近亲属的人身安全都会遭到威胁，特别是在采用诱惑侦查等秘密侦查手段的案件中，参与案件办理的警察出庭作证，会遭遇更大的压力和危险。（汪建成，2006）因而，法律在对警察设置强制出庭义务的同时，也应当考虑警察的权利保障和履行出庭作证义务的例外规定，实现权利和义务的平衡和统一。虽然我国《刑事诉讼法》第154条规定："依照本节规定采取侦查措施收集的材料在刑事诉讼中可以作为证据使用。如果使用该证据可能危及有关人员的人身安全，或者可能产生其他严重后果的，应当采取不暴露有关人员身份、技术方法等保护措施，必要的时候，可以由审判人员在庭外对证据进行核实。"然而，由于这一规定过于笼统，缺乏行之有效的操作细节，警察仍可能因担忧本人和家属的人身安全而拒绝出庭作证，甚至因惧怕打击报复而作出虚假陈述。

对此，有学者认为，在出庭作证可能会给警察本人或其家属造成人身、财产威胁，或者证言内容涉及国家秘密、公安秘密，不宜当面出庭接受询问的情况下，应当对出庭作证的具体形式作出变通规定。例如，在必要时，法庭可以不对警察身份和住址加以询问，或者可以允许其进行书面回答，或者采取不暴露警察的外貌、真实声音等出庭作证措施。（韩红兴，2012）此外，应当依据具体情况采取必要的保护措施，如禁止特定人员接触出庭警察及其近亲属，对其人身和住址采取专门保护措施，在一定时期内不安排其从事对外活动或进行工作岗位交换等。（樊学勇，2013）

最后，出庭作证的物质保障。当前，有限的司法资源已经成为影响警察出庭作证的一个重要因素：一方面，我国警力严重不足，社会治安和社会维稳的压力巨大，警察很难分身去应对出庭作证；另一方面，出庭作证的经费保障存在漏洞，仅仅依靠公安机关的办案经费来维持，必然会加剧警察出庭作证的抵触心理。因而，立法应当充分关注和重视这一问题，提高警察出庭作证的积极性，有效解决警察证人因出庭作证而支付的交通、住宿、就餐等必要费用；同时公安机关的工作考核机制也应作出相应调整，不能因其出庭作证耽误本职工作，克扣或变相克扣其工资、奖金或者其他福利待遇。（叶青，2015）另外，为消除出庭警察的后顾之忧，还应考虑对警察证人因出庭作证而遭受现实打击报复造成的人身伤害和财产损失进行补偿。

四、研究方法

规范分析和实证分析同属法学、公共管理学等社会科学常用的分析方法，二者并不是非此即彼的对立关系。规范分析是以某种价值判断为基础，解决和客观回答"应该是什么"的问题；实证分析则强调对象本身"是什么"的问题，所得出的结论不以人的主观意志为转移。简言之，法学的研究与自然科学不同，它无法回避价值判断及规范指导作用。本书研究的内容是审判中心主义下的诉讼制度问题，正义、秩序、公正等基本价值判断必须蕴含其中，这就决定了规范研究方法的重要性。同时，在对我国警察出庭作证现状及问题的考察中，实证分析方法的基础作用也不容忽视。因而，本书采取规范分析与实证分析相结合的方法，在资料、数据的处理中坚持定性与定量、概括与抽象、理论与实践并重，具体采取以下几种分析方法。

1. 文献研究

全面掌握最前沿的文献资料，是写作本书的基础。特别是《刑事诉讼法》修订实施以及全面深化公安改革以来，警察出庭作证由过往的"偶尔为之"逐步演化成一种常态化法律制度，其贯彻落实中的理论难题、制度困境以及实践问题已经引起理论和实务界的关注。因此，笔者搜集、整理、分析有关文献，了解诉讼法学、刑事法学、公安学、侦查学等专业学科对该问题的分析视角及其研究程度。

2. 系统研究方法

警察出庭作证制度的贯彻落实，并不是单一立法就可以解决的问题。有了司法体制、诉讼模式、侦控结构的整体改革以及相关配套制度措施的有效支撑，才能使警察出庭作证由静态的制度规范变为动态的现实操作。正因为如此，本书摒弃了法学惯用的平面僵化、孤立单调的研究模式，采用系统论的整体研究路径，将视线投向复杂、变动而宏大的司法体制，运用系统论的科学研究方法，透过错综复杂的司法改革背景和法律制度条件研究警察出庭作证的改革路径和推进策略。

3. 类型化研究方法

本书突破传统法庭科学的研究视角，充分应用普遍联系的观点，打破该领域现有的研究框架和方法，对警察出庭作证进行新的归类整合，并将研究视线投向侦查学、犯罪学、心理学、统计学、公安学以及规范法学等更为广阔的学科领域，运用丰富的交叉学科知识对警察出庭作证的基本特征、本质根源、制度价值和诉讼作用进行深入剖析和阐释，创新基础理论，拓展体系框架，不断深化和完善警察出庭作证的理论架构。

4. 个案典型研究方法

当前，系统性的顶层设计获得越来越多的重视和青睐，与此同时，并不能否认"摸论"和"个案"研究的成功经验。本书拟大量采用个案分析的研究方法，将研究重点集中于警察出庭作证中的非法证据排除与程序合法性证明等敏感问题，通过实践经验的共性概括和现实探索中的创造性"试错"，归纳警察出庭作证在身份界定、作证范围、作证方式、权益保障等方面的路径，并在对警察出庭作证实务普适性规律的提炼过程中，提出修正和完善该制度顶层设计的立法意见和现实对策。

5. 实地调查研究方法

唯有通过实地调查，才能实地考察警察出庭作证的现状、影响因素及其主要问题，获取庭审实质化改革以及庭审实践对警察出庭作证的需求和满意程度。根据研究需要，笔者赴北京、上海、重庆、广东、浙江、河北、广西、吉林、江苏、河南等省（市、自治区）进行实地调研和考察。同时，依据现场旁听、案卷查阅、观看同步录像等形式，逐一对案件审判的裁决书及庭审的质询等情形进行分类统计和研究，收集作证内容、案件类型、出庭身份、作证人数、启动程序、作证效果等相关数据。此外，笔者还邀请法官、检察官、侦查办案人员以及辩护律师等进行座谈会和深度访谈，了解警察出庭作证实践中存在的法律问题、制度羁绊和现实困境，以此进一步佐证本书对相关问题的解释或建议。

第一章 警察出庭作证的现状与瓶颈：
基于一项全国性的实证调查和统计

    本书所用数据来自全国 11 个省、自治区、直辖市共 25 个城市的警察出庭作证抽样调查。本章通过介绍调查的缘起、问卷的设计、案例的收集与样本的基本情况，对我国警察出庭作证制度的现状、问题及改进建议进行统计和分析，并以定量与定性相结合的方式呈现出来。

    警察出庭作证实施问题的调查分为问卷调查、案例分析和小组访谈三种形式。其中，问卷调查主要是获取侦查办案个体的基本信息、法治素养状况、执法规范化状况等信息，以及侦查办案人员对出庭作证的态度和行为信息。问卷调查所得到的数据主要用于定量描述和研究警察出庭作证制度的现状与瓶颈。

    案例样本主要是通过法庭旁听、查阅案卷、观看同步录像以及整理公开报道获得。笔者研究的对象基本都是各地法院以普通程序进行开庭审理的一审案件。案例分析主要是通过对案例样本的类型化，提取案例样本中的作证内容、案件类型、出庭身份、作证人数、启动程序、作证效果等相关数据，并在此基础上进行深度解析和研究，进一步阐述警察出庭作证实践中存在的法律问题、制度羁绊和现实困境。

    小组访谈是通过选取具有出庭经历的警察证人个体或群体，以事先设计好的访谈提纲，就出庭作证的相关问题进行访问，对问卷调查不能涵盖的问题进行必要的补充。

第一节 数据采集和样本的基本情况

一、调查背景

党的十八届四中全会提出"推进以审判为中心的诉讼制度改革""保证庭审在查明事实、认定证据、保护诉权、公正裁判中发挥决定性作用"。《人民法院第四个五年改革纲要》进一步提出要"强化庭审中心意识",实现"四个在法庭"——"诉讼证据质证在法庭、案件事实查明在法庭、诉辩意见发表在法庭、裁判理由形成在法庭"。"两院三部"联合制定的《关于推进以审判为中心的刑事诉讼制度改革的意见》再次强调要"规范法庭调查程序,确保诉讼证据出示在法庭、案件事实查明在法庭",明确提出要"完善对证人、鉴定人的法庭质证规则"。

在以审判为中心的诉讼制度改革背景下,警察出庭作证制度不仅对推动庭审实质化具有重要价值,对我国警察程序意识、证据意识以及法治意识的树立以及公安执法规范化的落实也具有促进作用。概括而言,所谓警察出庭作证,是指警察就其公务执法活动或者诉讼参与过程中所亲历的客观事实(包括程序事实、量刑事实以及犯罪事实),出庭作证并接受控辩双方质询的诉讼法律制度。在我国,警察出庭作证法律法规的不断完善,对于全面贯彻落实直接言词原则和公开审判原则,以及促进侦查中心主义向审判中心主义的理念转变和制度重塑具有重要影响。然而,受到司法体制、诉讼模式、侦控结构、法律思维等因素的影响,警察出庭作证并没有由过往的"偶尔为之"演变为一种常态化法律机制。因此,本书通过案例采集、问卷调查、法庭旁听、座谈走访等形式,对《刑事诉讼法》修订以来警察出庭作证贯彻落实的现状进行全面考察和深入剖析。

二、实证调查的总体设计

1. 实证调查的对象

笔者在全国东部、南部、西部、北部、中部 11 个省、自治区、直辖市共计 25 个城市的公安司法部门中开展了警察出庭作证制度实施的实证调查。其中，调查对象所在的地域基本覆盖了我国的主要城市类型，即直辖市、副省级市、地级市和县级市；调查对象所在部门包括审判机关、侦查部门、鉴定部门、公诉机关等。

2. 实证调查的样本量与抽样方法

在具体的实证研究过程中，笔者通过实地调研、法庭旁听、观看中国法院网的网络庭审直播，以及对公开报道的整理，共收集相关案例 75 起，并且这些案例分布于北京、上海、重庆、广东、浙江、河北、广西、吉林、江苏、河南等 11 个省、市、自治区。同时，根据研究需要，笔者分别在我国东部、南部、西部、北部、中部的五个重要地区发放调查问卷 1200 份，最后共回收调查问卷 982 份。

为使问卷调查的结果更具客观性、普遍性和可比性，调查过程中主要采用多阶段抽样法。多阶段抽样过程中又结合简单随机抽样法、分层抽样法、系统（等距）抽样法、定额抽样法、判断抽样法等多种抽样方法。所谓多阶段抽样法又称多级抽样或分段抽样，它是按抽样元素的隶属关系或层次关系，把抽样过程分为几个阶段进行。多阶段抽样的具体做法：先从总体中随机抽取若干大群（组），然后再从这几个大群（组）内抽取几个小群（组），这样一层层抽下来，直至抽到最基本的抽样元素为止。本次调查在多阶段抽样过程中采用的较为重要的抽样方法是非概率抽样中的简单随机抽样法、分层抽样法与定额抽样法。

首先，简单随机抽样又称纯随机抽样，是概率抽样的最基本形式。它是按等概率原则直接从含有 N 个元素的总体中随机抽取 n 个元素组成样本（$N > n$）。

其次，分层抽样又称类型抽样，它是先将总体中的所有单位按某种特征或标志（如性别、年龄、职业或地域等）划分成若干类型或层次，然后，再从各个类型或层次中采用简单随机抽样或系统抽样的办法抽取一个子样本，最后，将这些子样本合起来构成总体的样本。[1]

再次，定额抽样法，又称作配额抽样，它是一种非概率抽样方法。进

---

[1] 风笑天：《社会学研究方法》，中国人民大学出版社，2001，第 135 页。

行定额抽样时，研究者要尽可能地依据那些有可能影响研究变量的因素来对总体分层，并找出具有不同特征的成员在总体中所占的比例。然后依据这种划分以及各类成员的比例去选择对象，使样本中的成员在上述各种因素、各种特征方面的构成及其在样本中的比例都尽量接近总体。如果把各种因素或各种特征看作不同的变数的话，那么，定额抽样实际上就是依据这些变数的组合。[1]本书对于被调查警察的样本即采用了定额抽样法和判断抽样法相结合的方法。

综上所述，本书采用了较为严格和规范的抽样调查方法。从本次调查的样本在性别、年龄、警种、政治面貌、月收入、法律素养与工作地点这些背景变量上的分布情况中可以看出，这些背景变量的分布均比较合理，因此，可以推断出本次调查的样本对于参加过出庭作证的警察群体而言具有一定的代表性。

3.调查问卷的编制及效度

（1）调查问卷的编制

首先，拟定问卷大纲。根据文献探讨内容，编制问卷大纲。

其次，设计研究题目。根据问卷大纲，详细设计研究题目，完成问卷初稿。

再次，咨询专家。问卷初稿确定后，请专家针对问卷初稿内容给予指正，并根据专家意见修正问卷初稿。

然后，进行预测试。共发放120份问卷进行预测试，回收问卷后，进行信度效度分析，作为编制正式问卷的参考依据。

最后，编制正式问卷。根据预测试的结果，修正问卷初稿，确定正式问卷。

根据社会问题研究方法的基本要求，笔者所设计的问卷由卷首语、填答说明、问题及答案、编码和其他资料等五个部分组成。其中，问题及答案是整个调查问卷最重要的内容。调查问卷中的"问题"大致可以分为背景性问题、现状问题、满意度问题、建议类问题四种。在这些问题中，现

---

[1] 风笑天：《社会学研究方法》，中国人民大学出版社，2001，第120页。

状问题和建议类问题是调查问卷的主要内容。

（2）调查问卷的信度和效度

为保证测量工具的信度和效度，本书参照定量研究的效度类型，采用以下几种方法：

① 通过采用以往研究使用过的测量指标，保证问卷调查中主要测量指标的准则效度[1]。

② 邀请中国人民公安大学和公安部公安发展战略研究所的多位教授和专家对问卷初稿提出意见，以使之尽可能反映所测概念，整合其意见并予以修订，从而努力保证问卷的内容效度。

③ 笔者根据受试者背景选用合适的语言、答题形式等，以小组形式反复讨论，形成适合一线民警的问题描述，保证测量工具的表面效度[2]。

④ 在正式调查开始前对问卷初稿进行预测试。本书课题组通过中国人民公安大学和公安部警务实战训练基地组织的在职民警培训平台，选取70名符合要求的警察证人填答问卷初稿。填答人普遍认为有个别题目偏难、部分题目用词过于专业；专家意见是个别题目具有同质性，建议将部分题目删除，并对部分题目用词进行修改。最后，通过对预测试问卷资料分析，修正文字、问题次序、过滤性问题等，形成正式的最终调查问卷。

三、实证调研的组织与实施

1.研究、编制实证调查手册

为使调查工作有序、有效地进行，本书课题组根据前期的调研经验和结果，研究、编制了《关于警察出庭作证实证调研的工作手册》。该工作手册对调查对象、范围和问卷的基本形式、抽样方案、问卷发放和回收、

---

[1] 准则效度也称为实用效度、预测效度或共变效度，指的是用一种不同以往的测量方式或指标对同一事物或变量进行测量时，将原有的一种测量方式或指标作为准则进行比较所得到的效度。

[2] 表面效度也称为内容效度或逻辑效度，指的是测量内容或测量指标与测量目标之间的适合性和逻辑相符性。

案例的审查及整理，以及小组访谈要求与注意事项等进行了具体而严格的规定。

2. 组建、培训调查队伍及人员

课题组以城市为单位组织调查员，每个城市由 3—4 名调查员负责调查问卷的发放、回收以及案例采集和调查访问工作。为使团队成员严格按照工作手册的规定和要求进行调查，课题组还举行调查技能专题培训会，向全体调查员介绍了此次调研的目的、计划、内容、分工等，就具体调查的方法与技巧、注意事项进行详细讲解，使调查员明白自身的角色以及分工。

3. 联系相关部门

课题组主要成员积极联系调研地公安部门和法院部门，以争取得到公安司法实务部门的大力支持，便于调查的顺利开展。并且，以课题组名义为调查员开具调研工作证明，通过正式渠道在公安司法部门发放问卷。

4. 协调、督促实地调查工作的进度及质量

在问卷调查的实施阶段，各地调研小组长和指导教师除了督促调查员严格按照调查计划的要求开展调研外，还注重抓好以下几个方面的工作，确保调查进度和质量：（1）定期召开调查员会议，听取调查员每天的调查工作汇报；（2）抽样审核每天完成的调查问卷，发现疑点，及时解决；（3）适时调整调查进度，并根据实际情况进行调查员的重新组织和调查任务的重新分配；（4）建立网上工作群，相关负责人随时解答调查员调研过程中遇到的疑问。

第二节 现状考察和数据分析

在以审判为中心的诉讼制度改革背景下，警察出庭作证制度不仅对推动庭审实质化具有重要价值，同时对我国警察程序意识、证据意识、法治

意识的树立，以及公安执法规范化的落实具有促进作用。概括而言，所谓警察出庭作证，是指警察就其公务执法活动或者诉讼参与过程中所亲历的客观事实（包括程序事实、量刑事实以及犯罪事实），出庭作证并接受控辩双方质询的诉讼法律制度。在我国，警察出庭作证法律法规的不断完善，对于全面贯彻落实直接言词原则和公开审判原则，以及促进侦查中心主义向审判中心主义的理念转变和制度重塑具有重要影响。然而，受到司法体制、诉讼模式、侦控结构、法律思维等因素的影响，警察出庭作证并没有由过往的"偶尔为之"演变为一种常态化法律机制。因此，本书通过案例采集、问卷调查、法庭旁听、座谈走访等形式，对《刑事诉讼法》修订以来警察出庭作证贯彻落实的现状进行全面考察和深入剖析。

一、警察出庭作证的具体事项

警察出庭作证的事项，主要包括程序事实、量刑事实和目击的犯罪事实。（见图1-1）其中，程序事实即证据收集的合法性证明有35件。就程序规制的维度而言，非法证据排除制度在很大程度上将侦查阶段中的立案受理、讯问、搜查、扣押、侦查实验以及勘验等侦查取证活动纳入法庭审查的范畴。事实上，这不仅有效提高了侦查阶段的透明性和可视性，还极大加强了对侦查措施适用的审查和监督力度，即侦查机关须就相关的程序事实出庭作证并接受法庭调查。统计显示，程序事实依据价值功能的不同可以划分为以下两个方面：一方面是侦查人员在执行职务中所亲历的调查取证行为，着重对案件侦查取证活动合法性的证成和固定。在这类程序事实中，人身检查程序2起、侦查讯问程序9起、搜查程序2起、扣押程序2起、辨认程序4起。另一方面则是对具有程序违法可能的侦查行为所进行的补正或说明（瑕疵证据补正），其更侧重对瑕疵证据中程序缺陷所进行的合理说明和适当补正。有关瑕疵证据补正方面的作证事项，其分布如下：证据笔录存在记录上的错误4起、证据笔录遗漏了重要内容3起、证据笔录缺少有关人员的签名或盖章5起、侦查活动存在"技术性手续上的违规"4起。（见图1-2）

图 1-1 警察出庭作证现状

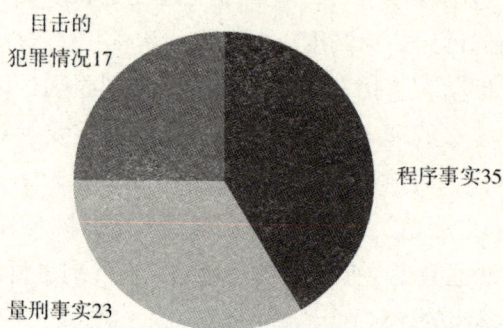

图 1-2 程序事实

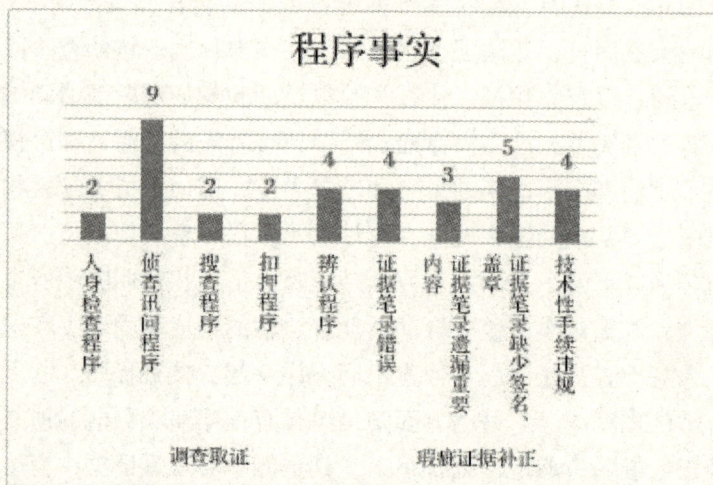

量刑事实，指警察证人代表侦查机关就有关量刑情节是否成立提供证明材料。就法理而言，从量刑事实的生成时间和来源来看，可以分为两大类：一是犯罪发生后已经生成的量刑；二是在刑事诉讼过程中逐步形成的量刑。前者往往形成于犯罪发生之前和犯罪行为过程之中，并随着犯罪行为的结束而形成，诸如犯罪前科、犯罪动机、犯罪起因、被害人过错、主

犯或从犯、累犯等方面的情节，就都属于这一类量刑情节。后者则是随着刑事诉讼程序的启动而逐渐形成的量刑情节。这类情节可以包括自首、坦白、立功、认罪态度、赔偿被害人、刑事和解、退赃、预交罚金等常见的情节。通常情况下，对上述第一类量刑情节，侦查人员会在侦查过程中将其搜集起来，制作相关的证据笔录。控辩双方对这些量刑情节产生争议时，法庭一般不需要侦查人员提供证言，最多责令当初接受侦查人员调查的证人出庭作证。但是，第二类量刑情节却是在刑事诉讼程序启动之后新出现的，侦查人员有可能直接为其中的自首、坦白、立功、认罪态度、退赃、退赔等情节提供了说明类材料。控辩双方一旦对这些量刑情节提出异议，法庭就有可能向侦查人员进行调查核实，侦查人员也有可能就此类情节是否成立提供证言。[1]

统计数据显示，量刑事实有 23 项，其中被告人是否有坦白情节 4 项、被告人是否有悔罪情节 3 项、被告人是否有立功情节 7 项、被告人是否有自首情节 6 项、被告人是否有罪重情节 3 项。（见图 1-3）

图 1-3 量刑事实

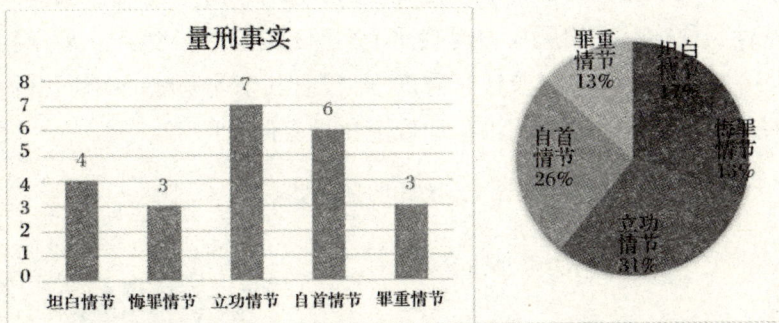

在执行职务时目击的犯罪情况，总共 17 起，抓捕经过 5 起，到案经过 7 起，发现赃物（毒品）5 起，现场处置经过 2 起。（见图 1-4）依照我国《刑事诉讼法》第 192 条的规定，警察在执行职务时目击犯罪情况，可以作为证人出庭作证。作为定罪事实提供者的证人，主要是指警察作为

---

[1] 陈瑞华：《论侦查人员的证人地位》，《暨南学报》(哲学社会科学版)2012 年第 2 期。

侦查活动中的目击证人就犯罪事实出庭作证。一般而言，警察会将目击的犯罪事实记录在案或者以情况说明的方式提交法庭，只有当控辩双方对该犯罪事实产生争议时，法庭才会通知警察出庭进一步陈述。在此情形下，警察的证人身份与普通目击证人没有本质区别，出庭的目的是为证明之前记录或书面证言的真实性。

需要明确的是，对于"执行职务"的界定和阐释。依据《刑事诉讼法》第192条的规定，警察出庭作证中"目击到的犯罪情况"应是"执行职务"背景下发生的，因此，对于"执行职务"内涵的界定直接关系到该制度范围的划定。理论界普遍认为，对于该概念应在结合警务活动内在规律和司法审判具体实践的基础上，做出相应的扩张性解释——既包括作为侦查人员依法行使职权和履行公务时所目击的犯罪事实，还包含执行其他警务活动特别是公安基层基础工作（如公安勤务、日常巡逻、社区警务）中目击的犯罪情况，以及在技术侦查或秘密侦查措施使用过程中所目击的案件情况。之所以进行扩大解释，主要是因为警察所目击的"事实"并非从诉讼过程中间接获取而是直接来源于"第一现场"，所以警察职务属性的差别不宜成为评判证据效力的标准。与此同时，鉴于技术侦查措施具有封闭性和秘密性，往往存在挣脱权力规制而走向肆意之风险。因而，要求警察出庭作证并接受控辩双方以及法官质询，不仅有利于促进庭审实质化的发展，而且对于技术侦查手段的法治化和规范化具有促进作用。

图1-4 目击的犯罪情况

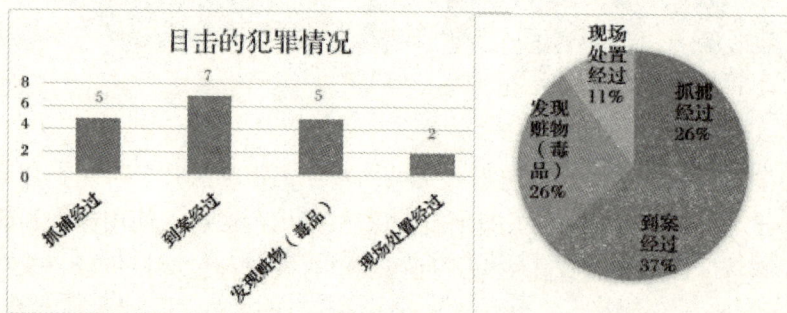

二、警察出庭作证的案件类型

75起警察出庭作证样本中，涉毒案件19起、故意杀人案件7起、盗窃案件 5 起、人身伤害案件 11 起、抢劫案件 7 起、危险驾驶案件 1 起、交通肇事案件 4 起、赌博案件 2 起、妨害公务案件 5 起、寻衅滋事案件 1 起、猥亵妇女案件 2 起、职务侵占案件 1 起、非法经营案件 2 起、非法拘禁案件 1 起、投放危险物质案件 1 起、诈骗案件 3 起、传播淫秽物品谋利案件 3 起。（见图 1-5）

排在前 7 位的案件类型包括涉毒案件 19 起、人身伤害案件 11 起、故意杀人案件 7 起、盗窃案件 5 起、抢劫案件 7 起、交通肇事案件 4 起、妨碍公务案件 5 起，共占样本总数的 77.33%。

司法实践中，涉毒案件的警察出庭作证之所以能够排在首位，盖因为涉毒案件在刑事诉讼中证伪难度大、法庭审理的争议点多，被告人往往就是否实施了毒品犯罪行为、是否具有排除违法性的理由及是否"明知"提出难以查证的辩解，因而其往往成为警察出庭进行合法性证明以及情况说明最为常见的案件类型。具体而言，19 起毒品案件涉及的警察出庭作证事项包括抓捕经过 7 次、鉴定意见事项 5 次、侦查合法性 3 次、特勤引诱 2 次、押送查扣毒品 2 次。其中，涉毒犯罪嫌疑人一般都是在交易时被一网打尽的，其交易的场面、过程、细节都在"抓捕经过"材料中得以体现，所以"抓捕经过"材料往往是贩毒案件中最有力的佐证，侦查人员所作的书面证明更有直接性和证明力。特别是《刑事诉讼法》修改以来，在涉毒案件的法庭审理中，侦查办案人员作为证人陈述对犯罪嫌疑人的"抓捕经过"，已经成为涉毒案件证实中的一项重要手段。

例如，云南省边境某火车站，公安人员在对下车旅客进行检查时，发现郝某形迹可疑，其座位位于 3 号车厢，但其却从没有公安人员检查的 9 号车厢下车，经检查，发现其随身携带的背包内有三包毒品，且包裹有可防止缉毒犬嗅出的辣椒粉和胡椒粉，外侧用三条毛巾有规则地包裹。对此，郝某在法庭上抗辩称这三包毒品是其朋友让其带的茶叶，其并不知道是毒品。针对被告人的抗辩，出庭作证的警察指出，被告人使用辣椒和胡椒粉包裹毒品且将毒品放置在皮包中间用毛巾有规律包裹着，明显与茶叶一般的携带方法矛盾。同时，郝某绕路 6 节车厢从没有公安人员检查的 9 号车厢下车也表明其主观上具有明知。在庭审中，侦查人员采用概括的故意指控，对行为人主观明知的具体内容不作纠缠，而是通过证明被告方种种反常行为，表明其认识到自身在从事刑法所不容许的行为，加上客观行为表现质证，有效化解了被告人的"幽灵抗辩"[1]。

此外，毒品犯罪是一种隐蔽性、对抗性很强的犯罪活动。"人货分离""人赃分离"是毒贩经常采用的反侦查措施，如在乘坐交通工具进行毒品运输中，将毒品置于离自己有一定距离但又能观察、控制的地方，或者为逃避检查而故意将毒品丢弃等。因此，司法实践中，为达到"人赃合一"的证明效果，法庭往往通过申请公安鉴定人对痕迹物证"鉴定意见"的说明，证实毒品与犯罪嫌疑人存在联系。

图1-5 案件类型

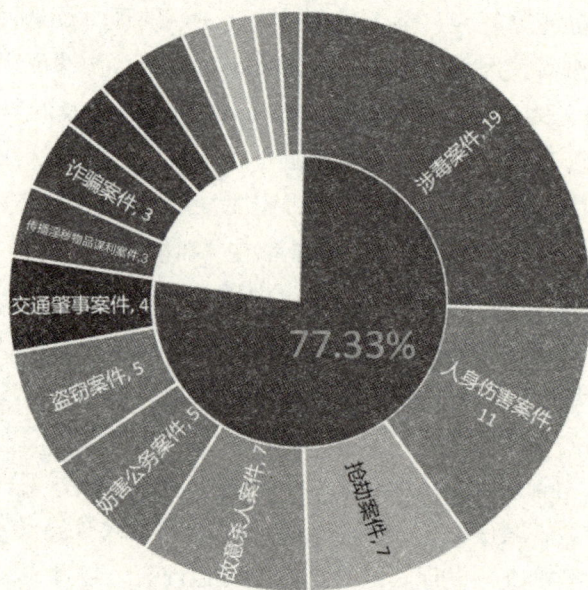

---

[1] "幽灵抗辩"的说法来源于台湾地区一起走私案，当时，执法人员在一艘船上查获了大量走私货物，在法庭上，被告人抗辩称，其是正常的捕鱼后被强盗强行掳走渔获物而以被查获的走私货物交换。最后，法官认定这一抗辩动摇了控方指控其犯罪的证明基础，构成合理怀疑，判决被告人无罪释放。该案之后，很多被查获的走私嫌疑人均以类似理由进行无罪辩护，而这一辩护理由难以为控方查实推翻，如同幽灵一般难以为人所证实，故被称为"幽灵抗辩"。

三、警察出庭作证的程序启动

依据我国《刑事诉讼法》以及相关的司法解释，警察出庭作证的启动程序包括四种，其中，《刑事诉讼法》第 59 条第 2 款规定了侦查办案人员出庭的三种启动程序，即检察院提请的通知程序、法院的通知程序、侦查办案人员的要求程序。[1] 另外，2017 年 6 月实施的《关于办理刑事案件严格排除非法证据若干问题的规定》又赋予辩方申请法院通知侦查办案人员出庭作证的权利。《关于办理刑事案件严格排除非法证据若干问题的规定》第 27 条规定："被告人及其辩护人申请人民法院通知侦查人员或者其他人员出庭，人民法院认为现有证据材料不能证明证据收集的合法性，确有必要通知上述人员出庭作证或者说明情况的，可以通知上述人员出庭。"该《规定》是对《刑事诉讼法》第 59 条第 2 款规定的重大发展，其法治意义在于维护了控辩双方的诉讼权利平等。[2]

调查发现，司法实践中，法院的通知程序占总数的 21%，检察院提请的通知程序占总数的 72%，辩方申请的申请程序占总数的 7%，侦查办案人员的要求程序则占 0%。（见图 1-6）检察院提请的通知程序占据绝大部分，这主要是因为在法庭审判过程中，当法官认为公诉机关的证据有矛盾时，会要求公诉机关进行补正，提供证人证言、相应的情况说明、录音录像等。也就是说，当法官发现指控证据有问题时，其第一反应是要求控诉方补正。[3] 另外，辩方申请的程序由于规定较晚，因而在司法实践中目前为止还比较少见。

---

[1]《刑事诉讼法》第 59 条："在对证据收集的合法性进行法庭调查的过程中，人民检察院应当对证据收集的合法性加以证明。现有证据材料不能证明证据收集的合法性的，人民检察院可以提请人民法院通知有关侦查人员或者其他人员出庭说明情况；人民法院可以通知有关侦查人员或者其他人员出庭说明情况。有关侦查人员或者其他人员也可以要求出庭说明情况。经人民法院通知，有关人员应当出庭。"

[2] 张保生：《非法证据排除与侦查办案人员出庭作证规则》，《中国刑事法杂志》2017 年第 4 期。

[3] 左卫民：《"热"与"冷"：非法证据排除规则适用的实证研究》，《法商研究》2015 年第 3 期。

图 1-6 警察出庭作证的启动

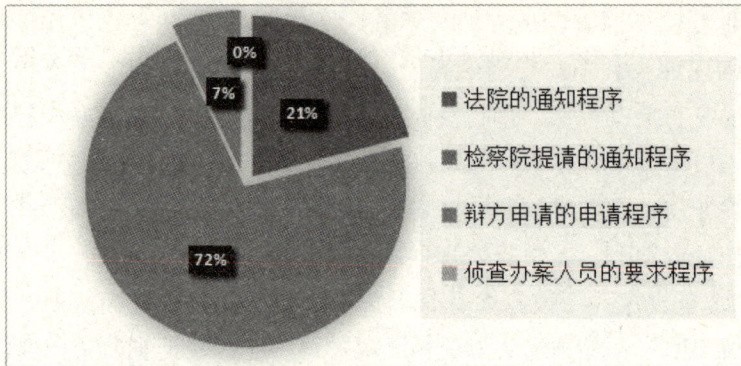

- 法院的通知程序
- 检察院提请的通知程序
- 辩方申请的申请程序
- 侦查办案人员的要求程序

四、警察出庭作证的身份类型

实证调研发现,警察出庭作证的身份类型主要分为:程序事实提供者、侦查人员以及公安鉴定人。

首先,警察作为程序事实提供者出庭作证的案例有 35 项。司法实践中,作为程序事实提供者的警察证人,主要是指办案人员为证明侦查行为的合法性而出庭作证。《刑事诉讼法》确立了非法证据排除规则,法庭对证据的合法性进行审查适用独立的程序性裁判,裁判的对象为警察侦查行为的合法性,包括询问、讯问、搜查、勘验、辨认等各个方面。当控辩双方对侦查行为的合法性产生争议时,公诉机关可以提请法庭通知警察出庭作证。在这种程序性裁判活动中,警察出庭的目的是提供程序事实以证明侦查行为的合法性,此时,警察不仅具有证人身份,也是程序性被告,因为一旦无法证明侦查行为的合法性,就可能因先前提供的证据被排除而承担程序性败诉的风险。

例如,某公安局经侦支队办理孙某某的职务侵占案,就是由于侦查办案人员无法(怠于)证明侦查行为的合法性,而导致法院改判。2008 年 6 月,某地产公司与孙某某(女,1969 年 3 月生)合作注册成立了营销策划有限公司(以下简称公司),孙某某任该公司股东兼常务副总经理,负责公司运作及业务执行、人事管理、行政管理等。其间,公司所有员工报酬的编制、上报、领取、发放均由孙某某一人经办。2012 年 2 月,该公司向公安机关报案,控告孙某某利用其职务便利和公司管理漏洞,侵占公司资金。公安机关迅速组织力量进行侦查，展开了收集工资表、赶赴外地寻找证人进行询问等调查取证工作。经查，2008 年 7 月至 2011 年 2 月，孙某某利用其担任该公司常务副总经理的职务便利，在每月编制、上报员工工资、佣金表的过程中，多次虚构事实，以已离职员工或其他员工的名义虚报工资、佣金，冒领上述人员名下的工资、佣金 40 万余元（其中 11 万余元未遂）。2012 年 7 月 23 日，公安机关将此案移送审查起诉。同年 11 月，该市某区人民法院一审认定孙某某利用职务之便侵占公司资金 29 万余元，另侵占 11 万余元未遂，构成职务侵占罪，判处有期徒刑 5 年 6 个月。孙某某不服，上诉至市中级人民法院。二审期间，孙某某辩护律师提出：侦查人员向证人取证过程中，向张某等三名证人出示的工资表含有孙某某有罪的主观判断，存在指供、诱供嫌疑。该市中级人民法院主审法官和市人民检察院公诉人员即通知公安机关侦查人员出庭说明情况。侦查人员出庭后解释，在向张某等三名证人询问期间所出示的工资表系公司提供，该公司根据前期自查情况，对正常发放的工资、可能被孙某某侵占的工资以及确认是孙某某侵占的工资，分别以"A""B""C"进行了标注，并以文字进行了注解。二审法院认为，公安机关在向证人张某、颜某、肖某出示工资表时，使用的工资表上有标注，属于"有明显的暗示"；此外，公安机关对两名证人刘某、肖某进行询问时，一名证人出现在另一名证人的询问录像中，违反了询问证人应当个别进行的规定。因此，法院对以上证人证言不予采信。2013 年 3 月，法院认定孙某某职务侵占罪名成立，侵占公司资金数额变更认定为 26 万余元，另侵占 11 万余元未遂，改判孙某某有期徒刑 5 年。

本案中，由于公安机关取证过程不规范，导致部分证据不被二审法院采信，一审法院认定的孙某某侵占数额 29 万余元被二审改判认定为 26 万余元，刑期也作了相应缩短。其中反映的程序性法律问题值得反思：

一是出示证据不注重细节。办案民警在询问张某、颜某、肖某等三名证人时，为查明案情，出示了各人的工资单进行确认。虽然出示的工资表为公司提供，但该公司根据自查情况，对正常发放的工资、可能被孙某某侵占的工资以及确认是孙某某侵占的工资，分别以"A""B""C"进行了标注，并以文字进行了注解，事实上对证人起到暗示的作用。因此，二审法院认为，公安机关询问时使用的工资表上有标注，属于"有明显的暗示"。

二是询问证人不规范。为保守案件秘密，防止证人相互影响，保护证人安全，根据《刑事诉讼法》第 124 条和《公安机关办理刑事案件程序规定》第 205 条的规定，询问证人应当个别进行。本案中，民警赶赴外地找到两名证人，在茶舍进行询问。民警在茶舍对刘某询问时，让肖某到茶舍的另一边等候。民警认为，双方相距较远，应该听不到谈话。询问结束，让刘某核对笔录时，肖某以为询问已经结束，即自行走近，并出现在对刘某询问的录像中。

三是侦查人员出庭准备不充分。根据《刑事诉讼法》第 54 条之规定，收集物证、书证不符合法定程序的，可能严重影响司法公正的，应当予以补正或作出合理解释。二审中，法院根据《刑事诉讼法》第 59 条规定，通知侦查人员出庭。接到法院出庭通知后，办案单位对此不够重视，出庭准备不足。本案有争议的证据主要是两部分：一是公安机关在向张某等三名证人询问时，出示了有标注的工资单，有暗示的嫌疑；二是在刘某的询问录像中有另一证人肖某出现。对此，办案单位是有条件进行补正和作出合理解释的。但民警应对不足，对出示证据是否存在"暗示"，只简单组织该公司写了工资表标注情况的说明，未对警方是否进行"暗示"作合理解释，也未找证人就相关情况进行进一步核实；对一名证人出现在另一名证人的询问录像中的问题，也未再找两名当事证人进行说明，以致庭审质证中难以答复，证据未被法庭采信。

其次，以侦查人员身份作证的案件有 29 项，主要包括以目击犯罪事实出庭作证以及到庭说明情况。根据《刑事诉讼法》的相关规定，警察就其执行职务时目击的犯罪情况，可以作为证人出庭作证。这是我国法律首次确立侦查人员的目击证人地位。在刑事案件的侦查过程中，侦查人员了解犯罪事实的情形经常发生。例如，侦查人员接到报案后，迅速赶赴现场，将正在作案的犯罪嫌疑人当场抓获；侦查人员在巡逻过程中，发现了正在进行的犯罪活动，并将犯罪嫌疑人当场或者事后抓捕归案；侦查人员通过采取技术侦查手段，将犯罪嫌疑人所实施的犯罪过程予以秘密录音、录像；侦查人员采取诱惑侦查手段，亲自采取数量引诱、犯意引诱或者双套引诱方法，诱使犯罪嫌疑人实施犯罪活动，并在犯罪嫌疑人进行违禁品交易时将其擒获。[1]

当然，侦查人员作为目击证人，也有一些显著的特殊性。毕竟，侦查人员是在执行职务过程中目击犯罪事实的人。与一般证人不同的是，侦查人员一般不会接受其他侦查人员的询问，从而形成询问笔录或者证言笔录。侦查人员就其所目击的案件事实，一般是通过提交"情况说明""抓捕经过""破案经过"等方式来提交证言的。原则上，这些说明材料也就是侦查人员提交的书面证言。一般而言，只要控辩双方对这些说明材料的真实性和相关性不持异议，刑事法庭就会将其直接采纳为定案的根据。但是，遇有控辩双方对这些说明材料提出异议的情况，特别是被告方对这些材料的真实性和相关性提出合理怀疑的，侦查人员就有必要就此进一步出庭提供证言。

例如，杭州市余杭区公安分局办理一起盗窃案，两名同案被告人各执一词：张某声称自己是主动投案，从没与共犯王某有过联系；王某则坚持自己做了说服工作，并亲自陪同张某向办案机关投案自首。侦查人员出庭作证证实：被告人王某先投案自首，民警帮他办理了取保候审手续。三日后被告人张某在王某的陪同下也前来投案自首，同样在制作笔录后办理了取保候审手续，由此证实被告人王某有立功情节。

再次，以鉴定人身份作证的案件有 11 项，主要作证的内容包括痕迹类鉴定、法医类鉴定、理化类鉴定、DNA 类鉴定、文件类鉴定。公安机关鉴定人，是指依法取得鉴定人资格并被公安机关聘任，从事法医类痕迹检验、理化检验、文件检验、声像资料检验、电子物证检验、心理测试和警犬鉴别等检验鉴定工作的专业技术人员。[2]2005 年 2 月 28 日全国人大常委会通过的《关于司法鉴定管理问题的决定》第 7 条第 1 款规定："侦查机关根据侦查工作的需要设立的鉴定机构，不得面向社会接受委托从事司法鉴定业务。"这决定了在我国刑事诉讼实践中，案件鉴定机构多为侦查机关内设的鉴定机关，鉴定人也大多是具有警察身份的专业技术人员。

---

[1] 陈瑞华：《论侦查人员的证人地位》，《暨南学报》(哲学社会科学版)2012 年第 2 期。

[2] 杨开湘、宋扬：《社会司法鉴定人和职能司法鉴定人》，《中国司法鉴定》2009 年第 5 期。

数据显示，当前我国公安机关有鉴定机构 3500 余家，具备痕迹、法医、理化、文件、影像等九大专业和上百项小专业的鉴定能力。近几年，公安机关鉴定机构每年进行的鉴定在 230 万起左右，社会鉴定机构在 2012 年共出具的鉴定为 160 万起左右。从实践情况来看，绝大部分的刑事案件司法鉴定都是由公安机关的鉴定机构做出的，社会鉴定机构承担的不足五分之一。[1]

依据《公安机关鉴定人登记管理办法》和《司法鉴定人登记管理办法》等相关法律规定，公安机关鉴定人具有以下几方面的特征：（1）身份特征。根据《公安机关鉴定机构登记管理办法》的规定，公安机关鉴定机构既包括其刑事侦查和行政案件侦查部门所开设的鉴定机构，也包括院校、医院等事业单位所开设的鉴定机构。而鉴定人则是在上述机构工作、依法取得鉴定资质的个人。因此，公安机关鉴定人不仅具有鉴定人的职业身份，而且大部分是公安机关的刑事技术人员，具有警察身份。（2）职能特征。公安鉴定机构一直以来都是公安刑侦部门的下属机构，职能就是为公安刑事侦查工作提供鉴定服务，协助解决案件中的专业问题。公安机关鉴定人在历史与现实中长期从属侦查部门，受公安机关行政管理，具有公务性。（3）业务特征。公安机关根据侦查工作需要设立的鉴定机构，不得面向社会接受委托从事司法鉴定业务。受专业水平、管理方式、侦查需要等条件的限制，公安机关司法鉴定业务主要依附公安刑事侦查需要，鉴定人针对侦查中遇到的专业的技术性问题做出鉴定，鉴定范围相对有限并且集中，主要集中在刑事案件中遗留、搜集的痕迹等资料，指纹类、法医类鉴定较多，并且在某些方面具有优势，如理化检验、毒物分析、枪弹痕迹检验等。[2]

司法实践中，鉴定意见具有权威性、客观性和科学性等特征，因而相比实物证据和言词证据等，其对审判人员自由心证的形成以及定罪量刑的影响更加巨大。因此，警察作为鉴定人出庭作证，对于消解控辩双方对鉴定意见的异议、准确认定犯罪事实以及增强法庭裁决的公信力和权威性具

---

[1] 汪建成：《中国刑事司法鉴定制度实证调研报告》，《中外法学》2010 年第 2 期。

[2] 王睿：《公安机关鉴定人出庭作证率低原因分析及对策》，中央民族大学硕士论文，2016，第 5 页。

有重要价值。例如，在邢某、刘某某故意伤害案中，苏州市人民检察院起诉书指控：被告人邢某、刘某某于 2013 年 7 月 21 日 19 时许，在苏州市某区某青年旅馆二层因生活琐事与李某某、何某某发生争执并互殴。其间，李某某因被钝性外力作用头部造成重度颅脑损伤合并肺部感染，于 2013 年 7 月 29 日死亡。被告人邢某、刘某某作案后主动向公安机关投案自首。

苏州市人民检察院认为，被告人邢某、刘某某因琐事故意伤害他人身体，致人死亡，犯罪性质恶劣，后果严重，其行为触犯了《中华人民共和国刑法》第 234 条第 2 款之规定，犯罪事实清楚，证据确实、充分，应当以故意伤害罪追究二被告人的刑事责任。[1]

本案中，被害人李某某如何倒地这一情节直接影响对二被告人行为及责任的认定，但是本案发生在傍晚，案发时场面混乱，目击证人及二被告人对于李某某是在什么情况下倒地这一关键情节，所作证言、供述较为模糊，且存在一定矛盾。因此，尸体检验鉴定意见成为确定李某某身体损伤形成原因及死亡原因的重要依据。但是囿于尸体检验鉴定意见本身对于文书简洁性的要求，尸体检验鉴定书对被害人李某某的死亡原因及身体部分损伤的形成机制未作进一步阐述，主要体现为：（1）尸体检验鉴定书最终结论性意见是"李某某系被钝性外力作用头部造成重度颅脑损伤合并肺部感染死亡"。对于李某某的肺部感染是否在案发后形成，如何形成，肺部感染这一因素对于李某某死亡所起的作用等，鉴定意见未作解释。（2）在案证据证明案发时被害人李某某曾被拳头击打面部，后倒地致伤，而拳头击打和头部着地均为作用于被害人头部的钝性外力，究竟是哪种力或哪些力的作用导致被害人重度颅脑损伤，如果头部着地是致伤原因，那么是否存在除拳头击打外的其他力使被害人倒地的可能，需要鉴定意见再进行具体分析。（3）尸体检验鉴定书显示李某某头部左眉骨处存在额骨骨板内出血，但鉴定意见未对该处损伤的形成原因作出分析。由于被害人的死亡原因对于准确认定犯罪事实并适用刑罚意义重大，且辩护人庭审前就鉴定意见中的部分问题提出质疑，故庭审时法院通知对李某某进行尸体检验的鉴定人吴警官出庭作证，要求鉴定人对鉴定意见的形成过程进行更细致

---

[1] 李玉华：《警察出庭作证指南》，中国人民公安大学出版社，2014，第 266—270 页。

的分析，解答各方对鉴定意见的疑惑。

庭审中，法庭通过公诉人与鉴定人一问一答的形式，对困扰本案的一些问题作了合理的解释。

（1）关于肺部感染的问题。鉴定意见为"重度颅脑损伤合并肺部感染死亡"，通过尸体解剖可以看到肺部感染的一些表象，如气管支气管内、肺脏切面见大量脓性物等，具体得出肺部感染的结论，还需要结合医院的住院病历。在条件允许的情况下，征得家属同意，可以送检肺脏做显微病理学检验。对于这种抢救时间较长的死者，需要查看住院病历，并在鉴定书中大量摘抄，以此作为鉴定意见的依据。肺部感染也是颅脑损伤的一种并发症，所以从根本上讲还是倒地造成的继发损害。

（2）关于钝性外力是倒地造成还是拳头击打造成的问题。这个问题在鉴定意见中不会体现出来，因为鉴定意见首先要保证准确，在准确的基础上才能要求精确。法医根据尸表及解剖检验，发现一些钝性外力作用的表象，至于是哪一种，单纯从法医鉴定角度无法确定，所以鉴定意见中无法体现，但可以在分析说明中简单分析。出庭是释疑的一种比较好的方法，鉴定人可以根据自己的专业知识结合具体案件做出相应的解释。

（3）对于各处损伤形成机制的问题。这个问题一般会在鉴定书的分析说明一项中有所涉及，因为这仅仅是鉴定人根据尸体上的一些特征结合自己的专业知识和从业经验做出的相应分析，因此不会在检验鉴定意见中体现出来。

经过质证，控辩双方对鉴定人在庭审中所作证言没有异议，合议庭认为该证言具有真实性、合法性、关联性，在判决书中予以引用，成为最终定案的依据。

此外，就作证人数而言，1名警察出庭作证的案件7起，2名警察出庭作证的案件21起，2名以上警察出庭作证的案件47起。从样本案例的分布可见，2名以上警察出庭作证的案件占总数的62.67%，这主要是因为搜查、扣押、检查、讯问等侦查措施必须由2名以上侦查人员采取，而且2名以上侦查人员的同时出庭为被追诉方提供了更多的辩护空间，也有利于证据的相互印证和案件事实的查清。例如，在程某某运输毒品案中，乌沙市人民检察院指控：被告人程某某于2012年5月间驾驶汽车自某省运输大量毒品至乌沙市。2012 年 5 月 23 日 8 时许，程某某驾车行至乌沙市大山区某镇某村其经营的"大澡堂"门前时被抓获，警察当场从其驾驶的车辆上起获毒品甲基苯丙胺共计 289.93 克。

乌沙市人民检察院认为，被告人程某某违反国家有关毒品的管理规定，非法运输毒品，数量大，犯罪性质恶劣，情节严重，其行为触犯了《中华人民共和国刑事诉讼法》第 347 条第 2 款第 1 项之规定，犯罪事实清楚，证据确实、充分，应当以运输毒品罪追究其刑事责任。

本案中，被告人供述、GPS 导航轨迹、高速公路收费发票等证据能够证实被告人程某某驾驶汽车自某省行驶至乌沙市大山区的事实，侦查人员对涉案车辆进行搜查的证据材料、扣押毒品清单及毒品检验报告证明在程某某所驾驶的车辆中起获了可疑物品，后经鉴定为甲基苯丙胺，在案证据基本形成了证据链条，支持了公诉机关指控的内容，即程某某自某省驾车运输毒品至乌沙市的事实，但是该证据链条尚有一环较为薄弱，即虽然程某某供认自己运输毒品至乌沙市，但是对于涉案毒品与程某某所驾驶车辆的联系没有其他证据予以佐证。如果被告人翻供，其完全可以辩解毒品是他被抓获后由别人放到车辆上的，毒品与他没有关系。如此一来，证据链条就会断裂，哪怕在案的其他证据都经法庭依法确认，也无法确认被告人运输毒品至乌沙市的事实。那么如何证明涉案毒品确实是由被告人自己放到车上并运输至乌沙市的呢？应当由对程某某实施抓捕的侦查人员提供证言，以证明侦查机关抓捕程某某后第一时间在程某某所驾驶的车辆上发现了毒品，排除毒品由他人放到车辆上的可能性。因此，法庭通知了对程某某实施抓捕的侦查人员出庭作证，对抓捕程某某及发现毒品的情况进行说明。

警察此次出庭作证，如实说明了抓捕程某某并在程某某所驾驶的车辆上发现毒品的情况，即对程某某进行控制后第一时间在涉案车辆上发现了毒品，排除了毒品由他人放到涉案车辆上的可能性。2 名警察所作证言的内容基本一致，具有较强的证明力，对于涉案毒品与涉案车辆的联系这一证据链条中的关键一环起到证明作用，对法庭最终确认案件事实至关重要。经过质证，控辩双方对警察所作证言的内容没有异议，被告人也在庭审中如实供述了犯罪事实。法庭认为 2 名警察的证言真实可靠，与案件具有最为直接的关联，在判决书中将 2 名警察的当庭证言作为定案依据予以引用。

第三节 暴露的问题和不足

随着 2018 年《刑事诉讼法》以及相关配套法律法规的实施，警察出庭作证已由过去的"偶尔为之"逐渐成为一项制度化措施，并在案件事实查清和量刑情节认定方面起到诸多关键作用。尽管如此，通过对上述实证调研数据的分析，我们可以发现，警察出庭作证在具体的贯彻落实中依然暴露出很多问题和矛盾。

一、审判中心主义下作证理念的滞后

随着我国审判中心主义诉讼模式改革的不断推进，警察出庭作证成为一种必然趋势。然而，实证调研数据显示，一方面我国警察出庭作证的比例普遍较低，大多办案人员仍倾向通过"情况说明"等书面材料进行作证，而不愿直面法庭接受法官和控辩双方的质询和调查；另一方面，在为数不多的警察出庭作证案例中，侦查办案人员普遍都是被要求出庭作证，而缺乏主动性和自觉性。如上所述，在警察出庭作证的启动程序中，法院的通知程序占总数的 21%，检察院提请的通知程序占总数的 72%，辩方申请的申请程序占总数的 7%，而侦查办案人员的要求程序则占 0%。因此，警察在出庭作证方面的被动性以及普遍存在的畏难情绪甚至抵触行为，在很大程度上表明警察群体主观认识上依然存在诸多问题。

具体而言，首先，对法律法规认识不足。《刑事诉讼法》以及相关的司法解释，是警察出庭作证的基本程序规范，如《刑事诉讼法》第 59 条规定："现有证据材料不能证明证据收集的合法性的，人民检察院可以提请人民法院通知有关警察或者其他人员出庭说明情况；人民法院可以通知有关警察或者其他人员出庭说明情况；有关侦查人员或者其他人员也可以要求出庭说明情况。经人民法院通知，有关人员应当出庭。"《刑事诉讼法》第

192 条 "人民警察就其执行职务时目击的犯罪情况作为证人出庭作证，适用前款规定"，规定了警察应当就执行职务时目击的犯罪情况出庭作证。同时，《刑事诉讼法》司法解释对警察出庭作证做出了进一步的细化规定。

《刑事诉讼法》审判解释第 108 条规定："对侦查机关出具的被告人到案经过、抓获经过等材料，应当审查是否有出具该说明材料的办案人、办案机关的签名、盖章。对到案经过、抓获经过或者确定被告人有重大嫌疑的根据有疑问的，应当要求侦查机关补充说明。"第 110 条规定："对被告人及其辩护人提出有自首、坦白、立功的事实和理由，有关机关未予认定，或者有关机关提出被告人有自首、坦白、立功表现，但证据材料不全的，人民法院应当要求有关机关提供证明材料，或者要求相关人员作证，并结合其他证据作出认定。"最高人民法院的司法解释，明确了程序性事实及量刑性事实证实中警察的出庭作证义务。

公安部修订后的《公安机关办理刑事案件程序规定》第 68 条规定："人民法院认为现有证据材料不能证明证据收集的合法性，通知有关侦查人员或者其他人员出庭说明情况的，有关侦查人员或者其他人员应当出庭。必要时，有关侦查人员或者其他人员也可以要求出庭说明情况。经人民法院通知，人民警察应当就其执行职务时目击的犯罪情况出庭作证。"此外，《排除非法证据规定》第 7 条还进一步规定："经审查，法庭对被告人审判前供述取得的合法性有疑问的，公诉人应当向法庭提供讯问笔录、原始的讯问过程录音录像或者其他证据，提请法庭通知讯问时其他在场人员或者其他证人出庭作证……经依法通知，讯问人员或者其他人员应当出庭作证……"

对上述法律法规的认识和掌握程度，是警察出庭作证制度有效实施的基本前提和基础。然而，调查结果显示，熟悉《刑事诉讼法》以及相关司法解释关于警察出庭作证规定的警察占样本总数的 17%，一般了解的占样本总数的 25%，不熟悉相关法律法规的则占样本总数的 58%。这表明，大部分被调查者对《刑事诉讼法》以及新修订的司法解释不甚了解，在一定程度上折射出我国侦查办案人员庭审意识和法治精神的缺失。同时，由此也可以推断出，对警察出庭作证制度的专门业务培训较少，大部分办案民警的认识仍停留在侦查中心主义下的传统办案思维模式。

其次,对警察出庭作证意义认识不足。警察出庭作证对于固定证据材料、维护程序公正、树立警察形象以及协助法庭正确定罪量刑具有重要作用。特别是在司法改革的大背景下,警察出庭作证制度既是以审判为中心的诉讼制度改革的题中之义,也是实现审判中心、庭审实质化改革目标的关键环节。司法实践中,警察证人出席法庭,并就证据收集的合法性及警察执行职务时目击的犯罪情况向法庭陈述并当庭接受质证,使得法官不仅能够从质证对话中更准确地了解案件事实,而且法官能够对出庭警察进行察言观色,有利于发现真实、形成内心确信。此外,警察出庭作证还使得辩方的质证权得到保障和扩大,弥补辩方在取证能力上的弱势,避免控方利用其资源优势引导法庭走向案卷中心主义,从而确保庭审实质化和程序正当化。

然而,当前警察群体对于出庭作证制度的价值和他们在整个庭审诉讼中的作用认识相对有限。调查结果显示,47%的民警认为出庭作证实质上处于"接受审查"的境地,需要就侦查、讯问、搜查、扣押、辨认、鉴定等侦查程序的合法性接受法庭控辩双方的质询和审查。同时,受传统"官本位"特权思想的影响,警察一直都以社会管理者和秩序维护者自居,致使其很难适应由过去的讯问者变成庭审中的被询问者的角色转变。因此,警察在实践中普遍存有畏难情绪和抵触心理,造成警察实际出庭作证的数量较少以及出庭作证的效果不佳等问题。

再次,对案件办理终结认识的偏差。党的十八届四中全会通过的《中共中央关于全面推进依法治国若干重大问题的决定》提出,要"推进以审判为中心的诉讼制度改革,确保侦查、审查起诉的案件事实证据经得起法律的检验。全面贯彻证据裁判规则,严格依法收集、固定、保存、审查、运用证据,完善证人、鉴定人出庭制度,保证庭审在查明事实、认定证据、保护诉权、公正裁判中发挥决定性作用"。庭审实质化是以审判为中心的诉讼模式改革的关键环节,其主要目标是实现"诉讼证据质证在法庭、案件事实查明在法庭、诉辩意见发表在法庭、裁判理由形成在法庭"。也就是说,审判中心主义的诉讼改革要求加强法庭对证据的调查核实,一切作为定案根据的证据必须在法庭上出示和查证属实,即只有经过法庭举证、质证和认证后采纳的证据,才能作为认定被告人有罪和判处刑罚的证据。

事实上，这对侦查机关提出了更高的要求，即案件侦破不再是侦查活动的终点，相反，侦查机关应该与公诉机关共同承担法庭审判中对犯罪追诉的证明。然而，在对"对案件办理终结认识"的问题调查中，27%的被调查者认为案件办理终结的标准是抓获犯罪嫌疑人和侦破案件，39%认为是案件检察机关移送审查起诉，34%认为是法庭对案件审理裁决。这表明，在侦查中心主义传统思维的长期影响下，公安机关侦查取证工作的重心往往在案件犯罪事实的侦破上，加上书面裁判主义和相应的卷宗移送制度的导向作用，使侦查人员比较关注案件是否能顺利移送审查起诉，而不太重视调查取证是否能够满足案件起诉、审判阶段证明犯罪事实和审查判断证据的需要。同时，这也从侧面折射出侦查办案人员诉讼意识和庭审意识的淡薄。他们大多认为案件侦破后"接力棒"就移交给了检察机关，出庭支持诉讼是公诉人员的职责而与他们没有关联。

此外，受"厌讼"等传统法律文化以及社会人情关系等影响，我国公众大多对出庭作证怀有主观偏见。特别是警察证人，如果到法庭上接受控辩双方的质询，那么，侦查办案中可能存在的问题被暴露的概率就大大增加了，从而不仅使其专业水平受到质疑，而且证据材料也将面临被否决的风险。同时，在以不出庭为原则的"旧常态"下，警察证人对法庭质证程序较为陌生，不熟悉相应的庭审规则，未掌握必备的诉讼技巧，在法庭上面对对方的质询，尤其是面对那些深谙法庭论辩规则的辩护人时，警察证人在质证过程中很可能处于明显的劣势，并可能会因表现不慎导致证据材料被排除。因此，从趋利避害的主观角度出发，多数警察证人对出庭作证怀着一种畏惧的心理，从而倾向于选择不出庭。

二、执法规范化的不足

实证调研数据显示，在出庭作证的内容方面，程序性事实所占比例最大，事实上这在很大程度上折射出侦查取证的规范化不足，特别是侦查取证中的程序性违规问题依然较为突出。具体而言，调研发现，这些执法不规范的事项主要包括：侦查活动中的瑕疵证据问题，侦查活动存在的"技术性违规"，讯问和询问的不规范以及抓捕或到案经过制作不规范。

其一，瑕疵证据。瑕疵证据是指通过不符合法律规定的方式收集的在程序上存在瑕疵的证据材料。事实上，瑕疵证据本身就是侦查活动和调查取证等不规范执法行为的集中体现。从法庭审理的倒查情况可见，这些瑕疵证据主要包括：（1）证据笔录存在记录上的错误。比如，证人询问笔录反映出同一时间段内"同一询问人员询问不同证人"，被告人询问笔录"填写的讯问时间、讯问人、记录人、法定代理人等有误或者存在矛盾"。（2）证据笔录遗漏了重要内容。例如，制作询问笔录没有记录告知证人应当如实提供证言和有意作伪证或者隐匿罪证要负法律责任。讯问笔录没有记录告知被告人享有相关权利，如申请回避权、聘请律师权、拒绝回答与本案无关的问题等权利。辨认笔录只有辨认结果而缺少辨认过程或辨认过程过于简单、缺少重要环节。（3）证据笔录缺少有关人员的签名或盖章。在侦查过程中，所形成的书面纸质证据几乎都需要相关人员签字或者盖章，无论主持侦查活动的侦查人员，还是侦查过程中的见证人、被询问人、被讯问人、物品持有人等都需要对相关笔录证据进行签名或者盖章。例如，讯问笔录应交予犯罪嫌疑人核对但缺少签名或者盖章，或侦查人员没有签名；勘验、检查笔录缺少参加勘验、检查的人和见证人签名或者盖章；侦查实验笔录缺少参加实验人的签名或者盖章；查封、扣押清单缺少侦查人员、见证人和持有人签名或者盖章；辨认笔录缺少辨认人、见证人、侦查人员签名或者盖章。（4）侦查取证中的"技术性违规"。依据《刑事诉讼法》审判解释的规定，侦查人员不同程度地存在轻微的程序违规情况，由于违反法律程序的情况并不严重，所以通常称为"技术性手续上的违规"。侦查取证中的"技术性违规"通常包括：询问证人的地点不符合规定，如办案人员将证人传唤到看守所，或者安置在某一使证人丧失人身自由的场所，然后进行询问活动；在组织辨认过程中，主持辨认的侦查人员少于二人，侦查人员没有向辨认人详细询问辨认对象的具体特征；进行勘验检查活动时缺少见证人或者见证人与本案有利害关系；整个勘验、检查活动缺乏公正的第三方监督等。

对于瑕疵证据，我国法律明确规定了瑕疵证据的程序补正规则，事实上这不仅给予了侦查人员进行必要解释与合理说明的程序途径，并且该规则还成为警察出庭作证的重要缘由。所谓瑕疵证据的程序补正，又称为"违法诉讼行为的治愈"，是指法院对于那些情节轻微的程序性违法行为，在对其做出无效宣告的同时，允许侦查人员、公诉方或者下级法院在纠正原有的程序性违法情况的前提下，重新实施各种带有补救性的诉讼行为。

依据我国的相关法律规定，程序补正的方式主要分为办案人员补正和作出合理的解释或说明两种途径。办案人员补正，是指办案人员对于存在程序瑕疵的证据进行必要的补充和纠正。作出合理的解释或说明，是指办案人员对于原来的程序瑕疵以及进行程序补正的情况作出一定的解释。司法实践中，警察证人在庭审中作出合理的解释或说明主要包括两种情况：一是对于已经进行的程序补正情况进行必要的说明；二是对于那些实在无法补充和纠正的瑕疵证据作出一定的解释。前者主要是指法院在责令办案人员修正证据笔录或者重新实施侦查行为的同时，对其程序补正过程给出必要的说明，以供法院进行审查，并以此来说服法院采纳相关的瑕疵证据；后者则属于办案人员对那些因为时过境迁而无法补正的瑕疵证据所作的情况说明。特别是对于那些没有必要重新实施侦查行为或者重新进行侦查已经不具有现实条件的案件，办案人员作出合理的解释和说明，就成为一种必要的补正程序。例如，对于询问证人的地点不符合规定的，办案人员假如能够证明询问的方式是合法的，证人的陈述也是自由自愿的，并没有受到任何方式的强迫、暴力、威胁等非法对待，那么，法院责令其作出有关询问情况的说明就可以了。又如，对于询问笔录没有记录告知证人如实提供证言的义务以及故意作伪证的法律责任的，法院假如认为证人所提供的证言是真实的，询问证人的程序也是合法的，就没有必要命令办案人员重新进行该询问活动，而令其作出合理的解释即可。[1]

由此可见，对于瑕疵证据的补正，侦查人员无论进行必要说明还是就相关问题进行合理解释，都需要在直接言词原则下出庭向法庭进行陈述并接受控辩双方的质询。因而，瑕疵证据补正的比例居高不下，很大程度上折射出我国公安执法办案的不规范，特别是程序性违法行为仍然大量存在。

【案例】2013 年 8 月，陕北人白某、白某某、高某与徐某共同预谋非法获取超市财物。9 月 1 日，白某某与徐某分别以假冒的身份证件，与

---

[1] 陈瑞华：《刑事证据法学》，北京大学出版社，2014，第 175 页。

白某应聘至 X 市凤城二路人人乐超市防损部工作。9 月 14 日凌晨 3 时许，经徐某指使，白某某、高某以向白某借钱为借口，骗取超市安保人员汪某打开超市一楼北侧大门，白某某持刀与高某将汪某控制，白某与徐某进入超市二楼，将俊熙珠宝店近 40 件玉器盗走。4 人逃离现场时挟持汪某，搭乘张某驾驶的出租车，至铜川市耀州汽车站后放走汪某。

案件发生后，X 市公安局经济技术开发区分局刑侦大队与凤城路派出所成立专案组开展侦破。侦查人员迅速锁定了犯罪嫌疑人白某、白某某、高某与徐某。侦查人员根据被害人汪某提供的情况，提取了张某驾驶的出租车往返收费站的收费票据，从高速公路收费处调取了白某某等人逃离 X 市时搭乘的张某驾驶的出租车通过收费站时的监控视频截图，安排出租车驾驶员张某对该视频截图进行了辨认。

侦查过程中，白某、白某某、高某携带赃物到 Z 县公安局等单位投案自首，Z 县公安局将犯罪嫌疑人和部分赃物向 X 市公安局经济技术开发区分局做了移交。本案 4 名犯罪嫌疑人，3 名已到案，唯徐某在逃，已被通缉。

X 市 W 区人民检察院将白某、白某某、高某抢劫一案起诉至 W 区人民法院。2014 年 4 月 29 日，W 区人民法院公开开庭审理此案。本案庭审中，被告人的辩护律师对公诉机关提交的证据提出如下异议。

第一个异议：侦查人员制作的白某的第二份讯问笔录与第一份讯问笔录内容高度一致，第一份讯问笔录显示讯问时间为 4 个半小时，笔录为 6 页，而第二份讯问笔录显示讯问时间为 50 分钟，笔录为 4 页，时间差异很大。辩护人怀疑第二份讯问笔录是对第一份讯问笔录的复制。

第二个异议：Z 县公安局移交的近 40 件赃物只有扣押清单，没有提取笔录。

第三个异议：侦查人员安排出租车驾驶员张某对视频截图进行辨认，事前不仅没有向辨认人详细询问辨认对象的具体特征，而且辨认的组织过程还违反了混同辨认的基本原则。

法庭根据公诉人的申请，当庭通知相关侦查人员出庭说明情况。X 市经济技术开发区分局刑侦大队侦查员到庭对辩护人提出的第 1 个异议作了说明："第一次讯问是对犯罪嫌疑人白某进行详细的侦查，白某对其作案过程、作案动机作了详细的供述，侦查人员此时尚不掌握案情，故讯问、记录较慢，用时较长。第二次讯问时对案情已基本掌握，故记录速度较快，仅仅是对一部分问题进行细化核实，故用时较短。第二份讯问笔录并非对第一份讯问笔录的复制。"公诉人支持了该说明。法庭当庭确认白某的第二份讯问笔录证据合法有效。

对第二个异议——辩护人提出的 Z 县公安局移交的近 40 件赃物只有扣押清单，无提取笔录的异议，刑侦大队教导员李某到庭说明："虽未做提取笔录，但制作了扣押清单，记录了每个物品的具体特征，还拍了照片。"法庭当庭确认近 40 件赃物玉器扣押清单和照片证据合法有效。

对于第三个异议，由于侦查人员违反法定程序组织辨认，并且无法作出合理说明，法庭经合议未予以采信。

其二，到案（抓获）经过不规范。在刑事案件中，侦查机关出具的犯罪嫌疑人到案（抓获）经过，是法院确定刑期起止、是否自首以及认罪态度等情况的重要依据。然而，由于到案（抓获）经过不属于法定的证据种类，导致实践中出具主体、表现形式以及制作内容等方面较为混乱。例如，在制作主体方面，到案（抓获）经过不是由被告人最先到达的办案机关制作，导致无法全面、直接反映到案情况。同时有些案件缺少案件承办人签名，导致到案（抓获）经过随意化，无法确保到案（抓获）经过的可靠性和真实性。特别是在到案（抓获）经过的记载事项出现重大错误时，仅有单位署名盖章而没有办案人员签字，不仅无法指派拟出庭的警察人员而且不利于对相关人员追究责任。在制作内容方面，我国的相关法律及司法解释虽然都有明确规定，[1] 但实践中到案（抓获）经过在内容、格式方面仍有诸多不

---

[1] 最高人民法院发布《关于处理自首和立功若干具体问题的意见》第 7 条对关于自首、立功证据材料的审查予以规定："人民法院审查的自首证据材料，应当包括被告人投案经过、有罪供述以及能够证明其投案情况的其他材料。投案经过的内容一般应包括被告人投案时间、地点、方式等。证据材料应加盖接受被告人投案的单位的印章，并有接受人员签名。人民法院审查的立功证据材料，一般应包括被告人检举揭发材料及证明其来源的材料、司法机关的调查核实材料、被检举揭发人的供述等。被检举揭发案件已立案、侦破，被检举揭发人被采取强制措施、公诉或者审判的，还应审查相关的法律文书。证据材料应加盖接收被告人检举揭发材料的单位的印章，并有接收人员签名。"

规范之处。如有关自首的到案经过仅记述了涉案人员的投案经过，但是对于投案的地点、方式和时间却并未记载；还有部分案件没有写明侦查机关在抓获犯罪嫌疑人之前已经掌握的事实或线索，以及侦查机关在制作笔录之前犯罪嫌疑人的交代情况等，这往往导致审判阶段难以查明自首是否成立。可见，由于到案（抓获）经过通常涉及众多的量刑信息，再加上其在制作过程中的不全面、不规范，为进一步核实和查清量刑事实，法庭往往倾向要求侦查人员出庭陈述到案（抓获）经过。从实证调研的统计来看，警察出庭作证中受质询最多的事项之一就是有关犯罪嫌疑人的到案（抓获）经过。

例如，在 H 市的一起案例中，被告人张某某分别于 2009 年 5 月 31 日、2010 年 8 月 24 日在两家银行申领了两张信用卡，之后使用两张信用卡多次透支取现和消费。其中，一张银行卡的信用额度为 1 万余元，另一张信用卡额度经过一次提高后，高达 50 万元人民币。

然而，这两张信用卡分别自 2013 年 7 月 24 日、2014 年 11 月 14 日后再没有还款记录，以致欠款总数达到 364113.92 元。后发卡银行多次催收，超过三个月，张某某仍不归还，发卡银行遂向公安机关报案。

2014 年 11 月 17 日，张某某因涉嫌信用卡诈骗罪被 H 市公安局 H 区分局刑事拘留，同年 12 月 17 日被依法逮捕。此后，张某某分别于 2015 年 1 月 19 日、1 月 21 日向两家银行还款本息合计 20751.94 元和 472704.85 元。

在一审判决中，被告人张某某犯信用卡诈骗罪成立，但鉴于其归案后能如实供述自己的罪行，在案件审理期间归还余款并取得欠款银行的谅解，且当庭自愿认罪，有悔罪表现，予以从轻处罚。不过，张某某的自首情节并未得到认定，最终，张某某被判处有期徒刑 5 年，并处罚金 5 万元。

因为自首情节未被认定，被告人张某某不服一审判决而上诉。

庭审中，张某某对于信用卡诈骗的相关事实并无异议，只对到案过程有异议。张某某称，他是接到 H 市公安局经侦支队一大队某警员的电话通知后抵达经侦支队的："明知道去了可能会因为信用卡诈骗罪被抓，但我还是去了，我还问了对方需不需要带些衣物。"张某某认为，他在明知道银行已经向公安机关报案的情况下，经公安机关电话通知后依然到公安机关接受调查并如实供述犯罪事实，有自首情节，而一审判决没有认定，量刑偏重，请求依法改判。

H市检察院也在法庭调查阶段出示了两份重要证据：一份是H市公安局经侦支队通知张某某到经侦支队的证据；一份是该案件的原办案民警——大湖溪派出所民警黄某的证词。"根据二审期间调取的新证据，证实上诉人张某某系被H市公安局经侦支队民警通知到案，其上诉理由有证据支持"，H市检察院出庭检察员在庭上表示，原审判决没有认定上诉人张某某自动投案且如实供述自己的犯罪事实，即具有自首情节，属认定事实错误并导致适用法律及量刑不当，建议依法改判。

证据显示张某某有自首情节，为何此前负责案件的大湖溪派出所出具的"到案经过"这一证据中却表明是将张某某缉拿归案的呢？庭审中，接手原办案民警黄某负责案件的原大湖溪派出所副所长林某出庭作证。林某表示，自己作为案件指挥员未参与实质抓获行动，至于"到案经过"上有他的签字，他辩解是没注意，"到案经过是有瑕疵的，抓获地点是打字员打错了字，我也没有太注意，至于抓获时间，我不在现场并不确定"。本是一宗事实简单的信用卡诈骗案，却因"自首情节未认定"以致被告人对量刑有异议而上诉，这在很大程度上反映出"到案经过"不规范给整个案件诉讼带来的影响和冲击。

三、作证能力的局限

警察出庭作证制度的设立，是审判中心主义改革的集中体现，有利于改变法庭对侦查案卷笔录的过度依赖，充实法庭调查和法庭辩论程序，完善刑事审判阶段的举证、质证和认证，有效促进庭审实质化的发展。审判中心主义诉讼模式改革的重点就是庭审实质化的确立，为此需要由法庭对侦查人员等原始人证进行直接质询。然而，从警察出庭作证的样本案例来看，警察出庭作证的能力问题较为突出，无论出庭前的准备工作，还是庭审中的作证流程、作证规则和作证技巧等方面的能力都有待提高。

证人凡是出庭作证，都需要对庭审中的作证流程有所了解，以便顺利完成作证任务。警察证人亦是如此，在出庭作证前需要了解案件适用的是普通刑事诉讼程序，还是简易程序；证人是在哪个阶段、什么时候出庭作证；出庭后如何作证；谁有权向其提问，其如何回答；是仅就所了解的事实客观陈述，还是可以加以个人的猜测、评论；作证前是否可以在法庭旁听；如果作了伪证会有什么后果；等等。[1]然而，警察出庭作证制度实施的时间不长以及出庭人员缺乏相应的培训和锻炼，使得警察对出庭作证的相关法律理解不透彻、把握不全面，进而造成作证效果不佳等问题。

警察出庭作证制度的实施困境，不仅是警察证人作证能力低导致的，审判人员、公诉人甚至被告方也缺乏相应的认知能力和法律素养同样不容忽视。实践中，某些审判人员对警察证人出庭作证的意义认识不清，认为侦查人员出庭仅仅是"自证清白"。事实上，侦查人员出庭的意义绝不是让其承认曾经对被告人有过刑讯行为，相反，侦查人员出庭的意义体现在交叉询问的过程中，即通过交叉询问发现其证言是否存在破绽。如果其证言存在破绽，则可能导致法官对其证言存疑进而对是否存在非法取证的情形存疑；如果其证言没有破绽，则一方面满足了被告人的对质需求，体现了程序正义的要求，另一方面则可能否定辩方主张。[2]

另外，2017 年 6 月颁布的《严格排除非法证据规定》第 27 条规定："被告人及其辩护人申请人民法院通知侦查人员或者其他人员出庭，人民法院认为现有证据材料不能证明证据收集的合法性，确有必要通知上述人员出庭作证或者说明情况的，可以通知上述人员出庭。"《严格排除非法证据规定》明确赋予辩方申请法院通知侦查办案人员出庭作证的程序启动权。然而，实证数据显示，辩方申请警察出庭作证的只占申请总数的 7%，显然公民对法律规范以及司法解释了解不足。

如上所述，警察出庭作证的精髓是通过对警察证人的交叉询问，检验相应证据材料的真伪以及其证明力。对此，我国《刑事诉讼法》及相关司法解释对交叉询问的庭审步骤和应遵循的程序规则都做出专门规定。在交叉询问顺序和步骤的法律规范方面，主要包括：（1）诘问，诘问由申请证人出庭的一方进行。在经审判长或独任法官许可后，对本方证人进行主要诘问。提问一般不得涉及诱导性问题。（2）盘问，应当由相对方进行。

---

[1] 姬艳涛：《关于警察出庭作证的几个问题探讨》，《公安学刊》2015 年第 1 期。

[2] 孙长永：《审判阶段非法证据排除问题实证考察》，《现代法学》2014 年第 1 期。

通常是在申请出庭的一方发问完毕后，另一方经审判长或独任法官准许，对证人进行盘问。盘问可以使用一般诱导性问题。盘问的主要意图包括：①反驳对方证言、鉴定意见的不实之处；②质疑该证言、鉴定意见的可信性；③使该证人、鉴定人的陈述有利于己方。（3）复诘，是指对证人盘问之后由申请出庭的一方对证人、鉴定进行复诘。复诘只涉及在主要诘问和盘问过程中提及的事实。在交叉询问程序中应遵守的程序规则方面，主要内容包括：（1）询问证人应当就具体的事实以及具体的鉴定意见进行发问，发问的内容应与案件事实相关。（2）不得在诘问、复诘的质证程序中提出具有提示性或者诱导性的问话。（3）不得威胁证人、鉴定人。（4）不得损害证人、鉴定人的人格尊严。（5）要保证质证的关联性、回答的真实性、询问的公平性和反驳的正当性。

然而，在我国的司法实践中，由于长期以来习惯了证人不出庭情况下的书面间接审理方式，无论控辩双方还是审判者都对交叉询问规则比较陌生，缺乏必要的知识和基本的训练，运用交叉询问的经验不足。实证研究表明：控辩双方最易发生的不当询问是提出复合性问题和诱导性问题，不当询问有规律地发生于控、辩方主导的询问过程中。例如，在交叉询问时，不是采取"一问一答"的方式，而是提出复合式、混合式问题，如"你是否看见被告人怎样殴打被害人"，这种询问方式容易使人感到疑惑和误解。在不当询问发生之后，控、辩通常无法及时提出异议，法官也不能进行主动有效的控制。法官普遍对交叉询问模式不熟悉。造成上述状况的直接原因是，控、辩、审各方没有意识到这是不当询问，或者虽然意识到但对不当询问可能产生的不利后果认识不足，根本上则与各方习惯对书面证言的听审、普遍缺少当庭质证经验有关。[1]

四、配套性保障机制的缺失

警察出庭作证制度的贯彻落实，并不是单一立法就可以解决的问题。有了司法体制、诉讼模式、侦控结构的整体改革以及相关配套制度措施的有效支撑，才能使警察出庭作证由静态的制度规范变为动态的现实操作。

---

[1] 左卫民：《中国刑事诉讼运行机制实证研究》，法律出版社，2007，第335页。

当前，虽然我国《刑事诉讼法》及其司法解释对警察出庭作证的立法进行了不断完善，然而该制度在具体实施中的相关配套性保障措施，如警察证人的人身保护规则、作证特权规则、经济补偿规则以及证言豁免规则等仍然面临诸多的困难和问题。

首先，警察证人的人身保护问题。实践中，参与办案的侦查人员及警察作为证人出庭作证，特别是揭露被告人的罪行，通常会给警察以后的职务活动带来诸多不便，甚至其近亲属的人身安全都会遭到威胁，特别是在采用诱惑侦查等秘密侦查手段的案件中，参与案件办理的警察出庭作证会遭遇更大的压力和危险。因而，法律在对警察设置强制出庭义务的同时，也应当考虑警察的权利保障和履行出庭作证义务的例外规定，实现权利和义务的平衡和统一。

依据我国相关法律规定，公安机关、人民法院、人民检察院有责任保护证人与其近亲属的人身安全。《刑事诉讼法》第63条规定："人民法院、人民检察院和公安机关应当保障证人及其近亲属的安全。对证人及其近亲属进行威胁、侮辱、殴打或者打击报复，构成犯罪的，依法追究刑事责任；尚不够刑事处罚的，依法给予治安管理处罚。"

实证调研发现，警察出庭作证后面临的安全风险和人身威胁主要来自两个方面：一方面是有组织犯罪集团中被告人以外的犯罪成员对警察证人及其家属实施的打击报复行为；另一方面是被告人刑满释放后对警察证人及其家属实施的报复活动。虽然我国立法明确了证人保护制度，但由于保护主体、保护措施以及保护程序方面存在缺陷和不足，致使证人保护制度无法有效应对现实中的上述风险。例如，警察证人向谁提出保护申请，什么时间提出保护申请，以什么形式提出保护申请，申请需要提供哪些具体资料，申请权如何救济以及保护从何时开始至何时结束等问题都关系到警察证人保护措施的具体实施，然而我国立法对此并没有做出明确回应。

其次，警察出庭的作证形式问题。与一般证人不同，警察证人出庭作证通常是基于侦查人员或鉴定人员的特殊身份，其情况说明或证人证言往往会涉及一些公安机关的侦查手段与侦查秘密。因而，如果一律都以公开的庭审形式进行作证，不可避免地会暴露侦查办案人员和具体办案措施，进而给公安机关今后的案件侦破工作增加难度，甚至侦查人员以及其家庭成员也会遭遇人身危险。

就法理而言，任何证人都有出庭作证的义务，但是在满足法定条件前提下，证人享有一定的作证特免权。刑事诉讼的价值是多元的，不仅要实现程序公正，同时对于国家安全、警务秘密以及公共利益也应给予一定关注。证人特权是为了保护法庭之外的特定关系和利益，只要这些关系和利益被认为具有充分的重要性，值得司法程序以失去有用证据的方式来承担这些成本。[1]证人的特殊作证形式是证人保护的关键环节，出于国家利益与诉讼价值观念的权衡，警察证人在特定情形下享有隐名作证等特殊作证权利。

在我国，关于证人隐名作证制度的规定最早出现在 2010 年颁布的《关于办理死刑案件审查判断证据若干问题的规定》中，该法第 16 条规定："证人出庭作证，必要时，人民法院可以采取限制公开证人信息、限制询问、遮蔽容貌、改变声音等保护性措施。"在《刑事诉讼法》修订时，对隐名作证制度进行了完善，该法第 64 条规定："对于危害国家安全犯罪、恐怖活动犯罪、黑社会性质的组织犯罪、毒品犯罪等案件，证人、鉴定人、被害人因在诉讼中作证，本人或者其近亲属的人身安全面临危险的，人民法院、人民检察院和公安机关应当采取以下一项或者多项保护措施：（一）不公开真实姓名、住址和工作单位等个人信息；（二）采取不暴露外貌、真实声音等出庭作证措施；（三）禁止特定的人员接触证人、鉴定人、被害人及其近亲属；（四）对人身和住宅采取专门性保护措施；（五）其他必要的保护措施。"

然而，虽然我国立法对证人特殊作证形式作出了明确规定，但实证调研表明警察出庭作证中此类保障性措施并未得到有效贯彻。在调查收集的 75 个案例中，对警察证人采取特殊作证保障措施的仅有 4 起，其中 3 起毒品案件采取了模糊头像、声音处理、保障通道的保护措施，1 起盗窃案件采取了不暴露外貌、真实声音的出庭作证措施。

事实上，之所以出现该种情况，很大程度上是因为特殊作证措施技术

---

[1] 阮堂辉：《论"特殊作证方式"及其在我国的建构》，《湖北经济学院学报》（人文社会科学版），2007 年第 1 期。

性操作设计的不足和缺陷。例如，"不公开刑事证人的真实姓名、住址和工作单位等个人信息"是对证人的个人信息实行保密，这在侦查阶段和审查起诉阶段比较容易实现，但公开审判的诉讼原则要求被告人在审判前有权了解证人的相关信息，证人在出庭作证时也应如实陈述自己的基本身份情况。然而，公开证人的信息也就给证人带来受威胁打击的风险，尤其在一些重大毒品犯罪案件中，警察证人身份的暴露极可能造成危害其本人以及其家属的行为。

此外，"禁止特定的人员接触证人"是禁止性规定。但是禁止令具体由谁作出，依照什么程序作出，违反禁止令应当承担什么法律责任以及如何进行处罚？同时，在审判阶段，采取什么方式保障证人在庭审中不暴露外貌、真实声音？不同作证形式的适用标准是什么？上述问题都成为制约警察证人保护措施具体贯彻落实的障碍和难题。

再次，关于出庭警察的"证人豁免权"问题。警察出庭作证的一个重要任务就是配合公诉，说明案件侦查行为的合法性，以解决控方证据的效用问题。但是，司法实践中，警察出庭作证具有很强的倾向性和公务性，为避免公诉失败和个人利益受损，即使存在非法取证行为或者侦查程序上的瑕疵，也不可能向法庭如实供述。因为这样不仅可能使整个部门利益受损，其本人也可能受到行政处罚甚至刑事制裁。这种情况下便形成一个悖论，即证人如实供述义务和不能强迫任何人自证其罪的矛盾和冲突：一方面，为了维护实体正义和发现案件真实，证人负有如实作证的义务；另一方面，公民依法享有"不被强迫作不利于自己的证言"的权利，法庭又无法强制警察自我归罪。

由此可见，提供证人豁免权对于提高警察出庭作证效果具有重要的作用。具体而言，其不仅能够消除出庭警察被行政处罚或刑事追诉等的担忧，鼓励其如实作证，还能避免警察从其违法行为中不法获利，这对解决惩罚犯罪和保障人权的矛盾和冲突具有重要意义。由于证人豁免权利的缺失，导致实践中警察出庭作证率一直较低，同时在有限的出庭案例中还出现大量消极作证的情形，即在庭审中，警察证人基于自身利益的考量，面对法庭以及辩护方的问题，一律以"不清楚"或"忘记了"予以回应。在这种情形下，侦查办案人员虽然依程序要求而出席法庭并接受控辩双方质询，但是这种形式意义上的出庭作证显然无法满足庭审实质化的需求。

最后，出庭作证的物质保障问题。当前，有限的司法资源已经成为影响警察出庭作证的一个重要因素：一方面，我国警力严重不足，社会治安和社会维稳的压力巨大，警察很难分身去应对出庭作证；另一方面，出庭作证的经费保障存在漏洞，仅仅依靠公安机关的办案经费来维持，必然会加剧警察出庭作证的抵触心理。就制度层面而言，对于证人作证的经费保障，也属于证人保护制度不可或缺的组成部分。《刑事诉讼法》第65条规定："证人因履行作证义务而支出的交通、住宿、就餐等费用，应当给予补助。证人作证的补助列入司法机关业务经费，由同级政府财政予以保障。有工作单位的证人作证，所在单位不得克扣或者变相克扣其工资、奖金及其他福利待遇。"

这表明不能因为证人作证而减损其原来的经济收入，初步解决了证人出庭作证因耽误工作而受到工作单位消极对待的问题。全国各地居民收入水平差异很大，消费水平也不尽相同。刑事证人出庭作证的交通费、伙食费按照什么标准来计算？误工费又该以什么标准计算？同时，对于证人出庭作证经济补偿的申请方式和申请流程，立法也没有明确规定。此外，《刑事诉讼法》规定对证人因出庭作证而支出的交通、就餐、住宿等费用予以补助，但没有涉及证人出庭作证的津贴。交通、就餐、住宿等费用，属于"支出费用"部分，"作证津贴"则是给予出庭作证刑事证人的补助。也就是说，目前对于证人更多的还是消极补偿即实际支出的报销，而缺乏必要的积极奖励。需要强调的是，警察证人出庭作证的积极奖励不仅体现在经济层面，考核制度方面的缺失同样不可小觑。目前侦查机关的主要绩效考核标准为破案率和逮捕率，而没有将侦查人员出庭率纳入考核范围，即侦查人员出庭次数和出庭效果等因素无法与侦查人员的业绩、工资、奖金甚至职务晋升等挂钩。在这种考核机制下，侦查办案人员往往不关心案件的后续发展和结果，更没有动力出庭作证或到庭说明情况。

第二章 警察出庭作证的法理反思
和制度检视

　　警察出庭作证，是指警察就其公务执法活动或者诉讼参与过程中所亲历的客观事实（包括程序事实、量刑事实以及犯罪事实），出庭作证并接受控辩双方质询的诉讼法律制度。在我国，警察出庭作证制度经历了从无到有、从"偶尔为之"到"常态化"机制的发展过程。警察出庭作证制度的确立，对于促进侦查中心向审判中心诉讼模式的重构、实体公正向程序正义的转型、线性流水式作业向"三维诉讼构造"的发展、案件笔录中心向直接言词原则的跨越、"由供到证"向"由证到供"的侦查观念的转变，以及贯彻落实证据裁判原则、实物证据鉴真规则和法庭科学标准规范具有重要的价值和作用。然而，通过对《刑事诉讼法》修订以来警察出庭作证制度实施状况的实证调查统计来看，该制度的贯彻落实仍面临诸多的问题和挑战，没有实现和发挥应有的立法预期和司法效能。对此，本章从理论和制度双向维度，对警察出庭作证问题进行理论反思和制度检视，深入探讨警察"出庭难"和效率低的深层原因，总结提炼警察出庭作证机制的内在机理和运行规律，为该制度的改革完善提供必要的理论基础和技术支撑。

第一节 警察出庭作证的法理反思

一、出庭作证义务的规范分析

按照我国法律规定，包括侦查办案人员在内的证人都有出庭作证的法定义务。但是，目前在立法中对于这种作证义务的规定逻辑混乱、前后矛盾，导致司法实践中证人拒证无处罚措施、控辩双方实际上地位不平等以及配套性保障措施不健全等现象。

首先，证人作证义务规范的内在矛盾和冲突。我国《刑事诉讼法》第62条、第192条明确规定："凡是知道案件情况的人，都有作证的义务。""公诉人、当事人或者辩护人、诉讼代理人对证人证言有异议，且该证人证言对案件定罪量刑有重大影响，人民法院认为证人有必要出庭作证的，证人应当出庭作证。"上述规定明确证人出庭作证是每个公民的法定义务，任何人不得逃避。另外，在出庭证人庭审证言的效率问题上，《刑事诉讼法》第61条更是直接肯定了直接言词证据原则，明确规定："证人证言必须在法庭上经过公诉人、被害人和被告人、辩护人双方质证并且查实以后，才能作为定案的根据。"即要求法官在公诉人、被告人、证人等诉讼参与人均到场的情况下对案件进行审查，并且只能依据开庭审理时经口头陈述、口头辩论的事实作出裁判。证人证言只有按照规定出庭接受质证后才能作为证据，未经出庭质证的书面证词不应直接被法庭采纳，否则有违直接言词证据原则。

从目前的实证调研来看，侦查办案人员仍然大多以提交书面情况为常态，强制警察证人出庭作证的案例几乎没有。之所以出现这种情况，很大程度上可以归结为我国的立法漏洞和法律矛盾。如前所述，《刑事诉讼法》虽然规定证人应当出庭作证以及符合条件的情况下可以强制证人出庭作证，但同时又规定："公诉人、辩护人应当向法庭出示物证，让当事人辨认，对未到庭的证人的证言笔录、鉴定人的鉴定意见、勘验笔录和其他作为证据的文书，应当当庭宣读。"这不仅给证人提供了不到庭作证的法定理由，同时使人民法院在证人是否出庭问题上仍然具有可选择性。证人既可以到庭口头作证，也可以不到庭，仅以书面方式作证。《刑事诉讼法》规定前后不一、自相矛盾，无疑使证人出庭作证是否系必然要求成为疑问，使强制证人出庭作证不具有"强制力"。[1]

此外，《刑事诉讼法》在同一部法律中对控辩双方的差异性规定，实质上又对证人作证的义务属性加以否定。《刑事诉讼法》第43条规定："辩护律师经证人或者其他有关单位和个人同意，可以向他们收集与本案有关的材料，也可以申请人民检察院、人民法院收集、调取证据，或者申请人民法院通知证人出庭作证。"这一法律规定在程序上为辩护律师取证设置了障碍。证人可以向辩护律师提供证人证言，也可以拒绝向辩护律师提供证人证言。由此可以看出，证人向律师作证的义务产生异化，不再具有义务属性。

其次，对证人不出庭作证缺少制裁措施。就法理而言，法律规则的逻辑结构通常由"假定条件—行为模式—法律后果"构成。[2] 也就是说，行为人如果不履行法定义务就会在法律上承受某种不利的法律后果，即行为人如果未能履行其应当履行的义务，且没有法律规定的理由，其就应当承担相应的法律责任和受到法律上的制裁。

就法理而言，作为法律规则的基本范畴，刑事诉讼法律规范应与其他法律规范一样符合法律规范的一般逻辑结构，即不仅要有系统的适用条件和行为模式的规定，还要有系统的制裁制度的规定。如果某一法律规范仅仅限于描述应该怎样做，那么它仅具有法律规范的外在形式，并不能成为一个真正具有生命力的规范。因为，无论何种法律规范，其在逻辑结构上都应包括三个因素：假定、处理和制裁。假定是把规范同生活状况联系起来的部分，它指出在什么情况下这一规则生效；处理是行为规则本身，指

---

[1] 余方晟、叶成国：《庭审中心视野下强制证人出庭作证研究》，《河北法学》2016年第3期。

[2] 其中，假定条件是法律规则中有关适用该规则的条件和情况的部分，包括适用条件和主体行为条件；行为模式即法律规则中规定人们如何具体行为的部分，包括可为（授权）模式、应为（义务）模式和勿为模式；法律后果是法律规则中规定人们在作出符合或不符合行为模式的要求时应承担的相应结果，包括肯定的后果和否定的后果。

权利、义务的安排，一般包括可以如何行为、应当如何行为、禁止如何行为；制裁指对违反这一规则将采取的国家强制性措施。法律规范是一种发达的社会规范，所以在逻辑上必须遵循"如果……则……否则"的公式。假定就是逻辑上的"如果"，处理就是逻辑上的"则"，制裁就是逻辑上的"否则"。法律规范体现国家的命令，在逻辑上内含违反这一命令的制裁，即国家强制力的保证，尽管有时不用，但逻辑上不能没有，所以制裁也是法律规范在逻辑上必备的因素。一个规则之所以是一个法律规则就在于它规定了一个制裁。如果法律规则缺乏制裁要素，就难以和一般的道德规范划清界限。[1]"如果不守法而不受处罚，貌似法律的决议或命令事实上只是劝告或建议而已。"[2]

在我国 1997 年《刑事诉讼法》中，对于证人不出庭作证的法律后果并未进行规定。法律仅仅规定了一条义务性规范，但对证人不出庭作证应当承担何种不利后果并未做出规定。在实践中，法院通知证人出庭作证，如果证人拒不出庭或以种种理由拒绝作证，法律竟然束手无策！纵观全世界各国对证人义务的规定，证人拒证都是有法律制裁措施相随的。在西方国家，除了法律规定的某些可以拒绝作证的人外，其他的人都必须履行作证的义务，对于不履行作证义务的，法院可以采取多种措施强制作证，如拘传到场、警告性罚款、赔偿因不出庭造成的经济损失（同时并不免除其作证义务），甚至定罪量刑。

在我国 2012 年《刑事诉讼法》的修订中，立法专门规定了强制证人出庭作证制度："经人民法院通知，证人没有正当理由不出庭作证的，人民法院可以强制其到庭。证人没有正当理由拒绝出庭或者出庭后拒绝作证的，予以训诫，情节严重的，经院长批准，处以十日以下的拘留。"可见，该条款确立了人民法院在符合相关条件的情况下可以强制证人出庭，并可对无正当理由拒绝出庭的证人予以制裁，即以"国家强制力"保障证人出庭作证的实施。

然而，由于规范性文件中缺乏可操作的细化规定，导致司法实践中证

---

[1] 李奋飞：《通过程序制裁遏制刑事程序违法》，《法学家》2009 年第 1 期。

[2] 【美】汉密尔顿等：《联邦党人文集》，程逢如等译，商务印书馆，1980，第 75 页。

人出庭的条件以及强制证人出庭的标准在认定上存在较大分歧。如对于"对定罪量刑有重大影响"的认定，实践中缺乏具体标准，难以判断满足哪些条件、达到哪种程度才算符合"对定罪量刑有重大影响"。再如对于"正当理由"的认定，在司法实践中同样缺乏实际标准，同时对存在正当理由的情形下法院是否需要以及该如何处理等诸多具体问题均没有做出相关规定。法律不明确无疑给证人不出庭作证预留了诸多"借口"，甚至直接导致强制证人出庭法律依据不足。

再次，证人保护措施的缺失。如上所述，当前我国警察出庭作证率较低的一个主要原因就是，侦查办案人员对于自身以及家属人身安全的顾虑和担忧。然而，纵观我国的立法规范，无论实体法还是程序法，在对证人保护措施规范方面都具有诸多的不足和缺陷。具体而言，一方面，在实体法的渊源上，对于证人保护的规定多体现在《刑法》中。如《刑法》第307条（妨碍作证罪）规定："以暴力、威胁、贿买等方法阻止证人作证或指使他人作伪证的处三年以下有期徒刑或者拘役；情节严重的处三年以上七年以下有期徒刑。"第308条（打击报复证人罪）规定："对证人打击报复的，处三年以下有期徒刑；情节严重的，处三年以上七年以下有期徒刑。"实体法保护的方式具有先天的不足，即具有事后性。《刑法》打击的是已经发生的犯罪行为，但从采取刑法进行处罚的层面来讲，对于个案而言并不能起到预防作用。只是在打击报复证人的行为发生以后，由刑罚加以处罚。即使这种行为得到应有的处罚，但是证人受到打击报复的事实已经发生。这种事后性的保护，在社会上很难起到积极效果。理想的保护模式应当是防患于未然，使证人在决定出庭作证的时候能够打消顾虑，确信自己的人身安全时刻处于被保护状态，而不是单纯地依靠事后处罚的方式。[1]另一方面，程序法保护渊源则主要体现在《刑事诉讼法》中。《刑事诉讼法》第63条规定："人民法院、人民检察院和公安机关应当保障证人及其近亲属的安全。对证人及其近亲属进行威胁、侮辱、殴打或者打击报复，构成犯罪的依法追究责任；尚不够刑事处罚的，依法给予治安管理处罚。"第71条、77条规定被取保候审、监视居住的犯罪嫌疑人、被

---

[1] 王永杰：《从讯问到询问：关键证人出庭作证制度研究》，法律出版社，2012，第80页。

告人"不得以任何形式干扰证人作证"。《刑事诉讼法》第 64 条规定："对于危害国家安全犯罪、恐怖活动犯罪、黑社会性质的组织犯罪、毒品犯罪等案件，证人、鉴定人、被害人因在诉讼中作证，本人或者其近亲属的人身安全面临危险的，人民法院、人民检察院和公安机关应当采取以下一项或者多项保护措施：（一）不公开真实姓名、住址和工作单位等个人信息；（二）采取不暴露外貌、真实声音等出庭作证措施；（三）禁止特定的人员接触证人、鉴定人、被害人及其近亲属；（四）对人身和住宅采取专门性保护措施；（五）其他必要的保护措施。证人、鉴定人、被害人认为因在诉讼中作证，本人或者其近亲属的人身安全面临危险的，可以向人民法院、人民检察院、公安机关请求予以保护。"可见，立法对证人及其近亲属的保护也进行了规定，明确了不暴露外貌、真实声音等出庭作证措施。

立法虽然在程序法层面加强了对证人的预防性保护，但由于这些规定过于原则化而导致证人保护制度难以从"纸面"法转化成"实践"法。实践中，参与办案的侦查人员及警察作为证人出庭作证，特别是揭露被告人的罪行，通常会给警察以后的职务活动带来诸多不便，甚至其本人及近亲属的人身安全都会遭到威胁，特别是在采用诱惑侦查等秘密侦查手段的案件中，参与案件办理的警察出庭作证，会遭遇更大的压力和危险。然而，现有的证人保护制度却很难达到保障证人人身安全的立法预期：一方面，证人保护规定的操作性不足。例如，警察证人向谁提出保护申请；什么时间提出保护申请；以什么形式提出保护申请；申请需要提供哪些具体资料；申请权如何救济以及保护从何时开始至何时结束等，对于这些立法并没有给予细化规定。另一方面，证人保护范围相对有限。《刑事诉讼法》对证人的人身安全保护作出了相应规定，但对其近亲属的保护范围仍然有待拓展。实证调研发现，警察出庭作证后面临的安全风险和人身威胁主要来源于两个方面：一是有组织犯罪集团中被告人以外的犯罪成员对警察证人及其家属实施的打击报复行为；二是被告人刑满释放后对警察证人及其家属实施的报复活动。可见，证人家属的人身安全往往是证人出庭作证最为顾虑的因素之一，因而，如果这一问题无法得到有效解决则很难保证证人出庭作证。

二、证明责任的逻辑结构分析

对于证明责任的内涵，主流观点是双重含义说，即证明责任体系包括主观的证明责任和客观的证明责任。主观的证明责任，是指当事人就提出的有利于自己的事实，负有向法院提供证据证明的责任。该责任要回答的是"哪一方当事人应当对具体的要件事实举证"的问题。[1]客观的证明责任，是指对于作为裁判基础的重要事实经过法庭审理后依然处于真伪不明状态时，法院不能因此而拒绝裁判，法官在此种情况下需要依据证明责任的规则作出裁判，即"证明责任的本质和价值就在于，在重要的事实主张的真实性不能被认定的情况下，它告诉法官应当作出判决的内容。……如果在诉案中有疑问的事实情况不能得到确认，法官会作出不利于承担证明责任的当事人的判决"[2]。从两者的概念比较可见，主观证明责任着眼于当事人，是从当事人提供证据的视角看待和解释证明责任的，而客观证明责任立足于裁判者，是从法院的角度看待和说明证明责任，即"客观证明责任解决的是证据调查失败的后果应当有利于谁或者不利于谁的问题。……证明责任规则主要不是对不充分诉讼活动的制裁，而是用于克服最终存在的客观上真伪不明状态"[3]。

在警察出庭作证制度中，作为目击证人和量刑事实提供者的警察，由于其身份属性与普通证人无本质区别，再加上法庭的裁判结果与警察无太大利益关系，因而一般不涉及证明责任的问题。但是，当侦查人员就调查取证的合法性出庭作证时，其实质上就处于"程序被告"或"接受审查"的境地，搜查、扣押、辨认、讯问、鉴定等侦查程序的合法性就要经受全面的审查和检验。依据我国《排除非法证据规定》第7条、第11条规定，法庭对被告人审判前供述取得的合法性有疑问的，公诉人应当向法庭提供讯问笔录、原始的讯问过程录音录像或者其他证据，提请法庭通知讯问时其他在场人员或者其他证人出庭作证，仍不能排除刑讯逼供嫌疑的，提请法庭通知讯问人员出庭作证，对该供述取得的合法性予以证明。可见，根

---

[1]【德】汉斯·普维庭：《现代证明责任问题》，吴越译，法律出版社，2000，第10页。

[2]【德】罗森贝克：《证明责任论》（第四版），庄敬华译，中国法制出版社，2002，第2—3页。

[3] 李浩：《证明责任的概念——实务与理论的背离》，《当代法学》2017年第5期。

据举证责任倒置原则，不仅警察要证明侦查行为的合法性，而且法庭的程序性裁量还会直接或间接影响出庭警察对相应法律后果的承担。具体而言，如果出庭警察无法就"程序合法性"做出有效证明，其就不仅会受到相应的程序性制裁，还会面临一系列的法律问责——轻则会受到公安机关内部的纪律处分或监察处罚，重则将面临司法机关的刑事指控和追诉。因而，与普通证人的客观中立不同，出庭作证的警察与法庭最终裁决有着不可避免的利害关系，为了最大限度地维护自身以及部门利益，大多数警察会选择不出庭，即使出庭也往往是避重就轻、消极应对。因此，证明责任的划分不清是警察"出庭难"以及庭审效果不佳的一大原因。

就法理而言，一个完整的证明责任通常由利益、主张、证明及后果四个要素组成，程序性证明责任亦不例外。[1]

作为非法证据排除程序的动议主体，被告方如果认为侦查活动非法侵害了自己的程序性利益，则可以通过诉权的行使主张非法证据排除程序的启动。《排除非法证据规定》第6条规定："被告人及其辩护人提出被告人审判前供述是非法取得的，法庭应当要求其提供涉嫌非法取证的人员、时间、地点、方式、内容等相关线索或者证据。"《排除非法证据规定》第17条规定："审查逮捕、审查起诉期间，犯罪嫌疑人及其辩护人申请排除非法证据，并提供相关线索或者材料的，人民检察院应当调查核实。调查结论应当书面告知犯罪嫌疑人及其辩护人。"《排除非法证据规定》第25条规定："被告人及其辩护人在开庭审理前申请排除非法证据，按照法律规定提供相关线索或者材料的，人民法院应当召开庭前会议。人民检察院应当通过出示有关证据材料等方式，有针对性地对证据收集的合法性作出说明。人民法院可以核实情况，听取意见。"

---

[1] 武晓慧：《警察出庭作证制度的中国化进程》，《中国人民公安大学学报》(社会科学版)2015 年第 2 期。

表 2-1 完整的程序性证明责任

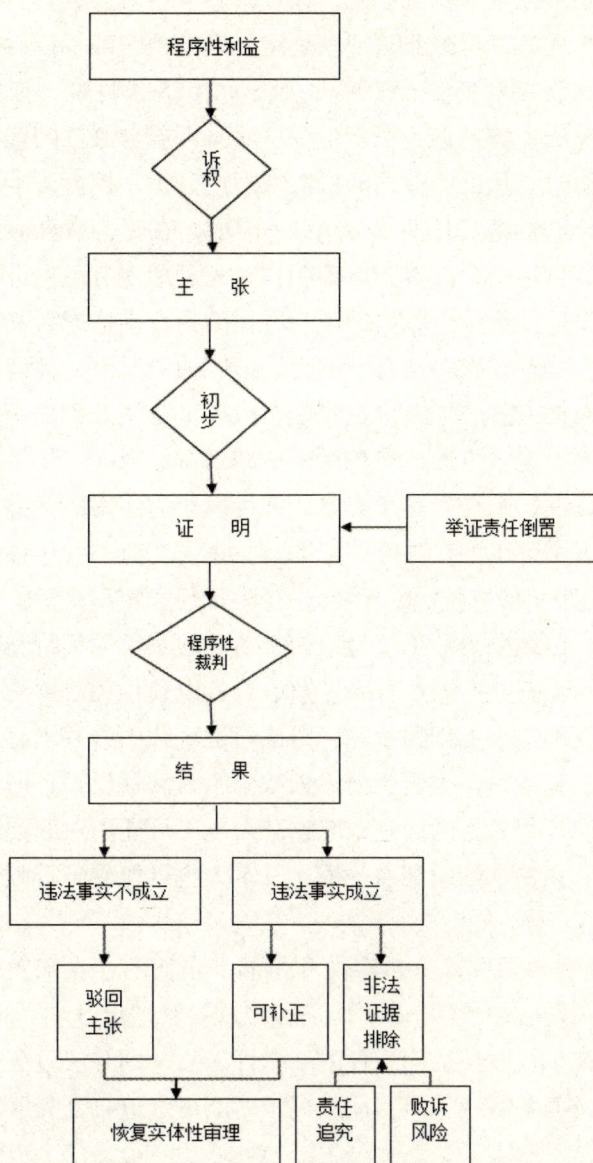

```
                    ┌─────────────┐
                    │  程序性利益  │
                    └──────┬──────┘
                           │
                        ◇ 诉权 ◇
                           │
                    ┌──────┴──────┐
                    │   主    张   │
                    └──────┬──────┘
                           │
                        ◇ 初步 ◇
                           │
                    ┌──────┴──────┐        ┌──────────────┐
                    │   证    明   │◄───────│  举证责任倒置  │
                    └──────┬──────┘        └──────────────┘
                           │
                      ◇ 程序性裁判 ◇
                           │
                    ┌──────┴──────┐
                    │   结    果   │
                    └──────┬──────┘
              ┌────────────┴────────────┐
        ┌───────────┐            ┌───────────┐
        │ 违法事实不成立 │            │ 违法事实成立 │
        └──────┬────┘            └──────┬────┘
               │                  ┌─────┴─────┐
        ┌──────┴──┐          ┌─────┐   ┌──────┐
        │  驳回    │          │可补正│   │ 非法  │
        │  主张    │          └──┬──┘   │ 证据  │
        └──────┬──┘             │      │ 排除  │
               │                │      └──┬───┘
        ┌──────┴──────┐    ┌────┴──┐ ┌───┴──┐
        │  恢复实体性审理 │    │ 责任  │ │ 败诉  │
        └─────────────┘    │ 追究  │ │ 风险  │
                           └───────┘ └──────┘
```

　　可见，非法证据排除程序的启动使被告方应提供相关证据对侦查办案人员的违法行为进行初步证明。在法庭对被告方的诉讼主张予以认可后，依据法律规定和举证责任倒置原则，侦查人员应当对侦查行为的合法性加以证明。如上所述，《排除非法证据规定》第 7 条明确了控诉方应当对证据的合法性承担证明责任，《刑事诉讼法》第 58 条将这一证明责任的适用范围扩大到非法实物证据，也就是说，对于证据合法性的证明由控诉方来承担。具体而言，从证明责任的层次性理论分析，控诉方承担的证明责任包括行为责任和结果责任两部分。[1] 一方面，在行为责任方面，控诉方需举出证据对该供述的合法性予以证明：首先利用现有证据进行证明，即通过向法庭提供讯问笔录、原始的讯问过程的录音录像或者其他证据证明证据收集程序合法；其次在现有证据无法证明的情况下，提请法庭通知讯问时其他在场人员或者其他人出庭作证，或者进行调查后提交调查取证合法性的说明材料。另一方面，在控诉方的结果责任方面，如果控诉方证明责任达到证明标准，则证据不予排除，并可以作为定案的标准；控诉方如果不能举证或者举证不能达到证明标准，则丧失在这一程序性证明中的利益，并承担否定性的裁判后果。因此，行为责任通常不会对侦查办案人员造成不利影响，但结果责任不仅会使侦查活动面临负面评价和败诉风险，甚至还可能关涉侦查办案人员自身考核、晋升以及相关法律责任的追究。由此，行为责任和结果责任的叠加，造成司法实践中警察出庭作证具有很强的倾向性和公务性，而为避免公诉失败和个人利益受损，即使存在非法取证行为或者侦查程序上的瑕疵，警察证人也不可能向法庭如实供述。因为这样不仅可能使整个部门利益受损，其本人也可能受到行政处罚甚至刑事制裁。

"权利和义务不可能孤立地存在和发展。它们的存在和发展都必须以另一方的存在和发展为条件。"[2] 之所以出现警察"出庭难"的司法难题，很大程度上就在于程序性证明责任的结构性矛盾，即立法过分强调侦查办案人员的作证义务和制裁后果，而忽视了"不得强迫自证其罪"等证人权

---

[1] 行为责任是指一方当事人对其所主张的事实负有提供证据进行证明的责任；结果责任是指在当事人所主张的事实处于真伪不明状态时，该当事人需承担不利的诉讼结果。参见樊崇义主编《证据法学》，法律出版社，2001，第 200 页。

[2] 张文显：《法哲学范畴研究》，中国政法大学出版社，2001，第 339 页。

益保护机制的构建。与具有单一身份的普通证人不同，侦查办案人员在程序合法性的证明中，既是调查取证活动的实施者，又是证明侦查活动合法性的证人，实施者与证人两种身份合而为一。因此，侦查人员的双重身份导致这样一个悖论，即证人如实供述义务和趋利避害本能的矛盾和冲突：一方面，为了维护实体正义和发现案件真实，侦查办案人员负有如实作证的义务；另一方面，基于个人权益和部门利益，侦查办案人员往往选择从自我利害角度履行"程序性合法"的证明责任。

可见，在证明责任机制构建中，"不得强迫自证其罪"等证人特权的立法缺失，是造成证明责任逻辑架构失衡和"出庭难"等现实困境的重要诱因。所谓反对被迫自证其罪特权，又称"不被强迫自我归罪的特权"，是指不得以任何强迫手段迫使任何人认罪和提供证明自己有罪的证据。反对被迫自证其罪特权发端于英国，[1] 其以"任何人无义务控告自己"为法理基础，主要目的在于防止政府以强制手段获得个人的陈述，然后又以此为证据对陈述人进行刑事追究。[2] 该特权的主体范围从最初的"被指控犯罪的人"发展到包括犯罪嫌疑人、被告人和证人的自然人，并逐渐成为一项法庭审判的国际刑事司法准则。

联合国《公民权利和政治权利国际公约》第 14 条第 3 款规定，在对任何人提出任何刑事指控时，人人完全平等地享有以下的最低限度的保证：不被强迫作不利于他自己的证言或强迫承认犯罪。依据《公约》的相关规定，不得强迫自证其罪的刑事司法准则包含以下几方面的内容：1.适用的主体包括犯罪嫌疑人、被告人和证人等自然人，法人、非法人团体和合伙组织不享有该权利。2.适用的事实范围是可能导致刑罚或更重刑罚的事实，

---

[1] 13 世纪早期，英国许多法院的审判采用的是神明裁判的方式，或者采用让当事人保证宣誓的方式来解决诉讼。1639 年，英国王室特设法庭——星座法院在审理指控约翰·李尔本印刷出版煽动性书刊的案件中，强迫李尔本宣誓作证，被李尔本拒绝。李尔本在法庭上说："任何人都不得发誓折磨自己的良心，来回答那些将使自己陷入刑事追诉的提问，哪怕是装模作样也不行。"因此，星座法院对其施以鞭笞和枷刑。1640 年，李尔本在英国国会呼吁通过法律确定不得强迫自证其罪的特权，其呼吁得到国会的支持，由此，英国最早在法律上确立了不得强迫自证其罪的特权。

[2] 陈光中、江伟：《诉讼法论丛》，法律出版社，2000，第 4 页。

包括直接证明犯罪的事实和间接证明犯罪的事实。3. 证据包括口头陈述也包括实物证据，但提取被询问者的指纹、足迹、血样、笔迹、声纹，拍摄被询问者的照片，测量和检查被询问者的身体等不受这一特权的限制。4. 不得强迫自证其罪的特权禁止以暴力、胁迫等方法强行违背被询问者的自由意志获取有罪供述和其他证据的行为。5. 被询问者不会因沉默、拒绝提供陈述和其他证据而遭到惩罚或者法律上的不利推测。[1]2002 年生效的《国际刑事法院罗马规约》（以下简称《罗马规约》）则明确规定了证人享有不被强迫自证自罪权。《罗马规约》将调查期间"个人"的权利和"被讯问人员"的权利进行了区分。第 55 条第 1 款规定，在调查期间，"个人"享有不被强迫证明自己有罪或认罪的权利。对此，有学者指出："在《罗马规约》中，该权利适用于所有人，包括证人和犯罪嫌疑人，而不是仅仅受到刑事指控的个人。"[2]与此同时，对《罗马规约》有关条文进行阐释的《程序和证据规则》第 74 条 3（a）明确规定了"证人可以拒绝作出可能证明自己有罪的陈述"，并规定了法院在决定是否要求证人回答问题时应当考虑的因素，以及检察官、被告人、辩护律师或证人可以采取的措施。由此可见，从最早的联合国《公民权利和政治权利国际公约》的"被指控犯罪的人"，发展到欧洲人权法院通过判例解释确认证人享有不被强迫自证其罪权，再到《罗马规约》明确规定证人享有不被强迫自证其罪权，表明证人的不被强迫自证其罪权逐渐被国际社会认可和承认。[3]例如，德国《刑事诉讼法》第 55 条规定："（一）每个证人均可以对如果回答后有可能给自己、给第 53 条第（一）款所列亲属成员中的一员造成因为犯罪行为、违反秩序而受到追诉危险的那些问题，拒绝予以回答。（二）对证人要告知他享有拒绝证言权。"[4]《意大利刑事诉讼法》第 198 条第 2 款规定："证人无义务就他可能因之而承担刑事责任的事实作证。"《日本刑事诉讼法》第 11 章第 146 条规定："任何人，都可以拒绝提供有可能使自己受到刑

---

[1] 陈光中：《联合国刑事司法准则与中国刑事法制》，法律出版社，1999，第 274–275 页。

[2] 李世光等：《国际刑事法院罗马规约评释》，北京大学出版社，2006，第 469 页。

[3] 陈学权：《证人的不被强迫自证其罪权》，《中国检察官学院学报》2016 年第 4 期。

[4] 《德国刑事诉讼法典》，宗玉琨译，知识产权出版社，2013，第 30 页。

事追诉或者受到有罪判决的证言。"[1]《俄罗斯联邦刑事诉讼法典》第56条第4项规定："证人有权拒绝作对本人、自己的配偶和本法典第5条第4项所列其他近亲属不利的证明。"[2]

不得强迫自证其罪原则，对于提高证人作证积极性，保证证言质量以及推进诉讼民主与公正和加强人权保障具有重要的作用和价值。然而，在我国，证人一直以来都被定位为诉讼客体或发现案件事实的工具，其独立诉讼人格和主体地位没有得到应有的认可和尊重。例如，虽然我国《刑事诉讼法》第50条规定"不得强迫任何人证实自己有罪"，标志着我国已经确立了不被强迫自证其罪原则。但是该原则的主体局限于犯罪嫌疑人和被告人，对于证人是否享有不被强迫自证其罪权在理论和实务界仍有很多争议。有的学者指出："我国很多文献对于这一规则的理解只限于被告人的特权，忽视了证人所享有的反对被迫自我归罪的特权，从而割裂了该特权含义的完整性。"[3] 显然，不被强迫自证其罪原则的缺失以及证人特权制度的不完善，使得证明责任的结构性矛盾更加突出，而警察出庭作证制度也在侦查办案人员"道德义务"和"法律选择"的两难困境中举步维艰。

三、警察证人的身份属性分析

警察证人身份属性界定作为警察出庭作证制度理论的重要构成部分，不仅对于出庭警察权利义务的构成和质证形式的确定具有重要作用，同时还直接关涉非法证据排除等证据合法性证明程序的实施和以直接言词原则为核心的庭审调查机制的构筑。因而，纵观国内外的法律规范，侦查人员以证人身份出庭作证是很多国家的立法通例和普遍做法。在英美法系国家中，受到正当程序思想的广泛影响，无论其成文立法还是司法惯例都要求警察严格遵守交叉询问规则而不能以书面材料取而代之。同时，由于英美法系国家在立法规范中普遍都对"证人"进行广义解释，这便使得警察出

---

[1]《日本刑事诉讼法》，宋英辉译，中国政法大学出版社，2000，第34页。

[2]《俄罗斯联邦刑事诉讼法典》，黄道秀译，中国政法大学出版社，2006，第62页。

[3] 工进喜：《刑事证人证言论》，中国人民公安大学出版社，2002，第146—147页。

庭作证中的"证人"身份属性有了坚实的法理基础。例如,《美国联邦诉讼规则及证据规则》第601条就规定:"除该规则另有规定外,每个人都有资格作证。"而该规则的"另有规定"(第605条、606条)只排除了"法官和陪审员"的证人资格;《加利福尼亚证据法典》第700条也规定:"除由法律明文规定外,每个人都有资格作证,没有人在任何事上被免除作证资格。"在美国,从事犯罪调查的刑侦人员,不仅有查明案件情况、收集犯罪证据、抓获犯罪嫌疑人的义务,而且有义务以证人身份在刑事审判中出庭作证,接受法庭询问。[1]在英国,侦查人员与其他普通证人负有同样的义务和责任,即警察作为侦查活动的主体,具有其他证人不能替代的"知情人"身份,从而有义务出庭就与侦查有关的案件事实作证。同时,由于英国确立了严格的非法证据排除规则,如英国1984年《警察与刑事证据法》第76条规定,法庭应当排除被告人声称基于非法手段获得的供述,除非控诉方能够向法庭证明供述并非"非法"获得的。[2]因而,警察可以作为"法庭的证人",控辩双方传唤其出庭作证有助于查清警察实施搜查、逮捕、讯问等侦查行为的合法性问题。英国虽然是警检分离的国家,但其法律非常强调侦查服务公诉的理念——"警察是法庭的公仆",再加上传闻证据规则和非法证据排除规则的制度保障,司法实践中很少出现警察证人拒不出庭的情况。澳大利亚1995年的《证据法》第33条规定,在刑事诉讼中,除特殊情况外,承办案件的侦查人员可以通过宣读证词或者根据提前撰写的证词引导作证,为控方提供首要证据。[3]由此可见,在英美法系国家中,普遍规定诉讼当事人均得为合法的证人,故检察官及司法警察,具有当然的证人能力。

与之相反,大陆法系国家一般认为主办案件的法官、检察官及协助侦查犯罪的警察不得同时为证人,如《意大利刑事诉讼法》第197条规定,在同一诉讼中担任法官或公诉人职务的人以及他们的助理人员不得兼任证人,所以就不存在警察出庭作证的问题。但是,也有一些大陆法系国家允

---

[1] 沈德咏:《刑事证据制度与理论》,人民法院出版社,2006,第178页。

[2] 陈光中:《诉讼法论丛》,法律出版社,1998,第59页。

[3] 刁荣华主编《比较刑事证据法各论》,汉林出版社,1984,第132页。

许某些情况下警察出庭作证，如法国允许警察在轻罪审判程序中作为控方的证人出庭作证；在德国，法院如果不能传唤一位目击证人到庭，那么就可以传唤曾询问过该证人的警察出庭作证，以警察的证言来代替目击证人的陈述；在日本，司法警察可以就勘验结果在公审日作为证人而受到询问；等等。所以，大多数大陆法系国家的法律是通过证人身份优先原则解决警察出庭作证与侦查职能的冲突。[1]

由此可见，侦查办案人员在庭审中身份属性的界定，不仅关涉警察出庭作证基础理论体系的构筑，而且直接影响对警察证言庭审质证的开展，特别是在我国严格的法定证据形式要求下，侦查办案人员的证人属性和地位界定，对于确定其形式合法性具有重要意义。然而，由于我国《刑事诉讼法》没有对侦查人员的身份属性做出明确规定，再加上立法对于证人内涵和外延规定得相对模糊，导致警察是否具有证人资格在理论层面存在较大分歧。具体而言，与英美国家立法不同，我国法律对"证人"概念通常都做出了相对狭义的解释或规定，即将包括被害人在内的其他诉讼参与人一律排除在"证人"范畴之外。在对侦查办案人员出庭身份或诉讼角色的表述上，我国《刑事诉讼法》第 59 条第 2 款规定"有关侦查人员或者其他人员也可以要求出庭说明情况"。从立法语言来看，规定侦查办案人员"出庭说明情况"而非"出庭作证"，体现的是侦查中心主义的诉讼制度特征，它暗示了侦查办案人员出庭拥有"单向性说明"特权。[2]

可以说，有关身份属性的法律定位直接关系到警察出庭作证权利义务的界定，因而，明确出庭警察是否具有证人资格，尤其是其能否以证人身份出庭作证和提供证言，对警察出庭作证运行机理和制度衔接的梳理至关重要。因此，笔者基于对我国立法规范和司法实践的综合考量，对警察出庭作证中的身份属性界定进行类型化的深入研究，以此探讨侦查办案人员在出庭作证中的权利义务设置、行为规范和制度保障等问题。

---

[1] 何家弘主编《证人制度研究》，人民法院出版社，2004，第 73 页。

[2] 张保生：《非法证据排除与侦查办案人员出庭作证规则》，《中国刑事法杂志》2017 年第 4 期。

首先，目击犯罪事实的"证人"身份的界定。依据我国《刑事诉讼法》的相关规定，证人是指就自己所目睹或经历的，与案件相关联的客观事实向公安司法部门进行陈述的自然人。具体而言，我国证人身份的法定构成要件大致为以下几个：其一，时空要件，即了解或知悉犯罪有关事实情形，必须是在案件发生过程中而不是诉讼审理启动后；其二，生理要件，即证人能够有效辨别是非和进行准确表达，具有一般意义上的认知和控制能力；其三，身份要件，即证人应当是自然人。[1]《刑事诉讼法》第 192 条规定："人民警察就其执行职务时目击的犯罪情况作为证人出庭作证，适用前款规定。"司法实践中，侦查人员在职务履行中所目睹的案件事实，显然都是警察身处现场的亲身体验，同时以此为基础产生客观印象和记忆储存，再通过表述的形式向法庭进行作证并接受质询。因此，警察与其他出庭作证的普通证人一样，都是完整经历了作证所需的感知、记忆、存储、表述以及庭审的质询和审查等过程。同时，作为经过严格考试筛选和专业培训的公务人员，警察显然满足法律规定中对证人资格所要求的辨认能力、感知能力、记忆能力以及语言表述等能力。此外，出庭作证的警察并非代表公安部门而是仅以个人名义到庭提供证言证词，这里的"警察"不是法人、单位或组织团体，而只具有"自然人"的属性特征。因而，在《刑事诉讼法》第 187 条中目击案件事实的情形下，警察具备法律意义上的证人身份属性，应依法享有证人的各项诉讼权利并履行出席法庭审理和如实作证等法律义务。尽管如此，许多学者还是从"证人的不可替代性"的角度，对侦查办案人员的证人地位提出了诸多质疑，认为侦查人员开始侦查取证大多是在犯罪行为已经实施完毕之后，即侦查人员在侦查活动中感知的事实已经不是案件发生过程中的情况，而是犯罪事实发生以后的情况，因而侦查人员在侦查取证活动中感知的事实不能作为证人证言来使用。

其次，量刑事实提供者的身份界定。在刑事案件的法庭审理中，警察出庭作证往往对自首、立功、悔罪态度等从轻、减轻量刑情节的成立与否具有重要影响，但量刑程序中的警察人员身份属性又是什么呢？司法实务中，量刑事实大致可以分为两种：一是在犯罪发生前或违法犯罪活动过程

---

[1] 姬艳涛：《关于警察出庭作证的几个问题探讨》，《公安学刊》2015 年第 1 期。

中形成的量刑情节,例如累犯、被害人过错、主从犯以及犯罪中止等情节;另一类则是产生于案发后的诉讼推进过程中的量刑情节,如自首、坦白、立功、悔罪态度等情节。第一种情形下,警察在刑事诉讼启动前便掌握了相关的量刑事实或情节,从而在法律层面满足了证据资格中有关时间维度的基本要求。第二种类型中,警察对于相关情况的了解和知悉是在案件发生后的诉讼活动中形成的,这显然不符合证人证言形成的时间标准。与此同时,在作证形式和证明对象等层面,出庭作证的警察与普通证人也有着诸多的不同,即前者所要证明的待证对象不是通常的"案件情况"或"犯罪事实",而只是与量刑有关的情节事实;在证明形式方面,普通证人都要经过询问程序形成法定的询问笔录,但警察则通常不经过询问环节而直接以"情况说明"或"破案经过"等书面说明材料履行其应尽的作证义务。然而,需要注意的是,上述的"破案经过"或"情况说明"等书面材料,既不具有法律意义上的证据属性,也无法严格划归为公文书证,其能否作为书面证据来使用在司法实务和法学理论方面都存在较大的分歧和争议。

最后,程序事实提供者的身份界定。随着《刑事诉讼法》的全面推进,特别是非法证据排除规则的不断完善,使得公安机关侦查取证活动被纳入法庭调查审核的范畴。事实上,侦查人员作为程序事实的亲历者和提供者,在整个非法证据排除中起着不可忽视的关键作用,但是目前为止其出庭作证中的身份属性仍然不明确且争议不断。一种观点认为,侦查人员在"程序合法性"的法庭调查中实质上处于被追诉的境遇,即其在庭审中的身份属性应为"程序被告";[1]另一种观点则认为,侦查人员目睹或亲历了整个侦查取证过程,对案件的调查取证活动具有更直观、全面和深刻的感受,其应当作为"程序合法性"调查的证人出庭作证和接受质询。[2]从法理上而言,根据程序优先审查原则,在庭审中实体性裁判活动中止之后,应当组织一个独立的法庭审理程序,将审查对象即侦查取证行为的实施者(办案警察)列为被告,但我国立法出于诉讼成本和诉讼效率的考虑,并没有

---

[1] 李玉华:《警察出庭作证指南》,中国人民公安大学出版社,2014,第98页。

[2] 柴艳茹:《侦查人员出庭说明情况调查》,《国家检察官学院学报》2013年第11期。

参照行政诉讼模式将具体执法者列为被告，而是在原有的法庭审理过程中安排了一场相对简易的程序性庭审裁判环节。[1]

笔者认为，警察人员在法庭审理进程中虽然是就侦查取证活动中的相关程序事实出庭作证，但是其与一般证人又有着诸多的不同。概括而言，一方面，警察出庭作证因本身带有公务色彩而突破了普通证人的"个体行为"范畴。警察之所以就"程序合法性"的法庭调查出庭作证，不仅是因为其作为侦查人员亲身经历了公安机关的侦查取证活动，更为重要的是执法者的身份同时也决定了其要承担维护司法公正以及帮助法庭查明案件事实的义务和责任。简言之，警察不仅肩负着预防、打击犯罪活动和维护社会秩序和公共安全的使命，更承担着保障人权和维护程序公正的职责。另一方面，程序性事实的法庭调查实质上也是对侦查活动的一种司法审查，并且法庭的程序性裁量还会直接或间接影响出庭警察对相应法律后果的承担。具体而言，如果出庭警察无法就"程序合法性"做出有效证明，其不仅会受到相应的程序性制裁，还会面临一系列的法律问责——轻则会受到公安机关内部的纪律处分或监察处罚，重则将面临司法机关的刑事指控和追诉。因而，与普通证人的客观中立不同，出庭作证的警察与法庭最终裁决有着不可避免的利害关系，为了最大限度地维护自身以及部门利益，其显然会在出庭作证以及接受质询时避重就轻，以此避免不利裁判结果的发生。因此，尽管在形式上出庭的警察满足证人的一般构成要件，但由于追诉倾向、职业表征、职务行为等客观因素大量存在，又使得出庭警察在法律属性上具有不同于普通证人的特殊属性。

四、刑事案件证明模式分析

证明模式是指实现诉讼证明的基本方式，即人们在诉讼中以何种方式达到证明标准，实现诉讼证明的目的。在人类的诉讼证明史上大致有三种基本的证明方式：第一种是神意证明方式，即通过能够显示神灵旨意的方

---

[1] 陈瑞华：《刑事证据法学》，北京大学出版社，2012，第394页。

式，如捞沸判[1]、铁火神判[2]、占卜判[3]、血迹判[4]和宣誓判等来做出事实判定。第二种是法定证明模式，是指法律对司法证明活动设置了严格的规则和标准，裁判者在采纳证据以及运用证据审判案件的过程中必须严格遵守法律的规定。在法定证明模式下，法律对司法证明活动的约束不仅表现在对证据能力的严格要求上，还表现在运用特定的规则对裁判者的证明力、评价过程进行制约。第三种是自由心证，即法律并没有为司法证明活动设置过多的限制，裁判者可以自由地根据案件的具体情况和个人的自由与良知运用证据裁判案件。在自由心证模式下，法律对司法证明只有较少的制度化约束，何种证据能成为司法裁判的基础，证据对事实的证明价值如何都是法官自由裁量的内容。上述三种证明方式，第一种属于古代的非理性的证明方式，第二种可以称为近代的半理性的证明方式，第三种则属于目前各国通用的理性的证明方式。自由心证的理性基础在于它适应并反映了证据与事实之间，即证明根据与证明目的之间逻辑关系的多样性，适应并反映了影响事实判定各种因素的复杂性。更重要的是，它充分尊重了人的理性能力，即作为个体的认识主体把握客观事实的能力。然而，由于受到各国诉讼方式包括审判制度、证据制度等因素的影响，各国采用自由心证原则的具体方式是有区别的，而法官（事实裁决者）在证据证明力判断上的"自由"程度也是有区别的，从而形成具有不同特点的证明模式。[5]

---

[1] 捞沸判就是以当事者是否能从沸腾的开水或油锅里捞出某种物件来断定是非的神判方法。具体的做法：在头人和老人们的见证下，烧一锅开水，锅内放两枚石子或鸡蛋，由当事人双方同时将手伸入开水或滚油中将其中一枚石子或鸡蛋捞出。见证人当即用布将双方的手擦干，手上起泡者为输方，应按习惯规定受罚。如果双方的手都被烫伤起泡，则两者均属无过。

[2] 铁火神判属于火神判中常用的一种。火神判分为燃火神判和铁火神判，是神判中一种古老的形式。燃火神判是指数人突入火中或步行穿越火网以正曲直。铁火神判包括捧铁块、踩丝铁等。

[3] 占卜判是另一种典型的巫术形式，是指借助灵物来预测是非曲直的神判方法。例如中国古代通过龟纹或人手掌上的纹路表状或分布来预测吉凶、查明案情。

[4] 血迹判是指争议双方通过一定的行为，使对方身体某个部位出血为输的神判，在中外神判中较为普遍，其形式包括嚼米、摩掌、击头、扎手等。

[5] 龙宗智：《印证与自由心证——我国刑事诉讼证明模式》，《法学研究》2004年第2期。

　　我国的刑事证明方式是一种印证证明模式，其与自由心证证明方式相比，既有诸多相通之处，又有明显的不同和差异，属于自由心证模式的一种亚类。[1]事实上，印证证明模式在证人证言真实性审查特别是在证言之间出现矛盾以及其他判断困难的情况下，同样具有重要的验证功效和证伪作用。《刑事诉讼法》审判解释就证人证言的印证要求做了较为详细的阐述，第 109 条规定："下列证据应当慎重使用，有其他证据印证的，可以采信：（一）生理上、精神上有缺陷，对案件事实的认知和表达存在一定困难，但尚未丧失正确认知、表达能力的被害人、证人和被告人所作的陈述、证言和供述；（二）与被告人有亲属关系或者其他密切关系的证人所作的有利被告人的证言，或者与被告人有利害冲突的证人所作的不利被告人的证言。"同时《刑事诉讼法》审判解释还对证人证言的印证方法做出了相关解释，其第 104 条规定："对证据的真实性，应当综合全案证据进行审查。对证据的证明力，应当根据具体情况，从证据与待证事实的关联程度、证据之间的联系等方面进行审查判断。证据之间具有内在联系，共同指向同一待证事实，不存在无法排除的矛盾和无法解释的疑问的，才能作为定案的根据。"第 105 条规定："没有直接证据，但间接证据同时符合下列条件的，可以认定被告人有罪：（一）证据已经查证属实；（二）证据之间相互印证，不存在无法排除的矛盾和无法解释的疑问；（三）全案证据已经形成完整的证明体系；（四）根据证据认定案件事实足以排除合理怀疑，结论具有唯一性；（五）运用证据进行的推理符合逻辑和经验。"第 106 条规定："根据被告人的供述、指认提取到了隐蔽性很强的物证、书证，且被告人的供述与其他证明犯罪事实发生的证据相互印证，并排除串供、逼供、诱供等可能性的，可以认定被告人有罪。"

　　任何一项技术制度必须在一定的空间中展开。作为一项相对合理的技术机制，印证证明模式在我国的司法环境和诉讼结构下，不仅有利于优化心证功能，强化追证作用和发挥验证功效，而且对于发现案件真实以及完善证明规则具有重要的推动作用。正如有的学者所言：证据相互印证原理

[1] 林劲松：《刑事审判书面印证的负效应》，《浙江大学学报》(人文社会科学版)2009年第 6 期。

是司法理性主义的题中之义；印证模式内含实体公正与程序公正两项基本价值；证据相互印证反映了事物本身的规律，符合诉讼认识规律，是经过司法实践检验的经验理性；印证模式与自由心证兼容，其应用的重点与难点在于把握证据相互印证的合理限度。[1] 相互印证模式虽有其合理性与适用必要性，但由于其过分强调庭审证言的"外部性"以及"书面证据优先"原则，使得刑事诉讼中的案卷中心主义大行其道，并给警察出庭作证带来了诸多的负面效应。

首先，印证模型的"书面证据优先"，反向激励了书面"情况说明"制度盛行。当前，在我国刑事庭审过程中，无论法官核实判断证据、认定案件事实，还是控辩双方庭审举证、质证，基本都是在书面案卷材料的相互印证下进行的。同时，印证证明模式下，案卷笔录材料取代证人证言，成为法庭调查的主要客体，不仅对诉讼构造和庭审流程产生了深刻影响，而且使证明体系呈现出鲜明的书面证据证明力优先特征。所谓书面证据证明力优先，是指当庭上陈述与笔录记载内容产生矛盾时，法官印证时往往优先采信后者。有两种情形：一是被告人庭上陈述与审前口供笔录不一致，即所谓的当庭翻供。如果被告人当庭推翻以前的供述，公诉人往往会以宣读原有供述笔录的方式来证明庭前供述的真实性，法官不仅乐于接受，而且会与公诉人一起对翻供被告人严厉盘问，结局常常是被告人的翻供行为不仅未能推翻以前的供述，而且被法官视为不知悔过的酌定从重处罚情节。二是证人的庭上陈述与审前证言笔录不一致，即所谓的当庭翻证。个别情况下，证人、被害人可能被要求出庭作证，但一旦该证人的庭上陈述与侦查案卷中曾经作出的证言笔录或其他证人证言笔录内容不一致，且对控诉方不利时，这种矛盾就会促使法官优先采用证言笔录而拒绝选择庭上证言。在法官看来，案卷笔录的证明力具有压倒庭上证言的绝对优势，审判印证实际上演变为一种如何以案卷笔录推翻庭上不一致陈述的证明活动。[2]

[1] 李建明：《刑事证据相互印证的合理性与合理限度》，《法学研究》2005 年第 6 期。
[2] 林劲松：《刑事审判书面印证的负效应》，《浙江大学学报》(人文社会科学版)2009 年第 6 期。

书面证据证明力优先对于侦查办案人员而言，一方面体现在其出具的书面说明材料，在控辩双方没有异议的情况下，不需经过庭审印证就可以直接作为定罪量刑的依据而被法庭采纳；另一方面，即使侦查人员出庭提供口头证词，在书面审理模式下也要进行书面记录，再由证人确认，即"口头证言最后变形为书面证言"[1]。同时，由于法官习惯采用印证方式审查出庭证人口头证言，导致法官仍然需要依赖包括书面证言在内的其他证据进行印证来认定出庭侦查办案人员口头证词的证据效力。[2] 显然，出庭作证的口头证言与书面证言对法庭裁判的不同影响，折射出警察出庭作证的功能式微以及书面证据材料的不可替代。由此可见，印证模式下的书面证据证明力优先，不仅在程序价值层面极大降低了证人证言的证明能力，而且使得侦查办案人员出庭作证的热情和动力受到进一步的侵蚀和消解。因而，相较于风险更大和不可控因素更多的"出庭作证"，书面的"情况说明"对于侦查办案人员来说显然具有更大的制度诱惑力。

其次，印证模式中证明空间的封闭性，束缚和制约了证人质证程序的验证功效和心证功能。就程序操作而言，印证证明模式的运作通常具有封闭性，即证据的相互印证往往是在缺乏辩方参与和有效对抗的情况下进行和展开的。"整体上，这种印证模式缺乏高度规范化、充分程序化、多方参与化、外在理性化的操作机制加以支撑，司法主体的单方审查与'内审比对'似乎是这种证明模式的惯常运作形式。"[3]

如上所述，印证规则的运行通常是以卷宗材料为中心的，法官对于证据之间印证关系的审查判断不是通过庭审证明的"纵贯式"动态程序来进行的，而是在庭前借卷、上下请示、庭后评议等书面审查的静态证明中完成的，可见证据相互印证中的"内审比对"对辩护方的有效质证造成天然的阻隔和排斥。实践中，虽然 2012 年和 2018 年《刑事诉讼法》在不同的

---

[1] 陈瑞华：《案卷笔录中心主义——对中国刑事审判方式的重新考察》，《法学研究》2006 年第 4 期。

[2] 谢勇：《证人强制出庭制度弱化的趋向与校正》，《湘潭大学学报》(哲学社会科学版)2012 年第 5 期。

[3] 左卫民：《"印证"证明模式反思与重塑：基于中国刑事错案的反思》，《中国法学》2016 年第 1 期。

程序环节，增加了听取律师意见的新规定，试图在卷宗中全面反映控辩双方的声音。但是，基于追求指控成功的动机，公诉人移送法院的卷宗中对于有利于被告人的证据和辩方的意见甚少反映。在庭审质证环节，即使辩护方针对证据的真实性、合法性提出质疑，法官也大多置之不理或者留待庭后评议，质证活动浅尝辄止，很难展开和深入。而所谓庭后评议的结果也往往是法官参照控方卷宗中的证据材料做出的最后认定。因而，印证并不是在控辩审三方互动的开放性证明活动中展开的，控辩对抗难以形成。[1]

以警察证人的法庭调查为例，对其证言真实性的查证并不是通过控辩双方的交叉询问，而是围绕公诉机关移送过来的卷宗中记载的被告人供述、被害人陈述、物证、书证、鉴定意见、勘验检查笔录等证据进行印证检验。可见，受侦查中心主义中书面处理模式的影响，对警察证人证言的核实、认定体现出"单向性"和"封闭性"的特点。这一现象主要体现在两个方面：一是印证主体的非多元化。在印证过程中，本应介入印证形成过程的控方与辩方往往均未能就证据印证展开充分甚至有限的说明、质疑与论证。所谓印证在很大程度上也不过是法官依据侦查案卷形成的印证，其实质不过是卷内证据信息之间的印证。二是印证方式与过程既没有充分展开，更没有以正当化的方式展开。[2]司法实践中，对警察口头证言的分析和采信基本上是一种内部化的闭门决策程序，"（应当）体现在裁判文书中的法官心证过程虽然经历了一个由不展示到展示的进步，但总体而言，法官对证据分析的过程和对事实认定的说理仍显粗糙、简略而不充分，甚至对辩方举出的部分证据既不采信也不说明理由，而是进行了一种'选择性遗忘式'的过滤"[3]。同时，静态的单向性书面审查，使得对于警察证人的可信性和警察证人陈述证言时的语气、神态、肢体语言等无从考察，进而造成证据印证缺乏实质的程序支撑。显然，封闭的印证规则下，不

[1] 杨波：《审判中心下印证证明模式之反思》，《法律科学》（西北政法大学学报）2017年第3期。
[2] 左卫民、马静华：《效果与悖论：中国刑事辩护作用机制实证研究》，《政法论坛》2012年第2期。
[3] 左卫民：《"印证"证明模式反思与重塑：基于中国刑事错案的反思》，《中国法学》2016年第1期。

仅因缺乏辩护方有效参与而弱化了庭审质证程序的证伪功能，而且法官审判的间接性和非亲历性还在很大程度上影响了心证功效的发挥。

再次，在证据判断方法上，印证证明模型过分强调庭审证言的"外部性"而轻视了"内省性"。印证证明模式的"外部性"，即强调证据之外还要有证据支持和交互，其符合证据内容广泛化、体系化与证据数量最大化的证明要求，并因可量化、可感知和信息的相互支持而成为证明审核判断的重要指标。2010 年我国最高人民法院等六部委联合发布《关于办理死刑案件审查判断证据若干问题的规定》，在很多条款中都体现了印证规则中的"外部性"特征。例如，第 5 条规定：证据确实、充分是指"证据与证据之间、证据与案件事实之间不存在矛盾或者矛盾得以合理排除"。第 32 条第 2 款规定："证据之间具有内在的联系，共同指向同一待证事实，且能合理排除矛盾的，才能作为定案的根据。"第 33 条规定："据以定案的间接证据之间相互印证，不存在无法排除的矛盾和无法解释的疑问。"第 34 条规定："根据被告人的供述、指认提取到了隐蔽性很强的物证、书证，且与其他证明犯罪事实发生的证据相互印证，并排除串供、逼供、诱供等可能性的，可以认定有罪。"虽然注重外部性、客观性、集体经验的印证模式能够在一定程度上有效地排除互相矛盾、互相冲突的证据，形成一套运行良好的证据认定机制，得出具有唯一性的正确事实认定结论，但由于印证规则适用的表面化、形式化，所以进一步挤占了法官自由心证的空间，严重影响到对单个证据的证明质量和证明能力的判断和认定。也就是说，印证规则在实践运用中过度强调证据表面的相互印证，忽视对单个证据证明力的审查，即只追求各种印证证据堆砌累加的效果，对于单个证据的证明力以及形成表面印证的全案证据的证明力，法官很少进行进一步的实质判断。[1] 实践中，这种表面、僵化、机械的证明方式给刑事案件的裁判带来诸多的问题和困难。"过于关注案件本身的证据构造而忽略了证据生产过程（取证程序）的正当性和合法性，由此忽略了实践中为了实现有罪认定，侦控机关在客观证明困难的情况下，可能会根据既有的不充分证据'生

---

[1] 杨波：《审判中心下印证证明模式之反思》，《法律科学》（西北政法大学学报）2017 年第 3 期。

产'一些能够与这些客观证据互相'印证'且往往真实性严重存疑的主观证据。"[1] 由此可见，如果仅仅局限于证据之间的"外部"印证，而不运用法官的经验、智慧和良知并从其内心确信的视角去分析证据本身的内在逻辑和证明能力，不仅严重影响对虚假证据和违法作证的过滤，而且还可能侵蚀整个司法体制和诉讼程序的正当性和合理性。

第二节 警察出庭作证的制度检视

一、警察证人庭审质证程序的检视

"审判案件以庭审为中心，事实证据调查在法庭，定罪量刑辩论在法庭，裁判结果形成于法庭，全面落实直接言词原则，严格执行非法证据排除制度。"基于证据是诉讼的基础和核心的大前提，完善的庭审质证规则是推进庭审实质化的关键。所谓庭审质证，是指在庭审过程中，由一方出示证据，并说明证据来源及证明内容，而由对方就证据本身及证明内容进行辨认、质疑、反驳的一项诉讼活动。由于我国刑事证据制度的制度构建与实际运作仍然具有人证中心主义的特点，因此，对证人的质证是庭审调查的主要内容，其质证成效可能在相当程度上决定法庭审理的实体处理。在 1996 年和 2012 年《刑事诉讼法》修订中，将刑事庭审中法官依职权调查证据制度，改为控辩双方向法庭举证并相互质证的制度。对于证人的庭审质证，则由提请方首先询问，再由诉讼对方进行质询，由此形成交叉询问的基本格局。然而，作为一项新制度，庭审质证程序在实践中还存在诸多的问题和困境，正如有的学者所言："十多年以来，我国刑事庭审并未采用普遍遵循的交叉询问技术规范，而仅采用了较为简单的轮替询问方法，即证人首先由提请证人出庭一方询问，再由其诉讼对方询问；必要时，法

---

[1] 左卫民：《"印证"证明模式反思与重塑：基于中国刑事错案的反思》，《中国法学》2016 年第 1 期。

庭可以允许双方再次询问；合议庭如果有问题，可以在控辩双方询问后对证人进行询问。"有效的庭审质证是贯彻直接言词原则和证据裁判主义的重要体现，是实现庭审任务和被告人诉讼权益保障的重要途径。为此，本书从庭审质证的外部"法空间"构成以及内部的质证形式和质证规则等维度对警察证人法庭调查制度进行深入剖析和全面检视。

（一）警察证人庭审质证形式的检视和反思

对于警察证人的质询形式，根据直接言词原则和《刑事诉讼法》第194条"公诉人、当事人和辩护人、诉讼代理人经审判长许可，可以对证人、鉴定人发问"的规定，警察证人无论以何种证人身份（目击证人、程序证人或量刑事实提供者）出庭，都应该以"问—答"形式作证，并通过公诉人的直接询问形式、辩护方的交叉询问形式以及庭审的对质形式接受法庭质证。由此可见，直接询问、交叉询问和庭审对质是对警察证人进行法庭调查的主要质证形式。然而，从上述的实证调研来看，虽然我国立法对这三种质证形式作了相关规定，但由于制度设计的缺陷和不足，使警察出庭作证大多停留于对书面案卷的简单核实，没有真正实现警察作证制度由形式到实质的全面飞跃。

1. 对警察证人的直接询问

直接询问，即主询问是由提出证人的一方对该证人进行的询问活动。《最高人民法院关于适用〈中华人民共和国刑事诉讼法〉的解释》第212条规定："向证人、鉴定人发问，应当先由提请通知的一方进行；发问完毕后，经审判长准许，对方也可以发问。"

在直接询问的内容方面，依据《关于办理刑事案件严格排除非法证据若干问题规定》第31条第1款和第2款规定，对案件侦办人员的直接询问包括如下几个方面：对侦查办案的取证过程进行直接询问，第31条第1款："公诉人对证据收集的合法性加以证明，可以出示讯问笔录、提讯登记、体检记录、采取强制措施或者侦查措施的法律文书、侦查终结前对讯问合法性的核查材料等证据材料，有针对性地播放讯问录音录像，提请法庭通知侦查人员或者其他人员出庭说明情况。"对辩方质疑的非法取证情况进行直接询问，第31条第2款的规定："被告人及其辩护人可以出示相关线索或者材料,并申请法庭播放特定时段的讯问录音录像。"因此,法庭对警察证人的直接询问应当围绕上述线索、材料或讯问录音录像,让出庭的案件侦办人员对其作出说明或接受询问。

需要注意的是,在直接询问证人的提问形式方面,法律一律禁止使用诱导性提问。所谓诱导性提问,是指询问者的发问中直接含有询问者想要的答案,并暗示被询问者按照他想要的答案进行回答,或者将答案通过证人的重复来体现。[1]之所以如此规定,盖因为证人由直接询问方提出并让其为提供方主张的事实作出证明,那么直接询问方的证人所提供的证言在理论上就被推定为"应当真实",如果允许直接询问方对于其提供的证人进行诱导性发问,显然有违证明责任的内在逻辑以及出庭作证的实质要求。

直接询问作为庭审人证调查程序的开端,对于确定法庭争议焦点以及推动交叉询问的有效开展具有重要作用。然而,在我国质证程序中,由于直接询问和反询问划分混乱以及直接询问范围模糊,导致直接询问的开展缺乏科学的程序规制。我国现行《刑事诉讼法》和其司法解释都没有要求询问主体在询问证人之前首先告知其询问范围。在理论上,询问范围与证明对象直接相关,尤其对于提出证人的一方来说,告知询问范围就是告知本方证人证言的证明对象,以使法官和相对方明确询问的主旨和内容。由于我国《刑事诉讼法》没有对询问范围作限制性规定,所以实践中对于证人的询问可以说是五花八门,相当混乱。[2]例如,在很多警察出庭的案例中,警察证人在履行宣誓以及权利义务告知环节后,公诉方直接询问的第一个问题往往是"请将你目击或指导的案件情况进行陈述",警察证人便避重就轻地开始连篇累牍的陈述,其间公诉方则以"接着说""然后呢"等连接词引出更多的应答和证言。由于直接询问缺乏作证范围的规制,不仅造

---

[1] 关于诱导式提问的最早定义,可以追溯到 1891 年美国得克萨斯州最高法院在"圣安东尼奥和雷伊公司诉哈曼(San Antonio & A.P. Ry. Co. v. Hammon)"一案中的判词。该案判词将诱导式提问界定为"可用肯定或否定的方式进行回答,或者在实质上已经包含案件事实并以此限制证人如何回答的问题"。如果一个问题包含一组或一系列案件事实,并且只需简单对其进行肯定回答或否定回答,则它显然是诱导性问题。陈健民:《美国刑事诉讼中交叉询问的规则与技巧》,《法学》2004 年第 4 期。

[2] 陈岚:《我国刑事审判中交叉询问规则之建构》,《中国检察官》2010 年第 1 期。

成法庭审理的冗长和拖沓，而且还在很大程度上造成庭审质证目标的相对偏离。

2. 交叉询问形式

交叉询问也称反询问，是直接询问（direct-examination）或主询问（examination in chief）的对称方式。交叉询问是一种质证手段，是在审判或听证的质证程序中由一方当事人或律师对反方证人进行的询问。就法理而言，交叉询问是对反方证人的询问，具有对立的属性。所谓反方证人（adverse witness），是从广义而言的，即其证词可能直接或间接地瓦解发问方诉讼主张的诉讼参与人。在刑事诉讼中，公诉人对被告人的询问、辩护人对被害人的询问，都属于对反方证人的询问。反方证人往往是敌意证人或不利证人。在反戈的情况下，本方证人也是敌意证人或不利证人。作为对立性的表现，交叉询问带有明显的盘诘性、归谬性和求证性，这些特征与直接询问的协调性、支持性和补强性完全相反。[1] 正因为如此，交叉询问有助于裁判者更为全面地聆听和审视双方争讼的证据问题并尽可能准确地分辨诉讼证据材料的客观性、关联性和合法性。

在我国，交叉询问规则经历了 1996 年《刑事诉讼法》修改中的初见端倪，2012 年《刑事诉讼法》修订和审判中心主义改革推进下的明确和深化。1996 年《刑事诉讼法》对法庭审理的一审程序进行了较大的完善，强调控辩平等、法官中立，细化了法庭调查、法庭辩论以及证人出庭作证等规定。如 1996 年《刑事诉讼法》第 156 条规定："证人作证，审判人员应当告知他要如实地提供证言和有意作证或者隐匿罪证要负的法律责任。公诉人、当事人和辩护人、诉讼代理人经审判长许可，可以对证人、鉴定人发问。审判长认为发问的内容与案件无关的时候，应当制止。审判人员可以询问证人、鉴定人。"此外，1998 年最高人民法院《刑事诉讼法》司法解释第 143 条规定："向证人发问，应当先由提请传唤的一方进行；发问完毕后，对方经审判长准许，也可以发问。"第 145 条规定："向鉴定人发问，应当先由要求传唤的一方进行；发问完毕后，对方经审判长准许，

---

[1] 刘晓兵：《交叉询问质证功能论略》，《证据科学》2016 年第 4 期。

也可以发问。"第 146 条规定："询问证人应当遵循以下规则：（一）发问的内容应当与案件的事实相关；（二）不得以诱导方式提问；（三）不得威胁证人；（四）不得损害证人的人格尊严。前款规定也适用于对被告人、被害人、附带民事诉讼原告人和被告人、鉴定人的讯问、发问或者询问。"在 1996 年《刑事诉讼法》修订中，将刑事庭审中法官依职权调查证据制度改为控辩双方向法庭举证并相互质证的制度。对于证人的庭审质证，则由提请方首先询问，再由诉讼对方进行质询，由此形成交叉询问的基本格局。

2012 年《刑事诉讼法》修订中，则对交叉询问的主体、对象、顺序、规则等做了进一步的细化规定。2012 年《刑事诉讼法》第 194 条规定："公诉人、当事人和辩护人、诉讼代理人经审判长许可，可以对证人、鉴定人发问。"最高人民法院《刑事诉讼法》司法解释第 212 条规定："向证人、鉴定人发问，应当先由提请通知的一方进行；发问完毕后，经审判长准许，对方也可以发问。"第 216 条规定："向证人、鉴定人、有专门知识的人发问应当分别进行"。最高人民法院《刑事诉讼法》司法解释第 213 条规定："向证人发问应当遵循以下规则：发问的内容应当与本案事实有关；不得以诱导方式发问；不得威胁证人；不得损害证人的人格尊严。"最高人民法院《刑事诉讼法》司法解释第 214 条规定："控辩双方的讯问、发问方式不当或者内容与本案无关的，对方可以提出异议，申请审判长制止。"最高人民法院《刑事诉讼法》司法解释第 202 条规定："公诉人可以提请审判长通知证人、鉴定人出庭作证，或者出示证据。被害人及其法定代理人、诉讼代理人，附带民事诉讼原告人及其诉讼代理人也可以提出申请。在控诉一方举证后，被告人及其法定代理人、辩护人可以提请审判长通知证人、鉴定人出庭作证，或者出示证据。"第 212 条规定："向证人、鉴定人发问，应当先由提请通知的一方进行；发问完毕后，经审判长准许，对方也可以发问。"

由此可见，交叉询问的主体包括公诉人、当事人、辩护人、诉讼代理人等诉讼参与人；"交叉询问"的对象包括证人、鉴定人、有专门知识的人；"交叉询问"的规则：禁止诱导性发问，禁止无关性发问，禁止威胁性侮辱性发问，异议规则；交叉询问的顺序：由审判长决定公诉人、辩护人向证人、鉴定人发问的顺序，一般是先由提请传唤的一方进行发问，然后对方经审判长许可进行发问。审判人员也可询问证人、鉴定人。

在英美法系国家，交叉询问是一套高度技术化的程序，需要一系列严格的限制性规则作为保障。我国《刑事诉讼法》在保留职权主义诉讼模式的前提下吸收了当事人主义的对抗性元素，但是法律没有确立与当事人主义诉讼模式相适应的证据规则。因而，对于证人的庭审发问，学界更偏向将其定位为"轮替发问"或"控辩发问"。正如龙宗智教授所言，我国刑事庭审活动只具备控辩轮替询问的特征，而交叉询问所需要的前提以及构成交叉询问的基本要素在目前的控辩询问中并没有。其一，交叉询问要求调查主体多元（三方以上为多），而非交叉询问中为了集中争点、有效对抗只能实行主体二元（控方与辩方）；其二，目前控方证人与辩方证人并无严格区分，因此也就难以适用建立在区别控方证人与辩方证人基础上的交叉询问轮替规则以及质询规则；其三，目前采用自然叙述与一问一答相结合的方式，不采用为了严格限制证言范围与内容，并便于对方提出异议的单纯的一问一答询问方式；其四，应采用不同类型证据不同调查方法的分段式证据调查方式，而不是以人证调查作红线贯穿庭审，物证、书证等证据也是通过人证调查引出。[1]

在警察证人的庭审调查中，这种"轮替发问"模式也存在诸多的问题和不足。例如，在询问方式层面，证人询问技术和方法较为简单，难以满足庭审实质化有效质证的要求和标准。在询问内容层面，大多数只是对证人证言的简单核实。在我国，由于卷宗中心主义模式的巨大影响，书面审理在庭审实践中仍发挥着重要作用。因而，在轮替询问规则中，即使侦查办案人员出庭作证，其主要功能也只是体现在核实案卷中的情况说明或鉴定意见。在询问对象层面，证人属性不够明确。交叉询问以区分证人类型为基础，并由此设定询问规则。但在我国刑事庭审中，辩护方庭前接触证人受到一定限制，不能单方面直接接触被害人的证人，不能在庭前引导证人，因此，庭审中，辩护方对控方证人的质询能力十分有限。由于我国实行证人庭前证言可作定案依据的证据制度，辩方申请出庭作证的证人，不

---

[1] 龙宗智：《我国刑事庭审中人证调查的几个问题》，《政法论坛》2008 年第 5 期。

一定是辩方证人，有时会是控方证人。辩方希望其出庭后能够找到证人破绽，或促使其说出与书面证言不一样的事实，从而打破其书面控诉证言。在这种情况下，交叉询问制度规范将难以贯彻。例如，控方证人由辩方申请出庭，可能坚持控诉证言立场，而与辩方立场相对立，此时，传召方进行的首次询问，实质上是反询问，而诉讼对方即控方所作询问，则因其诉讼立场的一致在实质上成为主询问。[1]

此外，在交叉询问的主导层面，法官职权运用较为广泛，可进行补充性调查询问以及依职权严格限制控辩询问次数与时间，从而在一定程度上违背了交叉询问运行的制度轨迹。如上所述，法官在交叉询问中的主要职责是维持询问的秩序，对异议进行及时回应，然而，司法实践中法官往往越俎代庖、主动出击，超越诉讼双方，运用审判权直接询问证人，甚至根据自己认为的情况来决定双方的发问内容和方式，这不仅严重影响控辩双方对证人进行询问的质量，而且使得"主询问—反询问—再主询问—再反询问"的交叉询问程序变为"主询问—反询问—法官询问"的畸形程序。

3. 庭审对质形式

对质，又称对质询问，是指让事实陈述有矛盾的双方或多方同时在场，面对面进行质问，有利于发现错误、揭穿谎言，有利于查明情况、发现真实，这是对质的基本意义和价值。[2]

在现代法治社会，庭审对质不仅是一种辨识证言真伪的手段，更是一种不可忽视的诉讼权利和程序设计。例如，联合国《公民权利和政治权利国际公约》第14条第3项(戊)款、《欧洲人权公约》第6条第3项d款、《美洲人权公约》第8条第2项等都将"对质诘问权"列为刑事被告人的基本权利。对质规则不仅体现在国际公约中，各国立法大多也有相关规定。例如，《美国联邦宪法修正案》第6款规定刑事被告人享有"与不利证人对质"的权利，该条款也被称为对质诘问权条款。同时，在上述国际公约和国内立法中，被告人的"对质诘问权"均被设置在"公正审判"条款之下。因此，对质诘问权作为公正审判的基本原则和最低标准，逐渐得到越

---

[1] 龙宗智：《刑事庭审人证调查规则的完善》，《当代法学》2018年第1期。

[2] 龙宗智：《论刑事对质制度及其改革完善》，《法学》2008年第5期。

来越多国家的认可和接受。

事实上，作为程序正义和公正审判的"最佳装置"，庭审对质在司法实践中有着重要的诉讼价值和现实意义。具体而言，一方面庭审对质有利于在制度层面尊重并保障被告人的基本诉讼权利。审判是否正当不仅仅取决于裁判结果是否公正，还取决于审判程序本身是否符合正义的一般要求。"人们至少有理由期望，在作出关系他们的判决之前，法院听取其意见，即他们拥有发言权。"[1] 在刑事审判中，被告人面临其人身自由、财产乃至生命即将被剥夺的危险，赋予其与不利证人对质的权利，是保障其对审判程序的实质参与以及维护程序正义的重要途径和方式。另一方面，庭审对质有助于在程序层面保障直接言词原则的贯彻落实。法官可让对某一事实陈述不一致或有矛盾的双方（共同被告人、被告人与证人）面对面地进行质询，这有利于发现错误，揭穿谎言，从而发现案件真相。在我国古代审判中，强调"五声听狱讼"，即法官从当事人对质过程中的言辞、神情、呼吸、神色、气息等方面去了解当事人的心理活动，进而判断证人证言的可信度。在英美证据法中，对质一直被认为是发现真实的最重要的法律"装置"。在当事人主义诉讼模式中，对质最主要的方式即双方互相诘问。通过诘问这一方式可以有效地发现证人在认知、记忆、表述方面的缺陷，以及证人是否真诚作证。[2]

在我国，自审判中心主义诉讼模式改革以来，对质作为一种质证方式得到越来越多的关注和认可。例如，最高人民法院《刑事诉讼法》司法解释第 199 条规定："讯问同案审理的被告人，应当分别进行。必要时，可以传唤同案被告人到庭对质。"最高检察院《人民检察院刑事诉讼规则》(试行) 第 438 条第 3 款规定："被告人、证人对同一事实的陈述存在矛盾需要对质的，公诉人可以建议法庭传唤有关被告人、证人同时到庭对质。"

当前，对质作为一种有效的质证方法虽然为立法所认可，但是在警察

---

[1] 迈克尔·D. 贝勒斯：《法律的原则——一个规范的分析》，张文显等译，中国大百科全书出版社，1996，第 35 页。

[2] 颜飞、谭正：《论〈刑事诉讼法〉修改中庭审对质制度的完善》，《法律适用》2012 年第 7 期。

出庭作证的具体实践中，其仍然面临诸多的问题和障碍。实证调研发现，被告人与警察证人就同一事实陈述不一致的情形普遍存在，但实践中即使警察出庭作证，法官也很少采用对质这一形式来辨明真伪。相反，在警察证人出庭作证的场合下，通常先是由控辩双方对证人进行轮替询问，待询问完毕证人退庭后，在证人不在场的情况下再由控辩双方对证人证言发表质证意见。

这种做法仍是一种"发表意见式"的形式质证，与交叉询问的实质对质还有很大差距。一方面，庭审对质本质上主要表现为双方的质询，而不是发表意见，在"一问一答"的过程中，法官通过"察言观色"自然能够发现漏洞、揭穿谎言。正如有的学者所说："在运用质疑方式后，是否再对证言的真实性表达意见已不再重要，因为法官（陪审员）足以根据证人的回应或证据内容形成对证言真实性的独立判断。"[1]"发表意见式"的对质方式显然无法发挥庭审实质化发现案件真实之功效。另一方面，这种单向式的对质形式，即在被告人发表意见时，证人既不能在场，也不能对被告人进行质询，导致出庭作证所实现的对质是不完全的，特别是被告人与证人缺乏双向互动。正如一些学者所言，从辨明真伪、准确认证角度看，证人在场可以形成一种威慑力量，有助于预防和减少虚假质证意见。"因为直接面对面质询具有一种威慑的力量。这种威慑一方面表现在人们在直接面对的情况下说谎的心理容易受到压抑，另一方面表现在它具有预防性的威慑作用。"因此，在控辩双方发表质证意见时，证人都应该在场，证人在场本身能形成一种威慑，因为控辩双方一旦撒了谎，证人很容易将其揭穿。[2]然而，最高人民法院规定的对质主体仅为共同犯罪案件的同案被告人。最高人民检察院规定的对质主体虽然范围较广，但也仅限于控辩双方对证人进行发问并发表质证意见，而缺乏证人与被告人的完全对质即互动式的庭审对质。

（二）警察证人庭审质证规则的检视和反思

证人法庭调查的制度设计，不仅涉及交叉询问的顺序以及庭审的发问

---

[1] 左卫民等：《中国刑事诉讼运行机制实证研究》，法律出版社，2007，第346页。

[2] 韩旭：《刑事庭审质证运行状况实证研究》，《法治研究》2016年第6期。

和回答之规定，而且涉及传闻证据规则、品格证据规则、异议规则、意见证据规则以及禁止诱导性询问规则等。然而，纵观我国的立法，我国《刑事诉讼法》以及最高人民法院、地方各级人民法院的法庭规则仅规定了向证人发问的顺序以及法官对交叉询问的控制权和指挥权，基本没有涉及交叉询问的发问规则、证人的回答规则、证人的角色转换规则、异议及其处理规则等。同时，尽管中国目前已经分别制定了刑事诉讼、民事诉讼以及行政诉讼的证据规则，最高法院也出台了相应的司法解释，但从已有的立法规定看，条文内容过于粗疏、欠缺可操作性的问题依旧突出，品格证据和传闻证据的相关规则依然没有确立。[1] 在条文粗疏和内容缺失的情况下，交叉询问变成一场没有规则的混战。[2] 因此，有必要从证据规则的维度出发，对警察证人庭审质证中的相关问题进行全面分析和深入阐释。

1. 诱导式提问规则

诱导式提问，英美法系国家通常称为"leading question"，是指已包含问题之答案或者已限定了答案范围的一种提问方式，能够引导证人给出发问者欲明确的待证事实，从而有助于了解真实案情。[3] 具体而言，诱导式提问确证或排除相关待证事实的内在机理包括五个方面：第一，答案具有明确的指向性。诱导性提问的答案为"是"或"否"，再无其他答案，具有很强的指向性。因而若证人未正面回答，发问方可以直接要求证人或通过合议庭要求证人作出明确回答。第二，必须以先前证言（包括对主询问的回答）为依据。诱导式提问只能问证人在先前证言中提及的信息，对于证人未提及的信息则不可进行诱导性提问。第三，在句式上通常采用设问句或一般疑问句，一般不用特殊疑问句。例如，发问者可以提问"王某某是不是你的丈夫"或者"王某某是你的丈夫，对吗"，但不能问"你的丈夫是谁"，因为后者的提问方式不具备封闭性，待证事实既不具体，也无指向。第四，问题包含让证人判断的待证事实。在上例中，"王某某"

---

[1] 廖勇、吴卫军：《新刑事诉讼法证据规则评析——基于证据裁判原则的视角》，《北方法学》2013 年第 5 期

[2] 刘晓兵：《交叉询问质证功能论略》，《证据科学》2016 年第 4 期。

[3] 陈岚：《我国刑事审判中交叉询问规则之建构》，《法学评论》2009 年第 6 期。

就是让证人判断的待证事实。第五，问题不得具有诱导证人违背事实作证的实质诱导意思。如第二个方面所述，发问者不可提出关于证人在先前证言中未提及信息的问题，否则即可能造成实质诱导。例如，若证人在先前证言中提及自己的丈夫是王某某，发问者提问"王某某是不是你的丈夫"或者"王某某是你的丈夫，对吗"方为"诱导式提问"。对于诱导式提问证人应当作出肯定或否定的回答。若证人未在先前证言中提及自己的丈夫是王某某，发问者一边使用微表情或肢体语言示意证人，一边提出上述问题，则可能视为实质诱导。当然，对于提问在实质上是否具有诱导意思，只能由合议庭根据庭审情景进行判断。

纵观国内外的研究现状，在反询问中进行诱导性提问已然成为各国交叉询问中的普遍惯例。在法理上，之所以在反询问中允许进行诱导性提问，是因为主询问方传唤的证人往往同情、理解主询问方，容易受主询问方的诱导和暗示，即主询问方问什么，证人就答什么，随声附和，所以不允许主询问方进行诱导性提问。相反，主询问方的证人，一般都对反询问方持警惕、防范态度，甚至故意不配合、敌视，所以不易受到反询问方诱导性问题困扰和迷惑，因此，允许反询问时提诱导性问题，只有这样，反询问才有意义，才能使交叉询问制度成为发现案情真相的最佳"装置"。若反询问时也不允许诱导性提问而实行与主询问同样的规则，则反询问只能起到进一步重复、印证、强化主询问方证人证言的作用，这显然不利于维护和保障反询问方的辩护权。

此外，根据台湾学者陈朴生的观点，诱导性提问可分为三种情况：一是记忆诱导，是指引导证人恢复对某些事实的记忆；二是虚伪诱导，是指引诱证人提供违背事实或其记忆的陈述；三是错误诱导，是指通过诱导使证人产生错觉并使之提供违背事实或其记忆的陈述。[1]此三者的目的与结果均是大不相同的。记忆诱导的目的是呈现案件事实，与我国法治的精神是一致的。虚伪诱导与错误诱导的目的则呈现多样性，但大多违背我国法

---

[1] 陈朴生：《刑事证据法》，三民书局，1979，第397—398页。

治的精神，例如，诱导证人作伪证，妨碍与迷惑人们对事实的认知等。[1]

诱导性提问在我国司法实践一直受到误解。一方面，由于诱导性提问中"诱导"一词被认为带有欺骗、狡诈之含义，因而给人以贬义感。另一方面，在我国诉讼程序中，询问或讯问环节中的"引供"与"诱供"通常被认为是违法行为，为"实质诱导"。因此，相关司法解释对其不加区别而全面禁止。

1998年最高人民法院颁布的《关于执行〈中华人民共和国刑事诉讼法〉若干问题的解释》第146条规定："询问证人应当遵循以下规则：（一）发问的内容应当与案件的事实相关；（二）不得以诱导方式提问；（三）不得威胁证人；（四）不得损害证人的人格尊严。前款规定也适用于对被告人、被害人、附带民事诉讼原告人和被告人、鉴定人的讯问、发问或者询问。"2012年修订的《关于执行〈中华人民共和国刑事诉讼法〉若干问题的解释》在第213条中仍然沿袭了这一规定。显然，不可以偏概全、一概而论，只要发问者按照规定运用诱导性提问，就有助于揭示案件的事实真相。对诱导性提问不加区别地绝对禁止对于发现真相是非常不利的，同时也必然限制交叉询问质证功能的发挥。

同时，"一刀切"式的绝对禁止在制度层面还混淆了主询问与反询问的功能设置，违反了交叉询问的基本诉讼规律，不利于实现控辩对抗以及发现案件真相。如上所述，主询问设置的目标在于使主询问方的证人就其所了解的案件事实进行法庭陈述以加强其诉讼主张，而反询问则更侧重通过对反方证人"真实性"和"可行性"的攻击以实现"证伪性"的诉讼功能。因此，作为检验对方证人证言真实性的有效措施，诱导性提问如果被法律不加区分一律禁止的话，显然有违交叉询问制度的基本宗旨和诉讼权益保护的法治精神。

---

[1] 对此，我国台湾学者陈朴生指出："盖在正对询问，诘问者之当事人与陈述者之证人、鉴定人，受诘问者之暗示而为迎合诱导讯问之回答。其在反对诘问，则无此种顾虑，因陈述之证人或鉴定人，不易为诘问者之诱导讯问所乘。"参见陈朴生：《刑事诉讼法实务》，内部资料，1981，第214页。

2. 庭审异议规则

庭审异议制度，是法庭审判中证人调查制度的必要组成部分。如上所述，由于交叉询问制度发挥作用是建立在法庭审判中理性对话基础上，所以有序、适当、合理的提问方式就显得尤其重要。如果缺乏相应配套性制度的保障，将影响交叉询问程序功效的发挥，不利于查明案情真相。可见，在证人法庭调查的程序中，异议规则对于维护当事人诉讼权益以及推进交叉询问的顺利开展具有重要辅助作用。概括而言，庭审异议规则是指，一方当事人认为对方的询问行为违反询问顺序、询问范围、询问规则等内容，而向法庭提出反对意见的规则。

作为异议规则的起源地，英美法系国家有着科学而系统的异议规则体系。例如，《美国联邦证据规则》对异议主体、异议对象、异议理由、裁决异议的主体以及异议的法律效力做出了细致规定。其中，对于提出异议的主体，美国法律赋予了双方同等的参与诉讼的机会、途径和方式，即在审判阶段表现为赋予控辩双方对等的提出证据、质证、辩论的诉讼权利。

在异议对象方面，可以针对对方当事人在法庭上的调查行为和证明行为提出异议。英美法系国家采用交叉询问的调查模式揭示案件事实，整个调查过程必须遵循严格的证据规则，故诉讼一方有权针对对方违反证据规则的行为提出异议，美国就规定对不当提问和证人的不当回答可以提出异议。声明异议的对象不仅指言词证据，也包括实物证据。对于实物证据(展示物品)的异议一般在该展示物被正式交付作为证据之时提出。[1]依据美国的相关立法规定，异议包括：提请传唤证人的异议、询问范围的异议、询问顺序的异议、违规提问的异议、法官对证言采纳或排除裁决的异议等。

对于异议的理由，美国刑事庭审根据提出异议的理由的明确程度将异议分为笼统的异议和明确的异议。笼统的异议指当事人提出的没有具体依据的异议，如证据不可采、证据不适格、证言不恰当等，但法官一般只把"我反对"作为一个笼统的异议；[2]明确的异议指当事人提出的有适当的

---

[1] 【美】乔恩·R.华尔兹：《刑事证据大全》(第二版)，何家弘等译，中国人民公安大学出版社，2004，第50—52页。

[2] 【美】约翰·W.斯特龙：《麦考密克论证据》，中国政法大学出版社，2004。

规则作为依据的异议，如"违反相关性原则""违反传闻证据规则""违反品格证据规则""复合式问题""违反一问一答询问要求""不公正的偏见远远超出了证据可能的价值""诱导性提问""自问自答""意见推测""不适当的意见""缺乏基础""模糊""不明确""引发证人陈述的问题""假设的事实没有证据证明"等等。明确性的异议要求不仅有助于增强庭审规则的可预期性，而且有利于诉讼异议实施的规范化和制度化。

美国允许以违法或者不适当两种理由声明异议，但为维护法庭尊严，对法庭处分，通常只能以违法为由声明异议。异议的内容和要求必须明确，并要简洁说明异议的理由。异议应当及时提出，否则即丧失提出权。同时，法庭已经对异议声明作出裁定后，原则上不得对该裁定已经判断的事项再次声明异议。

按照诉讼异议的法律效力，审判实务将异议分为形式异议（objection to form，即针对询问或回答的"形式"提出的异议）和实质异议（objection to substance，即针对询问或回答的"实质"提出的异议）。对于形式异议，只要询问人改变问题或证人改变回答，询问、答话就可继续进行，提出异议的目的便达到了；对于实质异议，法官做出的裁决可能使整个调查询问程序改变。《美国联邦证据规则》第 103 条 a 针对错误的裁决做出规定，即对于"容许证据"的错误及"排除证据"的错误的异议的裁决，诉讼一方可针对该争点提起上诉，请求上诉法官撤销原判决。[1]

此外，大陆法系在借鉴英美法系交叉询问规则的基础上，也逐渐吸收和引进了诉讼异议规则。例如，在日本的当事人主义诉讼模式改造过程中，异议规则作为保障交叉询问的配套制度也被引进，并在立法中做了专门规定。《日本刑事诉讼法》第 309 条"声明异议"明确了声明异议的主体、异议的对象、异议的裁决主体，并将异议的对象规定为"证据的调查和审判长做出的处分"。《日本刑事诉讼规则》对异议的理由、时间、裁决、法律效力等做了规定。《日本刑事诉讼规则》第 205 条将异议的理由限定为"违反法令与不适当"；第 205 条之二规定了声明异议的方式和时间："声明异议，应当对每个行为、处分或裁定简洁说明其理由而及时提出。"

---

[1] 卞建林译：《美国联邦刑事诉讼规则和证据规则》，中国政法大学出版社，1996。

对于重大的程序性错误，第 205 条之四则规定："对延误时机而提出的异议声明，认为声明的事项重要而显示对其做出判断是适当的时，不得以延误时机为理由进而予以驳回。"对于异议的裁判，第 205 条之三规定："法院对异议声明，应当不迟延地做出裁定。"法官对异议审查后，为了做出正确的裁判，在必要时有权要求异议双方进一步说明理由，即第 208 条之规定："审判长认为必要时，可以要求诉讼关系人予以说明，或督促其举证证明。陪席法官经告知审判长后，可以做出前款规定的处分。诉讼关系人为进行说明，可以要求审判长发问。"法官对于异议的裁决就是按照异议的理由是否符合规定而做出支持或驳回的裁判，但"法庭对延误时机而提出的异议声明、明显以拖延诉讼为目的而提出的异议声明或其他不合法的异议声明，应当裁定驳回"。第 208 条之五规定："法院认为异议声明没有理由时，应当裁定不受理。"对于异议的效力，第 205 条之六规定："法院认为异议声明有理由时，应当做出与该声明相应的命令停止、撤回、撤销或者变更被声明异议的行为的裁定。法院认为以已经调查的证据不能作为证据为理由而提出的异议声明有理由时，应当做出排除该证据的全部或一部分的裁定。"同时"已经对异议声明做出裁定时，不得对该裁定已经判断的事项再次声明异议"。对于异议的裁决，只有针对一些严重违法的行为，可以以程序违法为由提起上诉或抗诉。[1]

在意大利，异议规则同样体现在《意大利刑事诉讼法典》诸多条文中，如《意大利刑事诉讼法典》第 191 条规定："在违反法律禁令的情况下获取的证据不得加以使用。可以在任何阶段和审级中指出上述证据的不可使用性。"法官依据此规则决定对证据排除与否，对于违反了排除规则的行为，当事人提出的异议被法官驳回时，其在程序的各个阶段及审级均可对此提起上诉作为救济。"法庭调查过程中，法官以裁定的形式就当事人针对证据的可采纳性提出的抗辩做出裁决。法官在听取当事人意见后，可以裁定撤销对不必要证据的采纳或采纳曾经被加以排除的证据。"第 504 条规定："除法律另有规定以外，证人、鉴定人、技术顾问和有关当事人在

---

[1] 宋英辉译：《日本刑事诉讼法》，中国政法大学出版社，2000。

询问证人过程中提出异议，庭长立即就此做出裁决，无需任何手续。"[1]

在法国，《法国刑事诉讼法典》第 330 条规定："检察院及当事人可以反对听取事先没有向他们送达姓名或没有按照规定送达姓名的证人的证词。法庭对此异议做出决定。如果其被认定理由充分，审判长得依据所享有的自由裁量权，听取这些证人的证词，将其作为信息来源。"针对不得作证的特定人员的证言，第 336 条第 2 款规定："在检察院、一当事人或数当事人提出异议的情况下，审判长得依其享有的自行裁量权力，听取证人陈述，将其作为信息来源。"第 337 条第 2 款规定："因进行告发并依法得到金钱奖励的人，可接受其作证；但如果检察院或当事人之一提出异议，则排除在外。"[2]

德国作为大陆法系的典型代表，它的诉讼过程尤其是审判过程充分体现了职权主义的特征，查明案件事实的责任决定了法官依职权调查证据不仅是一项权力更是一项义务，在此模式下其刑事诉讼法的若干条文中也有对异议的相关规定。第 249 条（二）规定："……审判长决定按第一句规定处理时，如果检察官、被告人或辩护人不迟延地提出了异议，异议由法庭裁定。"第 241 条第 2 款规定："在第 239 条第 1 款、第 240 条第 2 款情形中，审判长可以制止不适当的或与案件无关的问题。"德国联邦上诉法院对这一例外做了狭义解释：只有提问会引出不可采的证据，或者提问是不必要的重复或带有暗示性，或者过分侵犯了证人的隐私权，才被认为是"不适当"的。[3] 显然，在德国，由于实行的是法官职权主义模式，所以法官能够更加积极主动地进行法庭调查，并适当地"控制"提问。与之相应，在缺乏平等对抗的环境下，控辩双方的异议能力相当有限。

在我国，1996 年、2012 年、2018 年《刑事诉讼法》修订，对刑事诉讼模式开展了当事人主义的改造，庭审异议规则作为对证人证言的审查标准得到认可和重视。特别是在审判中心主义诉讼模式的改革背景下，我国

[1] 万燕：《刑事庭审异议规则研究》，西南政法大学硕士论文，2012。

[2] 罗结珍译：《法国刑事诉讼法典》，中国法制出版社，2006。

[3] 【德】托马斯·魏根特：《德国刑事诉讼程序》，岳礼玲等译，中国政法大学出版社，2003，第 143 页。

立法及司法解释对庭审中的异议规则作出了专门规定。《刑事诉讼法》第194条规定："审判长认为发问的内容与案件无关的时候，应当制止。"《刑事诉讼法》第195条规定："公诉人、辩护人应当向法庭出示物证，让当事人辨认，对未到庭的证人的证言笔录、鉴定人的鉴定结论、勘验笔录和其他作为证据的文书，应当当庭宣读。审判人员应当听取公诉人、当事人和辩护人、诉讼代理人的意见。"第198条规定："经审判长许可，公诉人、当事人和辩护人、诉讼代理人可以对证据和案件情况发表意见并且可以互相辩论。"如果说《刑事诉讼法》是通过确定发表意见权的方式，间接体现了异议规则的基本精神，其司法解释则在其基础上做出了更为明确的规定。最高人民法院《关于执行〈中华人民共和国刑事诉讼法〉若干问题的解释》第136条规定："审判长对于控辩双方的讯问、发问被告人、被害人和附带民事诉讼原告人、被告人的内容与本案无关或者讯问、发问的方式不当的应当制止。对于控辩双方认为对方讯问或者发问内容与本案无关或者讯问、发问的方式不当并提出异议的，审判长应当判明情况予以支持或者驳回。"第147条规定："审判长对于向证人、鉴定人发问的内容与本案无关或者发问的方式不当的，应当制止。对于控辩双方对发问的内容与本案无关或者发问的方式不当并提出异议的，审判长应当判明情况予以支持或驳回。"第155条规定："公诉人要求出示开庭前送交人民法院的证据目录以外的证据，辩护方提出异议的，审判长如认为该证据有出示的必要，可以准许出示。"《人民检察院刑事诉讼规则（试行）》第438条第2款规定："辩护人对被告人或者证人进行诱导性、询问以及其他不当、询问可能影响陈述或者证言的客观真实的，公诉人可以要求审判长制止或者要求对该项陈述或者证言不予采纳。"此后，《人民法院办理刑事案件第一审普通程序法庭调查规程（试行）》对诉讼异议问题作出规定，就人证调查规定："控辩一方发问方式不当或者内容与案件事实无关，违反有关发问规则的，对方可以提出异议。对方当庭提出异议的，发问方应当说明发问理由，审判长判明情况予以支持或者驳回；对一方未当庭提出异议的，审判长也可以根据情况予以制止。"[1] 就物证、书证等证据的调查规

---

[1]《人民法院办理刑事案件第一审普通程序法庭调查规程（试行）》第21条。

定："控辩一方申请出示庭前未移送或提交人民法院的证据，对方提出异议的，申请方应当说明理由，审判长经审查认为理由成立并确有出示必要的，应当准许。"[1] 从上述规定可见，我国确立了庭审中的异议制度：其一，明确了控辩双方对证据调查的异议权，即控辩双方如果认为发问的内容与本案无关或者发问方式不当，可以向审判长提出异议要求制止；其二，异议可以"不当"及"违反有关发问规则"两种理由提出；其三，法庭可以依职权主动制止控辩双方与案件无关或发问方式不当的发问；其四，明确了法庭的裁决权力和责任，法庭对控辩双方的异议请求应当作出支持或者驳回的裁决；其五，立法赋予被提出异议一方说明权。

综上所述，异议规则作为证人庭审调查的一个重要程序制度，在我国立法中被明确规定。然而，司法实践中，由于立法的相对原则以及诉讼模式和庭审规则等因素的影响，我国的异议制度在异议主体、异议对象、异议理由以及异议范围等方面，依然存在诸多的不足和差距。

具体而言，其一，可被异议的主体范围有限。我国在立法中仅明确了控辩双方针对对方不当诉讼行为提出异议的规则，即被异议的主体仅限于控方与辩方，并未涉及对其他诉讼参与人因不当的诉讼行为而被提出异议的程序规定。例如，警察证人、公安鉴定人回答不符合证据规则或者法官对证据调查做出的决定不当，立法中针对这些诉讼参与人被提出异议该如何操作并无明确的规定。

其二，声明异议的理由表述得过于原则化。我国立法对声明异议的理由仅给出一个模糊的范围，十分笼统——"不当"及"违反有关发问规则"，但并未对此作出具体、明确的界定，从而导致法官只能依据个人的经验与想法判断异议可否采纳，无客观规则可参考，进而使得法官自由裁量权过大，即使诉讼参与人对此有异议，也不便于对此提出事后的救济。

其三，可被异议的对象范围较窄。首先，在诉讼过程中相关法律规定诉讼参与人仅能对控辩双方的询问或讯问的调查行为提出异议，未涉及对其他诉讼参与人言词证据的调查行为提出异议的权利。其次，相关法律亦只赋予了被询问方对询问方发问的内容与方式提出异议的权利，但未明确

---

[1]《人民法院办理刑事案件第一审普通程序法庭调查规程（试行）》第 38 条。

赋予询问方对被询问方的回答提出异议的权利，故其只有对言词证据单向调查的异议权。再次，我国《刑事诉讼法》赋予了法官庭外调查核实证据权，法官可将自身核实的有效证据作为裁决的依据，但法律并未规定该证据的有效性需要经过控辩双方的质证环节加以验证，故而控辩双方无法对该证据提出诉讼异议，因此庭外调查证据实质上也被归为异议范围之外。

其四，对异议的必要事项缺少应有的规定。在我国立法中，对于异议提出的时机、异议的裁决、异议的法律效力、对法官的裁定不服的救济程序等没有做出规定，故而可能会造成法官对异议置之不理或不立即做出裁决，导致对需要排除的证据不予排除，使证据调查形式化、过场化，使异议的提出失去意义与价值。此外，庭审中可能出现引起社会关注的"死磕"现象，即辩护律师不服法庭对证据调查和其他程序问题的决定，就同一问题不断地向法庭提出异议，使庭审不能顺利进行。虽然该现象与律师本身素质有极大关联，但从庭审程序的角度观之，在很大程度上源于庭审规则不完善，如缺乏对庭审决定提出异议的必要授权与规制。因此，为规避"死磕"现象，除了针对深层原因的治本措施之外，也有必要合理地对法庭决定提出异议的异议权进行限制。

此外，实践中还大量存在庭审异议与法律监督混淆的情形。例如，《刑事诉讼法》第 209 条规定："人民检察院发现人民法院审理案件违反法律规定的诉讼程序，有权向人民法院提出纠正意见。"根据法条文义及修法缘由，该法条是为了维护合议庭权威、实现诉讼平等、体现公平公正、保障庭审顺利进行而设立的。法条中所谓的"提出纠正意见"实则为对法院审理案件进行"监督"的一种形式，但是，这种监督系事后监督而非当庭监督，系集体监督而非个人监督，即在庭审中公诉人暂无对法官的诉讼行为进行监督的权利。[1] 但在法条中，却未明确说明该法条的适用范围，与此同时，亦缺乏对法庭决定当庭提出诉讼异议的制度，这些法律漏洞导致在实践中检察机关常常将诉讼异议与法律监督混淆，将一些本应当庭提出的异议留至庭审结束后以法律监督方式提出，或将一些本应在庭审结束后

---

[1] 龙宗智：《刑事庭审人证调查规则的完善》，《当代法学》2018 年第 1 期。

以法律监督方式提出的异议当庭就予以提出，从而影响合理的庭审程序以及有序的法庭审理。

3. 证据开示规则

证据开示制度起源于英国，在 20 世纪上半叶的美国得到继承和发扬，成为证据制度中不可或缺的重要组成部分。证据开示制度是指，在庭审前，控辩双方将各自已知的案件情况以及所取得的证据互相进行公开展示的制度。证据开示制度对于保障控辩双方的知情权、查清案件事实、保障被告人的辩护权、优化诉讼资源配置、预防控辩双方恶意证据突袭、提高诉讼效率等有特别重要的意义。因此，证据开示制度在庭审中起着极为重要的作用。

具体而言，第一，证据开示制度有助于保障交叉询问制度的有效施行。证据开示制度与交叉询问制度有密切的联系。证据开示制度是交叉询问制度顺利实行的重要前提，若无证据开示制度的保障，交叉询问制度的目的将无法实现。同时，交叉询问亦是证据开示的延续，能够进一步体现证据开示的优势。交叉询问制度，在形式上为控辩双方对各自提请的证人进行询问，其询问的内容大多为事先准备好的，而非当庭提出。控辩双方在庭审前均需要结合案件的实际情形，思考并理清思路后，才能有针对性地向对方提请的证人提出关键问题。若控辩双方未事先了解对方在庭审中欲提请的证人及欲出示的证据，庭审中的交叉询问中就很可能出现缺乏目的性、针对性、逻辑性的提问，使交叉询问失去意义，无法发挥应有的作用。

第二，证据开示制度有助于还原案件的真实情况。在案件调查中，控辩双方势必均有能够佐证案件事实的证据，但无论哪一方都不会握得全部的证据，这对还原案件的真实情况是十分不利的。证据开示制度要求控辩双方将自己搜集的证据向对方开示，如此控辩双方就能够获取更多有关案件的证据。控辩双方可针对对方出示的证据是否属实、有无瑕疵、有无漏洞、与案件有无关联、效力何在等疑问展开调查，将调查的结果与各自搜集的证据进行比对，形成逻辑链及证据链，从而还原案件事实。

第三，证据开示制度有助于控辩双方的平等对抗。虽然控辩双方在诉讼过程中的法律地位是完全平等的，且双方均享有相同的诉讼权利，但在实践中，辩方在证据收集方面相对于控方仍处于相对弱势的地位。《刑事诉讼法》第54条规定："人民法院、人民检察院和公安机关有权向有关单位和个人收集、调取证据。有关单位和个人应当如实提供证据。"《刑事诉讼法》第43条规定："辩护律师经证人或其他单位和个人同意，可以向他们收集与本案有关的材料，也可以申请人民检察院、人民法院收集、调取证据，或者申请人民法院通知证人出庭作证。辩护律师经人民检察院或人民法院许可，并且经被害人或者其近亲属、被害人提供的证人同意，可以向他们收集与本案有关的材料。"由以上两条法条可知，控方有权进行直接取证，而辩方则需征得取证单位的同意，或向人民检察院、人民法院提出申请，请其帮助收集与调取证据。可见，控方取证的能力远大于辩方，辩方的取证权并无强力的保障。此外，控方相对于辩方还拥有更多调查取证的资源及平台。以此观之，控辩双方的对抗力量并不均衡，而证据开示制度即可在一定程度上削弱这种不平衡。辩方可在控方开示的控诉证据中发掘对被告人有利的部分作为辩护的依据，从而增强辩护的有效性，进而保障辩方的辩护权。

第四，证据开示制度有助于提高诉讼效率。法院针对案情复杂的案件不可能做到将案件的全部细节一一考证，将案件的所有证据一一审查，否则就会大大延长庭审时间，提高诉讼成本，不利于诉讼效率的提升。证据开示制度使控辩双方在庭审前就能够充分掌握对方搜集的证据，控辩双方能对这些证据进行甄别和筛选，选取重点，迅速明确争议焦点，避免错误指控，消除无谓指控。证据如能够明确佐证事实，控辩双方就无须将精力放在对这些事实的论证上，也无须对此再进行争辩。例如，被告人的不在场证明、被告人具有限制刑事责任能力的事实等，若有直接且有力的证据证明这些事实，控辩双方就不必在庭审时再提出疑问进行论证。因此，证据开示制度能使庭审更为顺利地进行，从而提升诉讼的效率。

证据开示制度对于保障控辩平等对抗，查明案件真实情况，促进司法公正和程序正义具有重要的价值和意义。对此，很多国家立法都明确规定证据开示规则，要求控方必须依法将证据材料向辩方展示，否则该证据材料不得作为定罪量刑的证据。例如，依据《美国联邦刑事诉讼法》的规定，控诉方必须开示的证据有：（1）控诉方掌握的被告人所做的书面或口头陈述；（2）被告人的犯罪记录；（3）控诉方掌握的文件及有形物品；（4）有关被告人身体、精神状况的检查报告。[1]同时，美国法律还规定了不履行证据开示义务的法律后果，即无论辩护方还是控诉方只要没有向对方开示应当开示的证据材料，法官就可以将这些材料排除在外，让其不具有可采性。法庭对违反证据开示程序的行为有以下处理方式：（1）命令当事人进行证据开示；（2）同意延期庭审；（3）禁止未开示的证据在庭上出示；（4）根据情况签署其他适当的命令。"适当命令"主要包括：（1）宣布审判无效；（2）指示陪审团推定本可依未公开的证据证实的事实；（3）以藐视法庭罪对拒不开示某一罪名的当事人定罪；（4）驳回起诉；（5）命令违反开示程序的当事人支付证人出庭费用；（6）对辩护律师予以经济处罚。[2]

英国警察局设有专门的证据展示官员，主要负责与证据展示相关的材料和情况的记录、保全工作，并及时向检察官提交或者向辩护方展示，与普通的侦查员有明确的分工。检察官在案件移送刑事法院之前要将本方全部起诉证据的复印件移送给辩护一方。而不准备在审判中使用的证据其展示过程又分为初次展示和第二次展示。通常初次展示在移送起诉的过程中完成，主要展示检察官认为可能会"削弱"控诉一方指控的证据。而后案件被移送刑事法院，这时辩护方也应当向检察官和法庭提交己方的辩护陈述，它也是辩护方向控诉方展示证据的主要程序，辩护方很好地履行这一程序后则可以要求检察官进行第二次展示。由于初次展示具有主观性，所以检察官往往将大量有利于被告人的证据纳入第二次展示的范围。[3]"控方还必须披露所有对控方证人不利的证据，例如关于警察纪律制裁的听证。警察和检察官对此十分不满，因为他们面临两种选择：或者披露敏感的和保密的材料，或者不得不终止起诉。"[4]因而，相比第一次证据展示的主观选择性，第二次展示通常更加客观和全面，并有更多有利于被控诉方进

---

[1] 参见《美国联邦刑事诉讼法》第 16 条。

[2] 蒋石平：《美国和日本刑事证据开示制度比较研究》，《政法学刊》2004 年第 4 期。

[3] 徐利英：《关于刑事证据开示制度的思考》，《中国刑事法杂志》2013 年第 9 期

[4] 宋英辉、孙长永、刘新魁等：《外国刑事诉讼法》，法律出版社，2006，第 118 页。

行法庭辩护的证据材料。

日本在 2004 年修订《刑事诉讼法》之后，确定了"三阶段证据开示"制度，分为待证事实证据开示、类型证据开示和争议关联证据开示。检察官没有请求法庭进行调查的证据，仍然是在一定条件下有限度地进行开示。待证事实关联证据开示，指的是检察官应在审前准备阶段向辩护方提供待证事实的书面材料。在修订之前仅限于开示控辩双方将要询问的证人、鉴定人、口译人或者笔译人的姓名、住址。但在 2004 年修订之后，控诉方的证据开示范围扩大到上述人员的"陈述笔录"。类型证据开示，指的是符合一定类型条件的，且对判断控诉方请求调查的证据证明力非常重要的证据，应当属于开示范围。争议关联证据的开示，指的是检察官对于依第316 条之 14 及第 316 条第 1 款规定开示的证据以外的证据，也能开示。它的开示要件为与被告根据第 316 条之 17 第 1 款提出的待证事实有事实上或法律上的关联性的、被告提出证据开示主张的、其他因为被告要进行防御准备而有开示必要性的证据。[1]

综上所述，在交叉询问程序中，证据开示规则的实施是控辩双方全面掌握庭审证据以及有效开展平等对抗的重要前提，不仅可以使控辩双方在庭审前掌握对方的证据材料，防止"证据突袭"，而且能够更为快速地确定争议焦点，提高庭审诉讼效率。因此，我国立法在借鉴域外司法经验的基础上，开始逐渐引入和吸收证据开示的规则。

我国在 2012 年和 2018 年《刑事诉讼法》修订中，专门明确了控方向辩方开示证据的程序。《刑事诉讼法》第 40 条规定："辩护律师自人民检察院对案件审查起诉之日起，可以查阅、摘抄、复制本案的案卷材料。其他辩护人经人民法院、人民检察院许可，也可以查阅、摘抄、复制上述材料。"《最高人民法院关于适用〈中华人民共和国刑事诉讼法〉的解释》第 47 条规定："辩护律师可以查阅、摘抄、复制案卷材料。其他辩护人经人民法院许可，也可以查阅、摘抄、复制案卷材料。"显然，《刑事诉讼法》对卷宗全案移送制度的规定，有利于辩护方对证据材料进行查阅、摘抄与复制。同时，2012 年和 2018 年《刑事诉讼法》专门以立法形式明

---

[1] 林慧：《论我国刑事证据开示制度的完善》，浙江工业大学硕士学位论文，2013。

确了辩护方的证据开示义务。

《刑事诉讼法》第 42 条规定："辩护人收集的有关犯罪嫌疑人不在犯罪现场、未达到刑事责任年龄、属于依法不负刑事责任的精神病人的证据，应当及时告知公安机关、人民检察院。"该条款以列举的形式明确了辩护方对控诉方的证据开示义务，符合证据双向开示原则的基本要求。

对于违反证据开示义务的情形，《刑事诉讼法》还专门作出了法律救济的规定。例如，《刑事诉讼法》规定辩护人享有申请调取未开示证据的权利。《刑事诉讼法》第 41 条规定："辩护人认为在侦查、审查起诉期间公安机关、人民检察院收集的证明犯罪嫌疑人、被告人无罪或者罪轻的证据材料未提交的，有权申请人民检察院、人民法院调取。"为避免受证据突袭影响，在庭审中如果出现可能影响公正审判的新证据，控辩双方有权提出延期审理的申请。[1]

此外，2012 年和 2018 年《刑事诉讼法》规定的庭前会议程序也在很大程度上体现了证据开示规则的内容和功效。《刑事诉讼法》第 187 条第2 款规定："在开庭以前，审判人员可以召集公诉人、当事人和辩护人、诉讼代理人，对回避、出庭证人名单、非法证据排除等与审判相关的问题，了解情况，听取意见。"《最高人民法院关于适用〈中华人民共和国刑事诉讼法〉的解释》第 184 条规定："召开庭前会议，审判人员可以就下列问题向控辩双方了解情况，听取意见：（一）是否对案件管辖有异议；（二）是否申请有关人员回避；（三）是否申请调取在侦查、审查起诉期间公安机关、人民检察院收集但未随案移送的证明被告人无罪或者罪轻的证据材料；（四）是否提供新的证据；（五）是否对出庭证人、鉴定人、有专门知识的人的名单有异议；（六）是否申请排除非法证据；（七）是否申请不公开审理；（八）与审判相关的其他问题。"《人民检察院刑事诉讼规则(试行)》第 431 条规定："在庭前会议中，公诉人可以对案件管辖、回避、

---

[1]《刑事诉讼法》第 204 条规定："在法庭审判过程中，遇有下列情形之一，影响审判进行的，可以延期审理：（一）需要通知新的证人到庭，调取新的物证，重新鉴定或者勘验的；（二）检察人员发现提起公诉的案件需要补充侦查，提出建议的；（三）由于申请回避而不能进行审判的。"

出庭证人、鉴定人、有专门知识的人的名单、辩护人提供的无罪证据、非法证据排除、不公开审理、延期审理、适用简易程序、庭审方案等与审判相关的问题提出和交换意见，了解辩护人收集的证据等情况。"可见，庭前会议程序与证据开示规则有诸多的内在关联，特别是对"出庭证人名单、非法证据排除"等的确定，实质上暗合了证据开示规则的基本精神和价值。

由此可见，在证据开示的相关法律规定中，既确立了证据的双向开示原则，也保留了原有的阅卷方式，并确立了审前由法院主持的庭前会议程序。然而，从目前的司法实践来看，证据开示的主体、时间、地点、方式及救济措施等方面仍然存在诸多的不足和缺陷。

其一，在证据开示主体方面，我国立法没有明确指出被告人及自诉案件的自诉人是否具有证据开示的主体资格；其二，在证据开示的方式方面，我国立法没有明确指出行使阅卷权具体的时间和地点，同时证据开示实践主要是以阅卷权为主导进行的，呈现"原子化"和"碎片化"的特征；其三，在证据开示的启动程序方面，我国立法中没有对法定自动开示、强制开示的相关规定，进而导致证据开示的被动和低效；其四，在证据开示的救济措施方面，虽然立法规定了"申请调取证据、决定延期审理"等救济方式，但由于缺乏相应惩戒和约束规则，导致该规则在具体实施中形式化和随意化。概括而言，作为一项新的诉讼制度，证据开示规则在具体的制度设计中仍然存在诸多的不足和缺陷，特别是基本指引原则单一、开示主体不明晰、启动形式不健全、开示范围相对模糊以及救济及制裁措施不配套等问题，在很大程度上影响了该规则在交叉询问程序中的作用和功能的发挥。

4. 传闻证据规则

交叉询问是控辩双方在法庭上进行的相互诘问、对质，也就是说，控辩双方的交锋是在法庭上进行的，这就要求控辩双方传唤的证人必须亲自到庭，否则庭审质证只能是一种控辩双方对证据材料发表意见的书面审理方式。在证据法中，传闻证据规则又称传闻证据排除规则，是英美证据法中最重要的排除法则之一，曾被称为"英美证据法的基石"。所谓传闻证据规则，简言之，即除法律规定情况外，传闻证据不具有可采性。[1]《美国联邦证据规则》第 802 条规定："传闻证据，除本证据规则或其他联邦最高法院根据立法授权或国会立法所确认的规则另有规定外，不得采纳。"[2] 根据以上描述亦可知，除特许规定外，传闻证据不具有可采性。

　　传闻证据规则的确立对于完善诉讼制度、改革审判模式、查明案件事实、实现司法公正、保障人权以及推动相关规则、制度的落实均有很大的益处。具体而言，首先，确立传闻证据规则有助于警察证人出庭作证。警察证人出庭作证问题一直是困扰我国刑事审判方式改革的瓶颈，司法实践中出庭作证者寥寥无几，被告人的质证权难以落实。传闻证据规则，要求所有与案件相关的证人必须在庭审中出庭作证，否则其证言不被采纳，显然该规则在很大程度上为强制侦查办案人员出庭作证提供了制度性保障机制。其次，传闻证据规则有助于查明案件事实的真相，提高诉讼的效率。传闻证据存在虚假陈述的可能，而且传闻证据由他人代述时亦可能产生偏差，其真实性难以得到保证，因而传闻证据不利于在庭审中查明案件事实，并且还会影响案件审理的进程，降低诉讼效率。同时，即使传闻证据具备真实性，其亦仅能呈现案件的片面情况，其中难免存在疑点。由于提供证据的证人不出庭，所以这些疑点无法当庭得到解答。此外，警察或检察官

---

[1] 沈德咏：《变革与借鉴：传闻证据规则引论》，《中国法学》2005 年第 5 期。

[2] 美国传闻证据规则的具体规定主要包括以下几个方面：首先，传闻证据规则适用的阶段。根据美国的证据法理论，传闻证据仅仅适用于审判阶段，对于审前阶段的证据运用，如关于令状的签发是否具有合理根据，则不适用传闻证据规则。《美国联邦刑事诉讼规则》第 4 条（b）项规定，确定有无合理根据可以全部或者部分基于传闻证据。其次，传闻证据的界定。在美国的传闻证据理论中，除非有证据法的规则或者成文法的规定（如《美国联邦刑事诉讼规则》），一般由证据规则确定的传闻证据不得采纳。再次，传闻证据规则适用的证据种类。传闻证据规则适用的范围十分广泛，因为即使实物证据也必须由亲身感知的人以言词形式于法庭提出，传闻证据规则同样影响实物证据的证据资格。最后，传闻证据的排除程序。传闻证据并不自动排除，亦即排除传闻证据不是法官的职责，而必须依靠当事人的主张。如果一项证据是不可采的传闻证据，反对提出该传闻证据的一方负有提出适当的反驳的责任。如果没有关于传闻证据的反驳，则陪审团可以认定传闻证据的证据价值，此种传闻证据具有与合法的证据一样的证明效力。参见【美】迈克尔·H.格莱姆：《联邦证据法》，法律出版社，1999，第 17 页。

在起诉阶段制作的证人的书面笔录亦是传闻证据的一种形式。在制作笔录过程中，方式与程序是否合法亦有待证实。因此，传闻证据的真实性以及合法性均不能得到保障，故而传闻证据规则是杜绝伪证及非法证据的最有效的方式之一。

正是基于上述诉讼价值和现实因素，传闻证据规则的精神和影响开始在我国《刑事诉讼法》以及其司法解释的相关规定中逐渐显现。传闻证据规则的核心要求，就是证人要亲自出庭作证。我国《刑事诉讼法》第192条明确规定了证人应当出庭作证的条件。[1]第61条规定，证人证言必须在法庭上经过公诉人、被害人和被告人、辩护人双方质证并且查实以后，才能作为定案的根据。法庭查明证人有意作伪证或者隐匿罪证，应当依法处理。由这两条规定可以看出，在我国的刑事诉讼中，证人应当出庭且经双方质证，这与英美法系的传闻证据规则的要求是相同的。为了保障证人顺利出庭，《刑事诉讼法》第64、65、192条，对强制证人出庭、证人保护、证人经济补偿等也做了详细的规定。出庭证人物质保障措施的增加，使证人在经济上得到补偿，有助于调动证人积极性；证人人身保护措施的强化，打消了证人对自己以及家人安全的担忧和顾虑，有助于证人对出庭作证的全面投入；证人强制作证措施的规定，则是对实践中证人出庭"难"的客观回应。因此，上述立法不仅在制度规范层面为证人出庭作证提供了保障措施，也为传闻证据规则在我国的设立提供了立法积淀和实践经验。

尽管如此，我国立法体系仍存在结构性逻辑矛盾，如一方面赋予法官在证人出庭问题上太大的自由裁量权，另一方面未对应当出庭作证的证人不出庭情况下其庭前书面证言的使用进行限制。这在实践中造成质证对象的大量缺位，"向谁质"的问题未能得到解决，刑事庭审仍然是一种书面审理方式，质证依旧是一种控辩双方对证据材料发表意见的方式。[2]卷宗

---

[1]《刑事诉讼法》第192条规定，公诉人、当事人或者辩护人、诉讼代理人对证人证言有异议，且该证人证言对案件定罪量刑有重大影响，人民法院认为证人有必要出庭作证的，证人应当出庭作证。人民警察就其执行职务时目击的犯罪情况作为证人出庭作证，适用前款规定。

[2] 韩旭：《刑事庭审质证运行状况实证研究》，《法治研究》2016年第6期。

主义的书面审理模式得不到调整，证人出庭率的提高和庭审实质化的推进就很难实现。任何法律制度都是一项系统性的工程，对其修正和改革不能"头疼医头脚疼医脚"，而应当综合考量各种制度因素并给出一套体系化的整体方案。因而，作为法庭审理的一项重要保障措施，传闻证据排除规则为上述结构性矛盾的化解和制度性隘口的突破提供了更多选择和可能。

5.品格证据规则

美国学者乔恩·华尔兹将质疑证人可信性的理由概括为以下六种：感觉缺陷，证人的品格，证人的精神状态，证人的重罪前科，证人以前的自相矛盾的陈述，证人一方的利益或偏见。[1]在交叉询问过程中，通过攻击和揭示对方证人的不良品格来影响其证言的可信性，这是英美法庭上常见的一种反询问方法。就证据而言，这就是所谓的品格证据规则或排除品格证据规则，即交叉询问中一方当事人提出的关于被告人、被害人、证人等诉讼参与人品格的证据不可采的证据规则。

具体而言，在法庭审判的交叉询问过程中，主要从证人行为的具体实例、意见和名声证据以及重罪前科证据等方面对证人品格以及其证言的可信性进行质疑。

其一，证人行为的具体实例主要是针对证人在未构成犯罪的特定场合的不当行为或特定时间和场所的具体行为而言的，如求职中的撒谎行为等。举出证人行为的具体实例来动摇证人证言的真实性，该方式源于"相似行为规则"。"相似行为规则"是指如果一个人以前曾经以同样的方式实施过某种特别的行为，那么这一次他或她很有可能也是以同样的方式行为的。[2]《美国联邦证据法》第608条第（2）款规定，为了抨击某证人的可信性，可以在对该证人的交叉盘问或者对其他为该证人之诚实与否的品格作证的证人的交叉盘问中，查问有关该证人行为的具体事件。但"相似行为规则"有一定限制规定，即运用这一方式对证人的可信性进行质疑时

---

[1]【美】乔恩·R.华尔兹：《刑事证据大全》，何家弘等译，中国人民公安大学出版社，2004，第164页。

[2] 白静：《刑事审判中运用品格证据质疑证人的可信性》，《黑龙江省政法管理干部学院学报》2007年第1期。

通常要求不得使用外部证据。[1]

其二，使用意见或名声证据来对证人的可信性进行质疑，是指传唤一个对当事人性格熟悉的人作为名声证人就当事人的名声出庭作证。在美国，证人的可信性问题可以由任何一方当事人通过提供意见证据和名声证据来进行抨击或支持，但受以下限制：证据只能涉及证人可信或不可信方面的品行；证明证人可信品行的证据只能在该证人的诚信已受到抨击的情况下才能被采纳。[2]

其三，使用重罪前科证据来对证人的可信度进行质疑。这一方式源于在英美早已废除的古老的英吉利原则，即重罪犯根本不具有在法庭上提供证言的资格，因为重罪犯不值得信赖。英国 1968 年《Firearms Act》第 21 条规定，曾被拘留三年或以上或者等效刑罚的少年犯，任何时候持有枪支或弹药均构成犯罪。《美国联邦证据法》第 609 条对证人重罪前科证据的使用作了更加详细的规定，包括一般规则、时间限制、赦免、撤销或证明恢复名誉的效果、未成年人的裁判和上诉判决等条款。[3]

在我国，由于品格证据概念、范围、种类等理论研究方面的匮乏，导致立法中品格证据规则并未得到有效确立。虽然我国立法条文中散落着一些关于品格证据的规定，[4]然而无论《刑事诉讼法》还是各类司法解释都没有就品格证据规则作出系统规定。并且，我国立法规定的发问规则是"不

---

[1] 所谓外部证据，是指并非来自被询问的证人的回答的证据，如其他证人的证言、其他书证。这涉及"旁系事实规则"，即禁止通过提出证据来对对方证人关于旁系事实的回答加以驳斥的规则。

[2] 白静：《刑事审判中运用品格证据质疑证人的可信性》，《黑龙江省政法管理干部学院学报》2007 年第 1 期。

[3] 《美国联邦刑事诉讼规则和证据规则》，卞建林译，中国政法大学出版社，1996，第 112—114 页。

[4] 如《最高人民法院关于审理未成年人刑事案件的若干规定》第 21 条规定："开庭审理前，控辩双方可以分别就未成年被告人性格特点、家庭情况、社会交往、成长经历以及实施被指控的犯罪前后的表现等情况进行调查，并制作书面材料提交合议庭。必要时，人民法院也可以委托有关社会团体组织就上述情况进行调查或者自行进行调查。"《最高人民法院关于执行〈中华人民共和国刑事诉讼法〉若干问题的解释》第 125 条规定："审判长宣布开庭，传被告人到庭后，应当查明被告人是否曾受到过法律处分及处分的种类、时间等情况。"

得损害证人的人格尊严"。事实上,对不良品格的揭示必然会"损害证人的人格尊严"。在实证调研中,庭审质证中往往出现这样的场景:当辩护方对警察证人的态度或声誉进行质疑时,法庭往往会援引《最高人民法院关于执行〈中华人民共和国刑事诉讼法〉若干问题的解释》第125条的规定,并以"不得进行人身攻击"予以警告。可见,这就使得控辩双方无法通过攻击证人品格达到削弱其证言可信性或降低其证明力的目的。

(三)警察证人庭审质证的制度环境反思

刑事庭审的人证调查本身是一个关系如何更有效发现真实的司法技术问题,然而,这种"技术方法"是在一个特定的"法的空间"中展开的,这个特定空间由影响各诉讼主体地位与操作方式的司法制度以及诉讼结构的相关要素所限定。任何研究者如果只研究司法的技术方法而忽略这个特定的法空间,其研究就将成为不切实际的乌托邦构建或者不着边际的学术空谈。[1] 概括而言,直接影响庭审质证构建的外部制度环境因素主要包括以下几个方面:

一方面,抽象法空间下控辩审"等腰三角"的诉讼构造。所谓"等腰三角"构造,是指法官居中裁判与控辩平等对抗的刑事诉讼基本格局。也就是说,控辩双方构成"等腰三角"的底边,法官则扮演着中立裁判者的角色,他的诉讼地位是超然的、消极的和不偏不倚的。"等腰三角"的诉讼构造,在很大程度上决定了诉讼主体地位、庭审模式以及程序流程等基本框架的设置。其发挥作用的基本机理则在于:其一,平等。即控辩双方在庭审中享有均等的提证、问证、发表陈述和演讲的权利,或者说机会均等。其二,制约审判方。庭审是一个完整的制约机制,不仅包括审判方对诉讼的指挥和控制,还应包括控辩双方对审判方的制约。如控辩任何一方认为法庭裁决有偏见,可以提出重新审判,或在无法有效保证提问或陈述时,有权要求审判方延长审判时间。其三,对抗。控辩双方必须进行有效的对抗,只有这样,才能充分暴露矛盾,从而有利于法官形成确信。对抗不仅意味着相互充分有效辩驳,也意味着相互监督。任何一方对于违反程

---

[1] 龙宗智:《刑事庭审人证调查规则的完善》,《当代法学》2018年第1期。

序的提问和提证都有权提出异议，并申请法官予以制止。在控辩双方有效对抗方面，交叉询问制度是目前公认的最彻底的方式。[1]也就是说，法官居中的控辩平等对抗是交叉询问制度开展的重要前提。相反，如果控辩双方诉讼地位不平等或者法官与控诉方合为一体，不仅会消解"等腰三角"结构，而且会在很大程度上侵蚀庭审交叉询问的制度基础。

另一方面，审判"中心论"与庭审实质化的形成。上述"三角构造"观，是由法空间平面布局视角观察而得。从历时性的程序展开以及由表象到内在的所谓"纵深性"方面观察，则有中心与非中心论、实质化与形式化问题。所谓"庭审中心论"问题，是指在侦查、起诉、审判等刑事诉讼过程中，究竟是以审判为中心，并通过审判评价审前行为，从而对审前程序产生决定性影响，还是分段式展开，不同国家机关分工负责一段程序，各机关形成一种"接力"关系，而审判成为或者在相当程度上成为审前程序国家行为的继受和认可。庭审实质化问题，则涉及审判本身的构造。具体而言是指庭审活动对判决是否具有决定性作用，以及审理案件的合议庭是否能够决定案件处置尤其是重大复杂案件的处置。应当说，无论从制度层面还是就实践展开分析，我国刑事庭审在形成"三角构造"以及发挥审判对诉讼实体与程序的重要影响方面都已经有了长足的进步，然而，制度仍然处于转型的过程中，"等腰三角"的构建，以及"审判中心"庭审实质化的实现，尚属待完成的任务。[2]因此，我国警察出庭作证效果不佳，不仅是因为在立法层面缺乏科学合理的庭审质证形式和质证规则的保障，同时还在很大程度上是由于受到司法体制和诉讼结构"法空间"制度环境因素的影响。

二、我国警检关系模式的检视

所谓警检关系，是指公安机关与检察机关在刑事诉讼活动过程中的权力配置以及相互作用、相互影响的关系结构。就法理而言，刑事诉讼具有控诉、辩护和审判三种基本职能。其中侦查是公诉的准备，亦是追诉活动

[1] 陈卫东：《刑事诉讼法（第三版）》，中国人民大学出版社，2012，第80页。
[2] 龙宗智：《我国刑事庭审中人证调查的几个问题》，《政法论坛》2008年第5期。

之有机组成部分，可将其视为行使控诉职能，故警检机关皆属承担控诉职能的专责机关。对专责机关而言，由于控诉是一个收集证据并运用证据证明案件事实的过程，因而控诉职能行使过程中形成的警检关系与警察出庭作证证明案件事实有着密切关联。[1] 纵观国内外立法规定，警检关系的模式分为两种：大陆法系的警检一体模式和英美法系的警检分离模式。在两种不同模式的影响下，两大法系的警察出庭作证无论在制度设计还是程序规范上都各有不同。

大陆法系国家在侦控结构的设计方面，基本上实行的是警检一体模式，即由检察官主导整个刑事侦查程序，警察在检察官的指挥和领导下从事侦查取证工作。在警检一体模式下，立法一般都明确规定了侦查人员向检察官报告和接受其指挥的义务，以及检察官对侦查人员的指挥、监督和参与权。例如在德国，警察是根据检察官的委托从事侦查活动，必须接受检察官的指挥。《德国刑事诉讼法》第261条规定："检察院可以要求所有的公共机关部门提供情况，并且要么自行，要么通过警察机构部门及官员进行任何种类的侦查。警察机构部门及官员负有接受检察院的请求、委托的义务。"在法国，检察官对司法警察享有广泛的指挥权，在刑事案件的侦办中可以自己侦查或指挥司法警察侦查甚至有权直接动用公共力量。《法国刑事诉讼法》第35条规定："检察长负责监督在上诉法院管辖区内所有刑事法律的实施，为此，每个共和国检察官都应每月向检察长报告自己所管辖区内的刑事犯罪情况。检察长在履行职责时，有权直接动用公共力量。"第38条规定："司法警官和司法警察受检察长指挥和监督。检察长可以要求这些司法警官和警察收集有利于司法审判的任何情况。"第41条规定："共和国检察官自己或使他人采取一切追查违法犯罪的行动。为此，他有权指挥所在法院辖区范围内的司法警官或司法警察的一切活动。共和国检察官有权决定采取拘留的措施。共和国检察官享有法律授予司法警官的一切权力和特权。"第42规定："共和国检察官在行使职权的过程中，有权直接动用公众力量。"第68条规定："共和国检察官到达现场时，司法警官即卸去职责。此时，共和国检察官即负责完成本章所规定

---

[1] 谢波：《从警检关系论警察出庭作证》，《国家检察官学院学报》2015年第2期。

的司法警官的行动。共和国检察官可以指派任何司法警官完成各种行动。"
在日本,《刑事诉讼法》第 193 条规定:"检察官在其管辖区域内对司法
警察职员所进行的侦查可以做出必要的一般性指示和指挥;检察官在自行
侦查的情形下认为必要时可以指挥司法警察职员进行辅助侦查。在这种情
况下,司法警察职员应当服从检察官的指示和指挥。"

　　检警一体模式主张法律赋予检察机关对侦查机关的命令、指挥权,以
预防侦查活动中可能出现的违法侦查、非法取证的问题。该模式不仅有利
于检察机关行使控诉职能和有效提高诉讼效率,而且对于保障实体公正以
及有效追诉和惩罚犯罪具有重要意义。并且,在警察出庭作证方面,由于
立法赋予了检察官对侦查人员的指挥、监督和调度权,因而检察官可以直
接命令侦查人员作为控方证人出庭作证,侦查人员也应当服从检察官的指
挥。因此,在实行警检一体模式的国家,侦诉结构的特殊构造有效消除了
警察出庭作证在制度衔接、人员调度和诉讼配合等方面的难题。

　　在英美法系国家中,之所以专门建立了警察作证制度,在一定程度上
正是出于对检警分离模式缺陷的补救。所谓检警分离模式,即刑事案件的
侦查权和起诉权分别由警察机关和检察机关行使。与大陆法系不同,英美
法系的对抗式诉讼直接来源于弹劾式诉讼,跨越了纠问式诉讼阶段,在刑
事诉讼的近现代化过程中,检察机关的公诉权是从警察机关分离出来的。[1]
由于这种历史传统及刑事诉讼的演化过程,英美法系国家一般检察机关与
警察机关相互独立。在检警关系中,检察机关不具有优势地位,没有指挥
侦查的权力。由于没有纠问式诉讼的传统,其历史一直强调两造平等,诉
方的公权性质不甚明显,只是"英王的律师"或"政府的律师"。作为"律师",
检察机关与警察机关既保持一定的相互独立,又要相互配合。另外,检察
机关与警察机关相互独立也是英美法系国家强调程序公正理念的要求。英
美法系国家法学家认为,实体公正是相对的、不可能实现的,程序公正是

---

[1] 自 19 世纪近代警察制度建立之后,大部分刑事追诉工作由警察担当,当警察面对复杂
案件出现追诉能力不足时,则请求内政部将案件移由财政部法务官追诉。后者对刑事追诉
工作也常力不从心,为了弥补他们的能力不足,设立了"公诉长官"并为他们提供刑事追
诉上的意见。参见陈国庆、石献智:《检察制度起源辨析》,《人民检察》2005 年第 5 期。

绝对的、可以实现的，因此只要求刑事诉讼中两造平等，不过分追求案件真实。因此，英美国家的检察机关与警察机关相互独立，警察行使侦查权，检察官行使公诉权。[1]

另一方面，由于检察机关与警察机关有共同的追诉目标，这又使得检察机关与警察机关在刑事诉讼方面必须进行一定的合作。在英美法系国家，刑事诉讼没有明确的阶段划分，警察机关可以直接进入庭审，侦查伴随审判，这就使得检察官与警察在对抗式庭审中面对共同的被告时必须自觉地结成追诉同盟。特别是检察机关起诉时使用的证据受到质疑时，警察为支持公诉出庭作证就成为必然。例如，在英国，作为证人出庭作证是警察服务于法庭审判的一个主要体现，司法实践中警察经常作为控方证人，接受控诉一方的传唤而出庭作证。在美国，案件侦查终结后，警察机关即向检察机关提交该案的罪行报告。检察官根据警察收集到的证据，判断控诉证据是否达到提起公诉的标准。检察官认为案件证据已经达到起诉标准的，建议大陪审团审查起诉；认为未达到起诉标准的，可以要求警察继续侦查或决定不提起诉讼。在法庭审理阶段，检察官可以要求目睹实施犯罪或了解犯罪情况的警察作为控方证人出庭作证，警方应予以配合。[2]

由此可见，检警关系实质上是一种"自然反馈"，即它以相互交换为特征：检察官依靠警察进行正当的逮捕和提供确切的证据，警察依靠检察官将他们的辛苦侦查转为有罪判决。事实上，不论检警是否存在领导与被领导、指挥与被指挥的关系，其进行诉讼活动皆是为完成国家追诉犯罪之任务，具有诉讼目标上的共同性，由此形成学者所言的"侦诉命运共同体"。[3]相比之下，在我国检警关系中，既缺乏大陆法系国家立法中检察官领导、指挥警察的权威，也没有英美法系国家实践中那种警察为支持公诉服务的驱动力，检警目标存在断裂，命运共同体并未形成。

依据我国的《宪法》《刑事诉讼法》《人民检察院组织法》的规定以及相关的司法解释，我国的检警关系为"在人民检察院依法对刑事诉讼实

[1] 种松志：《检警关系论》，中国人民公安大学出版社，2007。
[2] 宋英辉、吴宏耀：《刑事审判前程序研究》，中国政法大学出版社，2002，第59页。
[3] 谢波：《从警检关系论警察出庭作证》，《国家检察官学院学报》2015年第2期。

行法律监督的基础上，公安机关与人民检察院分工负责、互相配合、互相制约"。其中，所谓检警"分工负责"，即公安机关是侦查职能的主要承担者，负责绝大多数刑事案件的侦查工作；检察机关主要承担控诉职能和法律监督职能。《宪法》第 135 条规定：人民法院、人民检察院和公安机关办理刑事案件，应当分工负责、互相配合、互相制约，以保证准确有效地执行法律。《刑事诉讼法》第 7 条规定，"分工负责"是指对刑事案件的侦查、拘留、执行逮捕、预审，由公安机关负责；检察、批准逮捕、检察机关直接受理的案件的侦查、提起公诉，由人民检察院负责。

所谓检警"互相配合"，是指公安机关与人民检察院在分工负责的基础上互相支持，共同致力于刑事诉讼目标的实现。《刑事诉讼法》第 175 条规定：人民检察院审查案件，可以要求公安机关提供法庭审判所必需的证据材料；认为可能存在本法第 57 条规定的以非法方法收集证据情形的，可以要求其对证据收集的合法性作出说明。相关司法解释则在此基础上做出进一步的细化规定：人民检察院认为犯罪事实不清、证据不足或者遗漏罪行、遗漏同案犯罪嫌疑人等情形，认为需要补充侦查的，应当提出具体的书面意见，连同案卷材料一并退回公安机关补充侦查；人民检察院也可以自行侦查，必要时可以要求公安机关提供协助。

检警"互相制约"，是指公安机关与人民检察院在职能分工的基础上相互约束，防止权力滥用，以确保诉讼程序的合法性。依据《刑事诉讼法》第 92 条规定，公安机关对人民检察院不批准逮捕的决定，认为有错误的时候，可以要求复议，但是必须将被拘留的人立即释放。如果意见不被接受，可以向上一级人民检察院提请复核。上级人民检察院应当立即复核，作出是否变更的决定，通知下级人民检察院和公安机关执行《刑事诉讼法》第 179 条规定。对于公安机关移送起诉的案件，人民检察院决定不起诉的，应当将不起诉决定书送达公安机关。公安机关认为不起诉的决定有错误的时候，可以要求复议，如果意见不被接受，可以向上一级人民检察院提请复核。

当前，我国检警关系对于规范和调整公安机关与检察机关在侦查权与公诉权的行使以及维护刑事诉讼程序的整体运转方面具有一定的作用和价值。然而，从具体的司法运行来看，我国目前的侦检结构还存在诸多的问题和缺陷，如警、检机关在公诉程序中缺乏配合，侦查活动缺乏有效监督和制约，侦查服务公诉的意识淡薄，这不仅降低了刑事追诉权行使的准确性和时效性，而且不利于刑事追诉权的法治化构建。

此外，我国检警关系的现状对于证人出庭作证也造成一定的消极影响。由于我国《刑事诉讼法》对侦查人员出庭作证规定得不明确，导致大量的刑事案件审理过程中侦查人员并不出庭作证。检察官缺乏侦查指挥权，无法直接命令侦查人员，甚至连侦查人员的出庭作证指挥权也没有。在有些刑事案件中，即使检察官认为应当要求侦查人员出庭作证，但是由于缺乏这一项权力，最终对侦查人员不出庭现象也无能为力。由此可见，我国警检关系的结构性错位，是制约警察出庭作证制度发展的重要"瓶颈"。在我国《刑事诉讼法》所预设的侦控结构下，侦查职能和公诉职能分别由侦查机关和检察机关承担，侦查取证和审查起诉程序各自独立，司法实践中检警职能断裂的现象普遍存在。在这种检警关系模式中，既没有检警一体化下公诉引导和指挥侦查的绝对权威，又缺乏英美法系司法实践中那种侦查机关为支持公诉服务的驱动力，检警目标共同性缺失、侦诉职能共同体模糊。实践中，警察既不是检察官的助手也不是"法庭仆人"，这在实证调研的民警访谈中表现得尤为突出。对于作为侦查机关的警方而言，其只负责侦查，案件一旦侦查终结进入起诉阶段，"接力棒"就被交给检察院，此后警检双方就基本没有关联和交集。因而，我国特殊的检警关系和侦控模式，使警察出庭作证深陷结构性矛盾之中，一方面《刑事诉讼法》以及相关的司法解释对警察出庭制度作出了明确规定，另一方面侦控结构的长期错位以及侦检部门在出庭作证制度衔接方面的立法缺失，都使得该制度的推进举步维艰。

三、非法证据排除机制的检视

非法证据排除规则是指在刑事诉讼中，以非法方法取得的证据依法不具有证据能力，不得被采纳为法庭定罪量刑依据的制度。[1] 在该制度中，审判阶段的证据收集合法性调查程序，是非法证据排除程序的核心，而其

---

[1] 陈光中、郭志媛：《非法证据排除规则实施若干问题研究》，《法学杂志》2014 年第 9 期。

中的侦查人员出庭作证又是核心之核心。《刑事诉讼法》第59条规定："现有证据材料不能证明证据收集的合法性的，人民检察院可以提请人民法院通知有关侦查人员或者其他人员出庭说明情况；人民法院可以通知有关侦查人员或者其他人员出庭说明情况。有关侦查人员或者其他人员也可以要求出庭说明情况。"虽然该条款确立了刑事证据合法性调查程序中的侦查办案人员出庭制度，但由于制度本身的立法缺陷以及配置性机制的缺失，从而导致法庭审理中非法证据排除规则的实施效果不佳。

　　首先，在非法证据排除程序中侦查办案人员出庭启动程序方面，《刑事诉讼法》第59条第2款规定了三种启动方式，即检察院提请的通知程序、法院的通知程序、侦查办案人员的要求程序。可见，立法只赋予了检察院、法院和侦查办案人员程序启动权，却唯独剥夺了辩方申请侦查办案人员出庭的权利，这有违控辩双方权利平等原则。控辩双方权利不平等，是我国刑事诉讼长期存在的一个瘤疾。这表现在，一方面，"我国侦查人员的出庭作证几乎都是由检察机关安排的，没有经辩护方单方申请法院传唤侦查人员出庭作证的情况"；另一方面，"尽管越来越多的辩护律师提出了排除非法证据的申请，并申请法庭通知侦查人员出庭作证，或者调取全案同步录像资料，但检察机关对此普遍予以拒绝，法庭对此也无可奈何"。这种在诉讼权利上的不平等，既有传统职权主义诉讼模式的渊源，更由于受到传统专政思维方式的影响。然而，现代司法文明的核心理念是诉讼权利平等。这种现代司法理念不仅体现在《世界人权宣言》第10条"人人完全平等地有权由一个独立而无偏倚的法庭进行公正和公开的审判"，以及《公民权利与政治权利国际公约》第14条第1款"所有的人在法庭和裁判所前一律平等"的规定中，而且已成为世界各国刑事诉讼立法和司法实践所秉承的一项基本原则。当代刑事司法的一个重要特征是，诉讼程序"赋予当事人双方同等权利"。例如，《德国刑事诉讼法》的"手段同等原则"，就要求"对于被告人，在原则上应当如同对刑事追究机关一样予以平等的对待"。

　　基于上述控辩平等之现代司法理念，《严格排除非法证据规定》第27条规定："被告人及其辩护人申请人民法院通知侦查人员或者其他人员出庭，人民法院认为现有证据材料不能证明证据收集的合法性，确有必要通知上述人员出庭作证或者说明情况的，可以通知上述人员出庭。"虽然该规定首次赋予了辩方申请法院通知侦查办案人员出庭作证的程序启动权，对于维护控辩双方的诉讼权利平等具有重要推动意义。然而，令人遗憾的是，该条款却依然沿用了人民法院认为"确有必要通知上述人员出庭作证或者说明情况的，可以通知上述人员出庭"的规定，这是一个令人遗憾的缺陷。既然是"确有必要通知"，合乎逻辑的规定该是人民法院"应当通知"，而不是"可以通知"上述人员出庭作证。也就是说，法官在这个问题上的自由裁量权，应当被一项刚性立法规定取代，这才能切实维护辩方申请排除非法证据的诉讼权利。[1]

其次，在非法证据排除程序的证明体系方面，由于官方自证机制的存在，导致法庭大多偏向侦查办案人员。非法证据排除程序的调查中，法庭认可的证明方式一般包括申请警察及其他证人出庭作证，以及出示侦查机关出具的"情况说明"、调取并出示犯罪嫌疑人的"入所体检表"或医院检查记录、展示同步录音录像、提供被告人的重复供述、申请鉴定人出庭作证等。然而，这些方式与材料基本上处于侦控机关控制范围内。而且侦查阶段律师的介入有限，更不可能像域外某些国家一样，犯罪嫌疑人在被讯问时有律师在场或者有第三方在场，即取证现场缺乏有效监督。更为重要的是，在被告方提出排除非法证据申请后，又是由侦控机关自证取证合法，在这样一种"自证其清"的机制下，侦查办案人员既可以证明自己取证行为的合法性，当然也可以掩饰其行为的不合法性。需要指出的是，这种证明体系的官方偏向也非常强。一方面，无论从制度层面还是实践操作层面看，是否排除非法证据并不影响与非法证据相关联的其他证据的认定，例如"毒树之果"不会被排除，"重复自白"的运用仍然通行无阻。另一方面，目前的立法并未针对非法证据排除设立一个明确的证明标准，《刑事诉讼法》第60条和其审判解释第102条都仅规定"确认或者不能排除"存在非法取证情形的两种决定模式。这种表述方式几乎意味着法官完全可

---

[1] 张保生：《非法证据排除与侦查办案人员出庭作证规则》，《中国刑事法杂志》，2017年第4期。

以自由裁量，国家权力本位的特征不言而喻。[1]

最后，在非法证据排除程序中的侦查办案人员出庭作证内容方面，由于证人豁免权的缺失以及警察自身追诉倾向的影响，导致作证内容形式化。警察出庭作证主要就"证据收集的合法性"，即讯问、勘验、检查、搜查、扣押、羁押等诉讼活动的合法性"出庭作证或者说明情况"。就程序规制维度而言，非法证据排除制度设立和完善后，在很大程度上将侦查阶段的立案受理、讯问、搜查、扣押、侦查实验以及勘验等侦查取证活动纳入法庭审查的范围。事实上，这不仅有效提高了侦查阶段的透明性和可视性，同时还极大加强了对侦查措施的审查和监督力度，即侦查机关须就相关的"程序事实"出庭作证并接受法庭调查。

侦查人员就调查取证合法性的出庭作证，实质上还使得其在客观上处于"程序被告"或"接受审查"的境地，即其侦查取证行为的合法性要经受法庭全面审查和检验。然而，由于证人豁免权的缺失以及警察自身部门利益的驱动，警察证人对上述作证内容具有天然的排斥感和否定性。如上所述，司法实践中，警察出庭作证具有很强的倾向性和公务性，为避免公诉失败和个人利益受损，即使存在非法取证行为或者侦查程序上的瑕疵，也不可能向法庭如实供述。因为如实供述不仅可能使整个部门利益受损，其本人也可能受到行政处罚甚至刑事制裁。这种情况下便形成一个悖论，即证人如实供述义务和不能强迫任何人自证其罪权利的矛盾和冲突：一方面，为了维护实体正义和发现案件真实，证人负有如实作证的义务；另一方面，公民依法享有"不被强迫作不利于自己的证言"的权利，法庭又无法强制警察自我归罪。

由此可见，证人豁免权对于提高警察出庭作证效果具有重要的作用。其不仅能够消除出庭警察对被行政处罚或刑事追诉等不利后果的担忧，鼓励其就上述程序性事实等内容如实作证，同时还能避免警察从其违法行为中获利，这对解决惩罚犯罪和保障人权的矛盾和冲突具有重要意义。然而，由于这一证人豁免权利的缺失，导致实践中警察出庭作证率一直较低，同

---

[1] 左卫民：《"热"与"冷"：非法证据排除规则适用的实证研究》，《法商研究》2015年第 3 期。

时在有限的出庭案例中还大量出现消极作证的情形，即在庭审中，警察证人基于自身利益的考量，面对法庭以及辩护方的问题，一律以"不清楚"或"忘记了"予以回应。在这种情形下，侦查办案人员虽然依程序要求而出席法庭并接受控辩双方质询，但是这种形式意义上的出庭作证显然无法满足庭审实质化的本质需求。

四、程序性制裁机制的检视

证人出庭作证，不仅对于查明案情、核实证据、正确裁判具有重要意义，还涉及程序正义等刑事诉讼基本原则的确立，交叉询问规则、品格证据规则等的有效实施。为了推动证人、侦查人员、鉴定人员等出庭作证，我国立法对证人作证的义务和责任作出了较为系统的规定: 到场作证义务、如实陈述义务[1]、接受质证义务[2] 等。"仅有义务没有后果的立法规定，最终将导致既没有责任又没有后果，无助于改变刑事诉讼证人基本不出庭作证的司法现状。"[3]就法理而言,法律规则的逻辑结构通常由"假定条件—行为模式—法律后果"构成。[4]也就是说，当义务人未能履行其应当履行的义务且没有法律规定的理由时，义务人应当在法律上受到某种制裁，承担法律责任。因而，对于包括警察在内的证人，不仅应在立法层面明确其出庭作证的义务和责任，同时还应强调对无正当理由拒绝出庭行为的处罚

---

[1] 《刑事诉讼法》第 62 条规定，凡是知道案件情况的人，都有作证的义务。证人如实陈述义务的理论基础在于法律行为上的诚信原则，是指证人应当客观、如实地提供证据，不得捏造事实、伪造证据进行诬告。

[2] 最高人民法院、最高人民检察院、公安部、国家安全部、司法部于 2010 年 7 月 1 日颁布实施的《关于办理死刑案件审查判断证据若干问题的规定》第 4 条规定："经当庭出示、辨认、质证等法庭调查程序查证属实的证据，才能作为定罪量刑的依据。"第 15 条规定："经人民法院依法通知不出庭作证的证人的书面证言经质证无法确认的，不能作为定案的根据。"

[3] 王俊民:《证人拒绝出庭作证法律责任与法律后果应并重》，《东方法学》2012 年第 3 期。

[4] 假定条件是法律规则中有关适用该规则的条件和情况的部分，包括适用条件和主体行为条件; 行为模式即法律规则中规定人们如何具体行为之方式的部分，包括可为 (授权) 模式、应为 (义务) 模式和勿为模式; 法律后果是法律规则中规定人们在作出符合或不符合行为模式的要求时应承担相应的结果部分，包括肯定的后果和否定的后果。

和制裁。

概括而言，对于证人出庭作证的强制措施和制裁手段大致可以分为实体制裁和程序制裁两个方面。所谓实体制裁，是指从实体上追究拒不出庭作证人员的法律责任的方式。当前，对不具备正当理由而拒不出庭作证的证人给予严厉惩罚，在世界各国的立法中都有体现。在法国，对于证人未到庭的，法官可以强制其到庭，如果到庭后证人仍拒绝宣誓履行作证义务，法官可以对其再次进行处罚。[1] 在奥地利，证人若不接受对他发出的传票，则在再次传讯时发出将对其处以罚金或拘留的警告。经警告后证人仍无正当理由不出庭的，预审法官对其处以罚金并签发拘票。在紧急情况下，对第一次无正当理由缺席的证人，预审法官可当即发出拘票，拘票费由证人偿付。《日本刑事诉讼法》第 150 条和第 151 条规定，被传唤的证人违反到庭义务，无正当理由拒不到庭的，裁定给以 10 万元以下的罚款，并承担不到庭发生的相关费用；证人受到传唤无正当理由而不到场的，可以判处拒绝到场罪，并给以 10 万元以下的罚金或拘留的惩罚。[2] 由此可见，关于证人出庭作证的强制手段，主要表现为对相关证人采取拘传或由司法警察通过强制手段强制证人到庭。同时证人违反上述规定，将面临罚款、承担相关额外费用、拘留、追究刑事责任等实体法律后果。同时，上述国家在立法中的制裁措施都有一定的适用层次性，即会严格按照证人违反作证义务的比例原则对其予以合理适当的惩罚。

在我国，《刑事诉讼法》第 193 条对此也做出相应规定："证人没有正当理由拒绝出庭或者出庭后拒绝作证的，予以训诫，情节严重的，经院长批准，处以十日以下的拘留。"可见，我国立法针对应当出庭的证人没有正当理由拒不出庭或者出庭后拒绝作证的，规定了训诫与拘留两种实体性处罚措施。但就该规定来看，制裁措施缺乏层次且具体操作不详，难以对证人不出庭的行为进行有效规制。如司法机关在穷尽训诫与拘留两种措施后，证人仍然不愿出庭作证，该如何处置，《刑事诉讼法》并没有加以

---

[1] 【法】贝尔纳·布洛克：《法国刑事诉讼法》，罗结珍译，中国政法大学出版社，2009，第 371 页。

[2] 宋英辉：《日本刑事诉讼法》，中国政法大学出版社，2000，第 120 页。

规定。同时，需要强调的是，上述实体性制裁措施一般均为事后追究，对于案件一般难以形成实质影响，案件的审理与判决并不会因此受到阻碍。相反，程序性制裁则是事中追究，对于正在审理的案件会产生实质影响。因而，在证人拒不出庭的情况下，不仅需要实体性处罚，撤销原判、发回重审、宣告无效等程序性制裁同样不可或缺。

所谓"程序性制裁"，其实是指警察、检察官、法官违反法律程序所要承受的一种程序性法律后果。与那种通过追究办案人员的行政责任、民事责任甚至刑事责任来实施的"实体性制裁"措施不同，程序性制裁是通过宣告无效的方式来追究程序性违法者的法律责任的。在大陆法系国家的刑事诉讼制度中，这种宣告无效也就是通常所说的"诉讼行为无效制度"，也就是法院按照特定的程序宣告那些违反法律程序的诉讼行为不具有法律效力，并撤销其所产生的直接法律后果。而在英美法系中，最典型的"程序性制裁"莫过于排除非法证据、撤销违反法律程序的起诉以及撤销下级法院的违法裁判等三种宣告无效措施。因为它们意味着法院可以分别宣告警察违反所得的证据无效、检察官违法所作的起诉无效、法院违法所作的裁判结论无效。[1] 在出庭作证的制度规范方面，《刑事诉讼法》规定："公诉人、当事人或者辩护人、诉讼代理人对鉴定意见有异议，人民法院认为鉴定人有必要出庭的，鉴定人应当出庭作证。经人民法院通知，鉴定人拒不出庭作证的，鉴定意见不得作为定案的根据。"由此可见，立法对鉴定人规定了严格的程序性制裁措施——证据无效，显然这在证据制度构建中是一种突破和创新。

然而，遗憾的是，对于普通证人和警察证人，却只规定了出庭义务，并未规定相应的不利程序后果，也就是说，对于鉴定人不出庭的后果规定得较为完善，但对于不出庭的普通证人以及警察证人却并没有程序性制裁，因而其更接近宣誓或倡议性的"软法"。事实上，相比实体性制裁，程序性制裁往往会给警察证人带来更多的震慑和制约。程序性制裁所带来的追究责任方式是"宣告无效"，即法院以权威的方式宣告那些拒不出庭证人的证言失去法律效力，也不再产生预期的法律效果。对于与案件结局存在

---

[1] 陈瑞华：《程序性制裁理论》，中国法制出版社，2004，第161页。

直接利害关系的警察、检察官而言，"宣告无效"的制裁方式带有"剥夺违法者违法所得的利益"之性质。因为无论撤销原判还是宣告无效，所针对的都是警察证言本身，这种制裁所带来的是起诉被严重削弱，并使得他们所意图追求的诉讼目的和利益得不到实现，从而对于控诉方的诉讼利益产生不同程度的阻碍。可见，警察出庭作证的制裁措施不仅对强制出庭作证制度的构建具有重要作用，同时还关涉庭审实质化的推进以及直接言词等诉讼原则的确立。因而，在破解警察出庭作证"难"的路径中，对拒不出庭作证行为的实体处罚和程序制裁应是未来立法构建中不可忽视的关键环节和重要措施。

第三章 从侦查到庭审：警察出庭作证能力的精进

警察出庭作证作为 2012 年《刑事诉讼法》的一项新制度，将警察与控辩双方以及案件的裁判结果联系得更为紧密。然而，由于警察出庭意识的欠缺以及对作证流程的陌生和对庭审规则的不熟悉，导致实践中警察出庭的数量较少以及作证效果不佳。为此，本章从出庭意识之转变、作证规则之熟稔、应答策略之提升、庭审举止之有度四个方面出发，对警察出庭作证的能力结构和能力要求进行深入研究和全面探讨。

第一节 出庭意识之转变

警察出庭作证作为 2012 年《刑事诉讼法》修改的一大亮点，将警察与控辩双方以及案件的裁判结果联系得更为紧密，并使警察和法庭审理不再"绝缘"。然而，实践中，由于警察对现代刑事诉讼制度存在认识上的误区，认为案件侦破就意味着侦查工作结束，而没有形成整体的诉讼观念和出庭作证的程序意识。此外，受传统"官本位"特权思想影响，警察一直都以社会管理者和秩序维护者自居，致使其很难适应由过去的讯问者变成庭审中的被询问者的角色转变。因而，自警察出庭作证制度实施以来，警察在实践中普遍存有畏难情绪和抵触心理，造成警察实际出庭作证的数量较少[1]、出庭作证的效果不佳等问题。

鉴于此，转变思想观念，树立出庭作证意识，已成为当前贯彻落实警察出庭作证制度的关键。对此，本书认为应当引导警察加深对出庭作证制度的客观认识，引导他们站在法律角度理性看待这一改变。从表面上看，出庭作证会给警察工作带来一定的挑战，但实质上这又给了警察一次固定证据成果、提高诉讼效率以及展示公安形象的难得机遇。具体而言，首先，警察出庭作证有利于固定证据成果。法庭审理中，被追诉人为逃避法律制裁，往往会以侦查机关非法取证为借口当庭推翻其在侦查阶段的如实供述。考虑到侦查讯问活动具有相对的秘密性和封闭性，外人是无法知悉并说明情况的，因而，如果警察不出庭作证，证据会因无法得到有效证明而被排除在诉讼程序之外。相反，如果警察以证人身份出庭与辩方对质，不仅能够戳穿对方谎言，澄清取证合法性，而且还有利于帮助法官排除合理怀疑，巩固证据成果。

其次，警察出庭作证有利于提高诉讼效率。依据现代刑事诉讼结构理念，公诉人在法庭上承担着指控犯罪事实和支持公诉的任务。然而，在公安机关移送审查起诉的刑事案件中，由于公诉机关并没有亲身参与案件的侦查讯问和证据的搜查调取，当辩护方在庭审中对公诉人提出证据质疑时，其很难做出全面、准确的解释和说明。这种情况下，不仅可能造成庭审程序的诉讼拖延，[2]而且还可能导致控方的证据作为非法证据而被排除。相反，

---

[1] 以北京为例，2013年上半年全市各级法院共受理刑事案件10958件，结案9692件。在审理刑事案件过程中，1至6月全市法院共审理涉及侦查人员出庭的案件65件93人次，约占受案比例的0.6%，整体数量居于低位。其中，由检察机关提请法院通知侦查人员出庭的共计37起52人次，由被告人及其辩护人提出申请并经法院同意后通知侦查人员出庭的共计28件41人次。参见柴艳茹：《侦查人员出庭说明情况调查》，《国家检察官学院学报》2013年第11期。

[2] 参见《刑事诉讼法》第196条："法庭审理过程中，合议庭对证据有疑问的，可以宣布休庭，对证据进行调查核实。"可见，在公诉人对案件证据无法进行有效解释和说明的情况下，可能会导致案件休庭审理，重新调取新的证据，显然这不仅会造成诉讼的拖延，而且还极大地浪费了司法资源。

由于追诉证据通常都是由侦查机关通过调查取证活动取得的，警察出庭作证能够直接对这些问题和质疑予以回击或澄清，从而更有效地推进庭审进程和提高诉讼效率。

此外，警察出庭作证还有利于提高警察的形象。随着《刑事诉讼法》的实施，警察出庭作证由过去的偶尔为之变成一种常态化机制。实践中，如果遇到法定情况，警察仍不出庭作证而沿用书面说明材料的方式，必将严重影响警察的形象。试想，在公开审判的法庭上，出现公安机关的说明而非法律要求的警察证人出庭作证，这很容易给当事人、旁听群众乃至社会公众留下一种不良印象，即在司法裁判面前警察还在显示其"法律特权"。西方法谚有云："正义不仅要实现，而且要以看得见的形式实现。"警察出庭作证不但使司法以看得见的方式实现公正、增强公信力，更使警察从封闭、秘密的侦查阶段走向公开的法庭，在公众面前树立起依法、高效、文明执法的现代警察形象。[1]

第二节 作证规则之熟稔

证人凡是出庭作证，都需要对庭审中的作证流程有所了解，以便顺利完成作证任务。警察证人亦是如此，在出庭作证前需要了解案件适用的是普通刑事诉讼程序，还是简易程序；证人是在哪个阶段什么时候出庭作证；出庭后如何作证；谁有权向其提问，以及如何回答；是仅就所了解的事实客观陈述，还是可以加以个人的猜测、评论；作证前是否可以在法庭旁听；如果作了伪证会有什么后果；等等。[2] 然而，由于警察出庭作证机制实施的时间不长以及缺乏相应的培训和锻炼，使得警察对出庭作证的相关法律理解不足、把握不全。因而，为提高出庭作证的质量和效果，警察有必要从以下几个方面掌握出庭作证的具体流程：

---

[1] 李玉华：《警察出庭作证指南》，中国人民公安大学出版社，2014，第 4 页。

[2] 李玉华：《警察出庭作证指南》，中国人民公安大学出版社，2014，第 20 页。

其一，关于出庭作证义务的履行。依据《刑事诉讼法》第 192 条第 2 款的规定，警察负有出庭作证的义务。具体而言，作为一项法定义务，其主要包括两个方面：一方面是"出庭"的义务，即警察证人必须亲自到庭以言辞的方式陈述案件事实、说明执法情况以及接受控辩审三方的交叉询问；另一方面是"作证"的义务，即警察出庭作证时必须实事求是，如实陈述自己所经历的案件情况，不能编造事实、虚假陈述。同时，"作证"的义务还要求警察证人积极配合法庭的交叉询问，不能消极应对、无故拒绝回答对方问题。庭审中，警察证人如果对某些敏感或棘手问题沉默不语或者仅仅因被告人曾是其讯问对象而不予回答，不仅有违法定的"作证"义务，而且还可能会给法庭留下一种心里没底或者藐视法庭的不良印象。因而，即使在这种情况下，警察证人也必须及时给出"不知道"或"不清楚"的果断回答。从表面上看，这种回答并没有给出实质的答案信息，但这种庭审中的"作为"不仅履行了"作证"义务，而且充分体现了警察诚实的良好作风。

其二，对于作证规则的掌握。证人出庭作证作为法庭审理中的一项重要内容，在漫长的庭审历史中形成一套独有的程序规则。具体而言，为了更好地履行作证义务和有效地提高庭审效果，警察出庭作证应当重点掌握以下几项作证规则，

第一，陈述规则。概况而言，陈述规则要求警察证人在庭审中"知道什么答什么，不推测，不评论；问什么答什么，不解释，不扩张"。证人作证的法源基础就是证人对案件事实的亲身经历，即证人通过自己的触觉、嗅觉、听觉以及视觉等感官系统感知到案件事实的客观存在。这就要求证人不能靠推断、靠想象、靠评论来作证，必须以自己的切身经历为基础在法庭上进行客观陈述。因为，从法理上来讲，判断、推测、评论性的语言既不能作为定案依据，还违反了证人如实作证的法定义务。

此外，在证人作证规则的要求下，出庭警察在庭审中的语言还应当言简意赅、清晰明了，即"问什么答什么，不解释，不扩张"。具体而言，警察证人只对法庭上的提问进行针对性的回答，不要作过多解释，更不能对问题进行扩展。实践证明，法庭审判有其规律，警察证人应当积极寻找规律、掌握技巧，问什么答什么，并多用"是"或"不是"这类词语，要

避免对问题进行扩展或说明，因为这种做法很容易导致越解释越不清楚、越解释越混乱的局面。古人云"言多必失"，警察出庭作证同样如此，其证言中任何一个不经意的疏漏都可能成为辩护律师攻击的把柄。

第二，证人旁听回避规则。依据最高人民法院《关于执行〈中华人民共和国刑事诉讼法〉若干问题的解释》第149条明确规定："证人、鉴定人经控辩双方发问或者审判人员询问后，审判长应当告其退庭。证人、鉴定人不得旁听对本案的审理。"证人不得旁听案件审理，目的主要在于保障证人证言的客观真实性，避免证人受到控辩双方所列举"事实"的影响或控辩逻辑的束缚和诱导，而改变或裁剪自己的证言。依据心理学和法理学的相关理论，证人证言带有一定的主观性，极易受到外界信息的干扰和影响。实践中，证人如果旁听庭审和了解案情之后，就可能在内心对公诉人的指控理由、辩护人的辩护以及被告人的行为进行是与非的评判，进而不自觉地改变自己的证言。因而，为保障证人证言的可靠性和公信度，除了其在庭审中出庭作证期间，出庭警察不能进入法庭，而只能在人民法院安排的证人等候区等待通知。

第三，证人保护规则。实践中，参与办案的侦查人员及警察作为证人出庭作证，特别是揭露被告人的罪行，通常会给警察以后的职务活动带来诸多不便，甚至其本人及近亲属的人身安全都会遭到威胁，特别是在采用诱惑侦查等秘密侦查手段的案件中，参与案件办理的警察出庭作证，会遭遇更大的压力和危险。[1]因而，法律在设置警察强制出庭义务的同时，也考虑到警察权利的保障问题以及履行出庭作证义务的例外规定。其中，《刑事诉讼法》第154条规定："依照本节规定，采取侦查措施收集的材料在刑事诉讼中可以作为证据使用。如果使用该证据可能危及有关人员的人身安全，或者可能产生其他严重后果的，应当采取不暴露有关人员身份、技术方法等保护措施，必要的时候，可以由审判人员在庭外对证据进行核实。"另外，为实现权利和义务的平衡和统一，增强警察出庭作证的积极性，立法要求用人单位应当有效解决警察证人因出庭作证而支付的交通、住宿、就餐等必要费用，同时，不能以出庭作证耽误本职工作为由，克扣或变相

---

[1] 汪建成：《理想与现实——刑事证据理论的新探索》，北京大学出版社，2006，第182页。

克扣其工资、奖金或者其他福利待遇。

其三，对于法庭位置的知悉。在诉讼格局上，刑事审判采取的是控辩对抗、审判中立的三方格局。但在法庭布置上，刑事法庭采取的是四方格局，即被告人面向审判席，辩护人和公诉人分别位于审判席的左右两侧。对于警察证人在法庭上的具体位置，要视警察出庭作证由控辩哪一方申请而定。具体而言，如果警察出庭作证系由公诉机关申请，则出庭警察系控方证人，其在法庭中的席位位于被告人与公诉人之间，即审判区内审判席的右前方；如果警察出庭作证系由辩护方申请，则出庭警察为辩方证人，其在法庭中的席位位于被告人与辩护人之间，即审判区内审判席的左前方。但无论位于审判席的右前方还是左前方，其均面向法庭，并确保审判人员、公诉人、辩护人以及被告人可与其实现目光以及语言交流。[1]

其四，对于问答方式的了解。在现代庭审活动中，对证人的调查有两种基本的方式和机制：一种是审问方式，即由审判法官直接询问；另一种是交叉询问制，即由诉讼当事人（含检察官）从相对的角度对原始人证进行调查。[2]我国《刑事诉讼法》确立了由控辩双方举证的庭审方式，并适度引入对原始人证进行交叉询问的程序规则。据此，警察出庭作证的主要方式是接受询问，即一问一答的问答方式。实践中，这种问答方式的意义是能够及时发现不适当、不合法的提问并提出异议，同时还有利于问题的相对集中，可提高证人证言与案件的关联度。

一般而言，对警察证人具体询问的顺序和方式由审判长决定。通常，在告知警察证人权利义务后，审判长会指示申请方先行发问，即法理上所称的主询问。主询问通常采用开放式问题，即通过是什么、为什么、什么时候、什么地点、什么方式的提问，给回答者方向明确的提示，以证明本方的诉讼主张。

主询问结束后，对方经审判长许可，可以针对警察证人在主询问时陈述的内容或与此相关的事项对该证人进行反询问。反询问的主要目的是揭示警察证人可能存在的证词矛盾、错误或不实之处，以降低其证据的价值，

---

[1] 李玉华：《警察出庭作证指南》，中国人民公安大学出版社，2014，第71—72页。

[2] 龙宗智：《论我国刑事审判中的交叉询问制度》，《中国法学》2000年第4期。

或者使警察证人承认某些有利于其本方的事实。

此外，反询问结束后，举证方可再次询问，让警察证人对其在反询问时回答的问题进行解释和补充，以维护和恢复主询问时证词的证明能力，抵消反询问的不利影响。同时，再主询问结束后，对方当事人可以针对警察证人在再主询问时陈述的事项进行再反询问，而且对于其他事项，经法庭酌定许可，也可以进行询问。[1]

由此可见，庭审询问的一般轮替顺序为主询问—反询问—再主询问—再反询问。同时，鉴于我国的法律传统和职权主义诉讼模式的长期影响，审判人员还有权进行一定的补充询问，即如果认为还有一些关于定罪量刑的关键问题需要向警察证人核实，审判人员可以继续向警察发问。另外，为避免控辩一方恶意利用询问规则不当干扰案件事实的查明或有意回避对方提问，在经过一轮或几轮交叉询问后，只能由审判长在认为需要询问的问题已经查明的情况下宣布结束询问，而不得由控辩一方宣布询问结束。

第三节 应答策略之提升

警察出庭作证，除了应转变出庭观念和熟悉作证流程外，还应特别注重辩论技巧和应答策略的提升。如上文所述，警察证人出庭作证的主要方式就是接受询问，即一问一答的问答方式。并且，这种庭审规则决定了警察证人要在庭审中面对来自控辩审三方的交叉询问。因而，警察证人应答能力的高低便成为影响出庭作证效果，甚至决定最终追诉成败的关键所在。具体而言，要想切实提高出庭作证的能力，警察应重点关注以下几个方面能力的培训和锻炼。

---

[1] 龙宗智：《论我国刑事审判中的交叉询问制度》，《中国法学》2000 年第 4 期。

一、应答节奏的把握

实践中，庭审过程中采用较多的提问方法还包括递进式发问（地毯式发问），这种提问通常环环相扣、层层设卡，对被提问人进行暴风骤雨般的轮番轰炸，使其应接不暇，没有一丝思考问题的机会。对于这种递进式的发问方式，警察证人不应盲目跟随而失去了自己的应答节奏，相反，应当步步为营、沉着应对，在回答问题之前要作短暂的思考，以此来理清思路、组织语言。如果遇到非常棘手的问题，确需更长的时间来回忆和思考，可以礼貌地请求提问者复述刚才的问题，或表示自己对该问题不甚了解，请对方稍作解释或说明，以便为自己赢得思考时间。这种对交叉询问细节的把握，能够帮助警察证人合理利用庭审规则，恰当掌握出庭作证的节奏，是一种破解地毯式发问方式的有效策略。[1]

二、异议规则的运用

所谓异议规则，是指在交叉询问过程中针对当事人违反交叉询问规则的发问提出反对，法官当即裁定该反对是否有效的规则。实践中，异议规则对于规范交叉询问、提高庭审效率以及帮助警察证人化解对方无理询问或预设陷阱都有重要意义。因而，在出庭作证前，警察证人应当充分了解和掌握异议规则的法定条件和适用范围。具体而言，在发问人的提问内容涉及以下几项内容时，警察证人有权提出异议规则。

第一，具有诱导性的提问。所谓诱导性询问，是指将问题的答案嵌入提问或指示被提问人如何作答的一种询问方式，即利用提问来形成预设"陷阱"，其作用在于诱使证人说出有利于问话人一方的情况，或者使人们对不利于问话方的控证的真实性产生怀疑，或者使人们对证人的可信性产生怀疑。通常，诱导性询问一般含有答案，被询问者只需回答"是"或者"不是"，或者被询问者选择回答问题本身就意味着对某个暗含假定事实的承认。[2]例如，在一起家庭虐待罪的法庭审理中，控方问被告人："是否已经停止

---

[1] 姬艳涛：《关于警察出庭作证的几个问题探讨》，《浙江警察学院学报》2015年第1期。
[2] 张建伟：《关于刑事庭审中诱导性询问和证据证明力问题的一点思考》，《法学》1999年第11期。

殴打你的父亲？"这就是一个典型的诱导性询问，即如果被告人回答"是"，那就说明被告人过去打过父亲；如果被告人回答"否"，那就说明被告人现在还在打父亲。再比如，在一起伤害案中，辩护律师问被告人："案发之前，你是否还给了受害者那笔钱？"这是一个典型的希望被告人承认暗含事实的诱导性询问。通过运用含蓄动词"还钱"，使被告人无论回答"还"或者"没还"，都至少含有提问者所期待的预设"被告人曾经借过钱"。[1]诱导性询问是庭审询问中常见的一种询问方式，但我国最高人民法院的司法解释中明确规定了不得以诱导方式提问的规则。因而，出庭警察应当对这种提问方式时刻保持警惕，避免做出"是"或"不是"这样的直接回答，而应当拒绝回答并立即向审判人员提出异议。

第二，复合式及其他混乱性问题。为了保证警察证人清楚和完整地回答问题，控辩律师询问时必须保持问题的简洁和清晰。在问答式询问中，应采用单一式问答，即以一个问题询问一个事项为准，不得提出那些可能使证人迷惑与误解或者缺乏逻辑前提可能造成逻辑混乱的问题。[2]然而，在我国目前的庭审询问中，提问人往往采用一个非常笼统或明显违反逻辑要求的问题让证人对案件事实进行漫无边际的陈述，这是一种极不科学的发问方式，同时也违反了交叉询问规则。例如，辩护人问警察证人："你是不是第一个到达现场，然后又看到被告人持刀捅刺？"这就是一个复合型的问题，警察证人对此应有所注意。再比如，"如果当时你能够及时察觉，你会不会及时制止？"这是一个明显缺乏逻辑前提的提问，警察证人应当拒绝回答并向法庭提出异议。

第三，违反关联规则。我国《刑事诉讼法》第194条规定："公诉人、当事人和辩护人、诉讼代理人经审判长许可，可对证人、鉴定人发问。审判长认为发问的内容与案件无关的时候，应当制止。"可见，该条款明确了我国庭审询问中各提问方的问题应与案件具有关联性，这是因为法庭询问是为了发现案件真实，如果允许对与案件无关的问题进行任意发问，则

---

[1] 董敏：《庭审语境中诱导性询问的语用预设分析》，《广东外语外贸大学学报》2008年第4期。

[2] 龙宗智：《论我国刑事审判中的交叉询问制度》，《中国法学》2000年第4期。

不利于问题的集中和案件争点的解决，同时也会干扰裁判者的视线，影响诉讼进程，造成诉讼效率低下。例如，在侦查人员到庭说明情况的庭审中，辩护人问出庭警察"你家庭的经济状况怎么样"或"你上司对你的平时工作是否满意"等等，诸如此类提问都违反了关联性规则，对此，警察证人应当及时甄别并向法庭提出异议和反对。

此外，警察出庭作证如果涉及以下问题，不能当庭进行解答，而应当立即向法庭提出异议：一是争议的实体内容涉及国家秘密，依法应当保密的；二是涉及技术侦查、隐匿身份侦查等，基于侦查工作需要保密的；三是为确保侦查人员人身安全和日后侦查工作顺利开展，需要采取必要保护措施的；四是其他需要保密或采取保护措施的。

三、迂回应答的使用

法庭审判既是一个查明案件事实，准确适用法律的司法过程，也是一个智慧角力、辩论争锋的竞技舞台。因而，为了获得最终的胜诉判决，大量的兵法谋略和逻辑推理知识被陆续引入法庭辩论和对证人的交叉询问。司法实践中，两难推理发问就是典型。通常，两难推理发问是指由两个假言判断和一个两难的选言判断作为前提而构成的提问方式。具体而言，提问者通常会设计一个让对方有两种选择的问句，而对方无论如何选择其结果都是不利的，从而使其陷入左右为难、进退维谷的两难境地。[1]庭审中，很多辩护律师都会使用两难的发问方法，使得警察证人无论如何回答都会陷入其预设的"陷阱"，从而获得有利于本方的证言证词。[2]针对这种刁钻、狡黠的提问方式，建议运用迂回应答、委婉说明的策略，即暂且不与辩护律师正面交锋，避开对问题的直接回应，先列举证明自己观点的证据材料和相关的法律依据，然后话锋一转，提出自己的观点而否定对方的结论。

---

[1] 张慧丽：《公诉人出庭辩论技巧探讨》，《中国检察官》2011 年第 11 期。

[2] 例如，在现场抓获女犯罪嫌疑人的案件中，辩护律师提出的"现场抓捕后是否进行了有效的人身检查"，就是一个典型的两难发问。如果警察证人回答现场对其进行了人身检查，辩护人可能就是否由女性工作人员进行检查等连续发问；如果警察证人回答没有进行有效的人身检查，辩护人又会提出为什么没有按照程序规定进行人身检查等问题。

此外，辩护律师在发现证言证词存在纰漏或矛盾后，还会通过先入为主式的发问，让警察证人对此进行确认，以此提出质疑并达到放大证言瑕疵、削弱证据效力的效果。这种发问方式的特点就是具有很强的攻击性，即在锁定证人证言的漏洞之后，旋即用"清楚吗"或"是吗"等问语让其予以明确。例如，"这种侦查取证行为不符合程序规定，你清楚吗"，对于这种问题，一般人肯定回答"清楚"或"不清楚"，然而无论哪种回答都等于默认了自己的侦查取证行为不合法。[1] 可见，发问者在交叉询问环节一开始便占据主导地位，并对警察证人处处设卡、步步紧逼，最终使其陷入预设"陷阱"。面对这种情势，出庭警察应当冷静观察、周密分析、理性作答，既可以采取委婉说明式的迂回应答，对侦查取证中的"失误"进行说明解释，以达到消除证据"瑕疵"和恢复证据效力的作用，也可以采取借势应答、借力打力的回应策略，指出对方同样存在违法取证甚至指使证人作伪证的不法行径，将战火引入对方阵地。[2]

四、语言技巧的掌握

与我们日常的讲话、交谈不同，法庭语言是一种目的性的语言，每一句话都具有较强的针对性，这就对出庭人员的语言表达提出了更高的要求。具体而言，警察在出庭作证时口语的使用要规范，法言法语的运用要准确。首先，语言规范是证人证言的基本要求，警察证人出庭作证的语言必须清晰明了、简明易懂，并尽量避免引起误解或歧义。例如，老百姓说"杀人了"，这句话的意思其实未必是故意杀人，可能是故意伤害，可能是抢劫，甚至可能只是一般的治安案件，否则，有人说"杀人了"就认定为故意杀人，这恐怕也不是证人的本意。[3] 因而，警察在出庭作证时要尽量做到语言的规范，这样不仅体现出警察的精明、干脆、利落，还有利于增强警察证词的力度。

---

[1] 李玉华：《警察出庭作证指南》，中国人民公安大学出版社，2005。

[2] 姬艳涛：《关于警察出庭作证的几个问题探讨》，《浙江警察学院学报》2015 年第 1 期。

[3] 李东翥：《法庭辩论技巧与应变》，《法制与社会》2012 年第 11 期。

其次，法言法语的运用要准确。一般而言，在庭审询问中，凡是有法言法语可用的，警察证人都应尽量使用法言法语。由于警察具有国家公职人员和执法人员的双重身份，这就决定了社会对警察的法律素养有更高的期待和要求。因而，为了充分展现警察形象以及切实提高作证效果，警察证人在使用法言法语时要做到准确无误，避免错误和歧义。例如，在法庭审理中，公诉人对被告人说："今天的法庭调查是给你一次机会，你必须如实地交代自己的犯罪事实，听清楚了吧？"该例中公诉人在刚开庭时就让被告人"如实地交代自己的犯罪事实"，也就是说在庭审开始之际就确定了被告是"有罪的"，这显然违背了《刑事诉讼法》中的无罪推定原则。另外，实践中，警察常用错的法言法语还包括：把"拘留、逮捕"说成"抓捕"，把"犯罪嫌疑人"说成"人犯"，把"紧急避险"说成"紧急避难"，把"宣判无罪"说成"不给被告人刑事处分"，把"起诉"说成"诉讼"，把"自首"说成"坦白"，把"无罪释放"说成"免除刑罚"，把"被辨认人"说成"犯罪嫌疑人"，等等。[1] 准确性是证人证言的生命力所在。警察使用的言辞不准确，不仅有损人民警察的威信，而且还会直接影响警察证言的可靠度和权威性。对此，出庭警察应当去粗取精，不断提高自身的法律素养和语言修为。

第四节 庭审举止之有度

警察既是国家公职人员又是具体执法人员，这就决定了其在法庭上的言行举止代表广大的公安形象，其对法庭审理的尊重就代表公安机关对法律的尊重。因而，无论在法庭审理中遇到什么情况，出庭警察都应保持语调平缓、情绪稳定、举止得当，避免掺杂个人感情因素以及显露犯罪追究倾向。

---

[1] 李梦：《法官庭审语言之评析》，《河南省政法管理干部学院学报》2007 年第 5 期。

首先，出庭警察应当注意对语调、语速的控制。在日常交际中，表达情感和态度的方式包括语调和语速，同样一个句子，用不同的语调和语速，表达的情感和态度会有所不同。[1]警察出庭作证直接关系对非法证据的排除以及对案件事实的查明，这就要求警察证人不能带有个人情绪和感情倾向，语言要保持中立性，陈述过程中要以平直调为主，语速要适中。如果警察证人在讲话时语调忽高忽低，语速忽快忽慢，就可能使受众感受到作证之外的好恶，进而影响证言的公正性和证明力。

其次，警察证人应注意对个人情绪的把握。法庭审理中，辩护律师为了实现诉讼目的，经常会利用预期"陷阱"或发问策略来激起警察情绪。例如，辩护律师会就同一问题对警察证人进行连续两次或多次提问。司法实践中，这种重复提问的方式，不仅能够扰乱证人心智，打破防御壁垒，暴露多次供述之间的相互矛盾，而且还有助于提醒法庭注意有利于本方的相关供述，在渲染庭审氛围的方面占据主导。警察证人在面对对方这种死缠烂打式的重复提问时，首先要保持冷静，即不要被辩护人的问题误导，同时也不能因发现陷入对方预设的"圈套"而情绪失控，恶语相向，粗俗谩骂，甚至扬言打击报复。这种不理智的回应，既影响出庭作证的实际效果，又有损警察的形象。因而，出庭警察必须时刻保持清醒的头脑和稳定的情绪，及时识破对方的诡计和目的，以"刚才这个问题我已经回答过了"或者"这个问题与本案无关，我拒绝回答"来应对。

最后，应注意对肢体语言的运用。肢体语言又称态势语言，是指人际沟通中非符号的无声信息，具体包括手势、眼神、站姿、坐姿、步态以及肩部、头部等的动作。有研究者称，一句话的影响力，有17%来自所说的内容，有28%来自语音、语调等声音表达的方式，有55%来自说话者的动作、眼神等态势语言。[2]可见，警察出庭作证时的举止和神态都会在不经意间透露一些情绪波动、个人好恶等内心活动信息。例如，被询问人如果将脚踝互锁，从生理学上讲，这是神经系统在遇到威胁时的一种自然反应，而

---

[1] 研究表明，用升调表示兴奋、高兴，用降调表示平静，用曲调表示讽刺、不耐烦。愤怒、惊讶、欢快时语速较快，悲伤、忧郁时语速则会变慢。

[2] 丁寿兴、陆琴：《审判工作中的态势语言》，《政法论丛》2004年第6期。

从心理学角度看，则说明其内心出现了波动和起伏；如果被询问人不断用手抚摸下颈部或鼻子，则说明其内心紧张和不安。因而，警察出庭作证应着装整洁、站姿挺拔、坐姿端正、目光有神、表情严肃，以体现警察精明、干练、中立、庄重的作风。

第四章 从规范到过程：警察出庭作证
程序规定的细化

　　警察出庭作证是一项新制度，现行立法只对其做出了全景式的概括规定而缺乏具体适用的程序规范：警察出庭应适用特殊程序还是一般证人出庭程序，仍未明确；申请警察出庭作证的条件和流程是什么，仍是重要问题；在特殊情况下警察出庭作证能够采取哪些特殊作证方式尚不明朗；警察拒不出庭作证应采取什么措施仍属空白；警察出庭作证应当着便装还是警服，相关要求尚不到位；等等。当前，程序性规则的模糊和缺失已成为警察出庭作证落实过程中的一大规范性难题和制度性障碍。因此，本章探讨通过警察出庭作证庭前程序的构筑、庭审质证程序规则的细化以及庭外核实程序的完善，促进警察出庭作证由制度规范到具体实践的贯彻实施。

第一节 警察证人出庭作证的庭前程序

　　庭前程序，是对法官开庭审判前程序的总称，是指人民检察院向人民法院提起公诉后到人民法院开庭审判前，人民法院进行的各种审判准备所应遵循的各种规则的总称。一般而言，庭前程序包括两项重要的内容，即对提起诉讼的案件进行审查，确定是否有进行审判的必要；如果经过审查认为需要开庭予以审理，则进入开庭审判准备程序，通过传唤、通知等方式为即将进行的庭审活动做必要的准备，以保证庭审活动的顺利进行。[1]在刑事诉讼程序中，作为连接起诉与审判的关键节点，公诉庭前程序不仅对于保障公正审判和控辩双方诉讼权利具有重要作用，而且其证据开示、争点整理、非法证据排除以及程序问题前置解决等功能，还有助于实现集中审理、持续审理、充分审理和高效审理。我国《刑事诉讼法》第 187 条第 2 款规定："在开庭以前，审判人员可以召集公诉人、当事人和辩护人、诉讼代理人，对回避、出庭证人名单、非法证据排除等与审判相关的问题，了解情况，听取意见。"庭前程序的立法完善是回应司法实践的需要，也是尊重刑事诉讼活动基本规律的需要，标志着我国刑事诉讼程序步入了精细化、科学化发展的轨道。[2]然而，该立法相对原则性的规定，不仅造成庭前会议制度在价值功能定位上的"缺省"和"溢出"，而且影响了其与其他程序机制的相互配合与制度衔接。对此，本节以警察出庭作证制度为视角，深入探讨和研究庭前会议程序中警察证人出庭审查机制、非法证据排除、证据开示以及送达、传唤和通知程序的完善。

一、警察证人出庭审查机制的完善

庭前会议作为一个在庭前搭建的控辩审三方协同的平台，可以集中处理在法庭审理过程遇到的侦查人员到庭、管辖异议、申请回避、提出新证据、申请法院调取证据等。《刑事诉讼法》规定了侦查办案人员出庭的三种启动程序，即检察院提请的通知程序、法院的通知程序、侦查办案人员的要求程序。同时，《严格排除非法证据规定》和《法庭调查规程》赋予辩方申请法院通知侦查办案人员出庭作证的程序启动权。《严格排除非法证据规定》第 27 条指出："被告人及其辩护人申请人民法院通知侦查人员或者其他人员出庭，人民法院认为现有证据材料不能证明证据收集的合法性，确有必要通知上述人员出庭作证或者说明情况的，可以通知上述人

---

[1] 陈卫东主编《刑事诉讼法》，中国人民大学出版社，2004，第 340 页。
[2] 陈卫东、杜磊：《庭前会议制度的规范建构与制度适用》，《浙江社会科学》2012 年第 11 期。

员出庭。"《法庭调查规程》则完善了这一问题，第 13 条第 3 款规定："控辩双方对侦破经过、证据来源、证据真实性或者证据收集合法性等有异议，申请侦查人员或有关人员出庭，人民法院经审查认为有必要的，应当通知侦查人员或者有关人员出庭。"

为推动警察出庭作证程序环节的相互衔接和贯彻落实，庭审准备对申请进行审查时应当注意以下几方面内容：

其一，由法官在庭前会议中审查警察证人出庭的申请，主要包含拟申请出庭的警察证人是否对案情事实的认定和法律适用起关键作用，申请出庭作证的主体是否适格，以及是否符合警察出庭作证的法定条件。总的来说，刑事诉讼程序中申请警察出庭作证，应当满足以下几个条件：（1）所申请的侦查人员必须符合警察出庭作证的法定范围。（2）申请警察证人出庭作证必须在法定期限内提出。在申请期限的规定方面，建议参考最高人民法院的相关司法解释，规定申请证人出庭作证必须在法庭开庭 10 日之前向人民法院提出。（3）申请警察证人出庭作证应当向法庭提交申请书，申请书应包括警察证人名单、身份以及所需证明的问题等内容。

其二，审查决定的救济。警察证人是对定罪量刑起关键作用的证人，其不出庭作证对案件事实的查证和量刑确定具有重大影响，尤其是对被控诉方诉讼权利会产生重大影响。因此，如果法官在庭前会议中对警察证人出庭作证的申请不予批准，应当赋予申请人救济。原则上申请人可以向法院复议一次，对于复议决定控辩双方不能再有异议。[1]

二、通知、送达、传唤程序的完善

通知、送达、传唤程序作为庭前准备的重要环节，对保障证人出庭、非法证据排除以及诉讼程序有效开展具有重要作用。我国《刑事诉讼法》第 187 条规定："人民法院决定开庭审判后，应当确定合议庭的组成人员，将人民检察院的起诉书副本至迟在开庭十日以前送达被告人及其辩护人。在开庭以前，审判人员可以召集公诉人、当事人和辩护人、诉讼代理人，对回避、出庭证人名单、非法证据排除等与审判相关的问题，了解情况，

---

[1] 王永杰：《从讯问到询问：关键证人出庭作证制度研究》，法律出版社，2012，第 269 页。

听取意见。人民法院确定开庭日期后，应当将开庭的时间、地点通知人民检察院，传唤当事人，通知辩护人、诉讼代理人、证人、鉴定人和翻译人员，传票和通知书至迟在开庭三日以前送达。公开审判的案件，应当在开庭三日以前先期公布案由、被告人姓名、开庭时间和地点。"然而，"一个完整的法律规范必须有相应的制裁部分，没有制裁部分的法律规范是一个不完整的法律规范，或者仅仅只能是一个命令"[1]。我国立法虽然规定了人民法院应当履行的送达、传唤和通知等程序，但是对于违反相应法律规定的法律后果并没有明确。与之不同，许多国家均对此作出明确规定，例如《日本刑事诉讼法》第271条第2款规定："自提起公诉之日起2个月以内没有送达起诉书副本时，公诉的提起溯及当时丧失效力。"《德国刑事诉讼法典》第217条第2款规定："（传唤）期间未被遵守的时候，被告人可以在对他就案件予以询问之前的一个时刻要求审判延期。"因而，为了保障权利的实现，督促法院认真履行就审期间的规定，在刑事庭前程序中应该对违反就审期间的法律的后果作出规定，比如，违反送达、传唤和通知程序规定产生行为无效的后果，法院应重新按照就审期间的规定送达、传唤或通知。[2]

证人只有经合法通知才有出庭作证的义务。若证人未受通知或通知不合法，证人有权拒绝出庭。因此，通知警察证人出庭作证的程序是否完善，将直接影响警察证人出庭作证制度能否高效运作。合理设计通知警察证人出庭作证的程序规范，是提高警察证人出庭作证制度的效率的积极举措。[3]

其一，通知的主体。警察证人出庭作证对于案件事实查清、量刑事实裁定、侦查程序合法性证明以及非法证据排除具有重要意义。为提高警察证人出庭率，通知主体需要具有法律约束力的强制力。因此，通知警察出庭作证的义务由法庭承担，但是没有及时提出申请或申请不符合法定要求

---

[1] 陈瑞华：《刑事诉讼的前沿问题》（第二版），中国人民大学出版社，2005，第333页。

[2] 韩红兴：《刑事庭前准备程序若干问题研究》，《人民司法》2009年第1期。

[3] 旷凌云、鲁银科：《刑事证人出庭作证制度的完善》，《黑龙江省政法管理干部学院学报》2004年第6期。

的，则由控辩双方承担相应的不利法律后果。

其二，通知书的送达以及内容。为体现法院通知的法律权威性，法庭应当以书面通知的形式通知侦查人员出庭作证。同时，为不扰乱警察证人的日常工作和生活安排，通知书应至迟开庭前 3 日送达警察证人。法院通知书应当记明出庭作证的时间、地点、案由以及待证事实等情形，以及应当告知警察证人享有的权利和不出庭作证的相应法律后果。

其三，通知书的送达方式。依据《刑事诉讼法》的规定，文书送达方式主要包括留置送达、间接送达和直接送达。鉴于警察证人在出庭作证程序中的特殊性，对其通知书的送达方式应有别于一般证人。在具体操作中，应当仅限于直接送达或留置送达。因为公告送达、邮寄送达、转交送达、委托送达，都无法确保警察证人收到通知书。同时，采用留置送达或直接送达的方式，应当由警察证人本人在送达回执上签字，以明确其享有的法定权利和相应义务。

三、非法证据排除庭前处理程序的完善

最高人民法院《关于适用〈中华人民共和国刑事诉讼法〉的解释》对庭前处理非法证据排除申请的程序进行了详细规定。根据该《解释》的规定，人民法院在送达起诉书副本时应当向被告人和辩护人告知申请排除非法证据的权利，除当庭发现非法证据线索外，非法证据排除申请应当在庭前提出。对于提出非法证据排除申请的案件，一般应当召开庭前会议。这一规定实际上明确了法庭一般应在庭前会议中处理非法证据排除申请。[1]

同时，从义务角度来说，被告人及其辩护人是存在非法取证行为的主张方，按照"谁主张谁举证"的一般诉讼原则，其应当履行申请法院通知侦查办案人员出庭的义务。《刑事诉讼法》第 58 条第 2 款规定："当事人及其辩护人、诉讼代理人有权申请人民法院对以非法方法收集的证据依法予以排除。申请排除以非法方法收集的证据的，应当提供相关线索或者材料。"对此，《严格排除非法证据规定》第 20 条进一步明确规定："犯罪嫌疑人、被告人及其辩护人申请排除非法证据，应当提供涉嫌非法取证的

---

[1] 张鹏飞、李峰：《庭前会议的效力及具体操作》，《法律适用》2013 年第 6 期。

人员、时间、地点、方式、内容等相关线索或者材料。"根据上述规定，辩方有提供侦查办案人员非法取证相关线索或材料的义务，该义务一旦履行，取证合法性的证明责任便转移给控方。实际上，辩方的这种申请启动权与其说是一种举证义务，不如说是一种基本诉讼权利，即要求侦查办案人员出庭接受质证的权利。[1] 此外，《严格排除非法证据规定》第23条第1款规定："人民法院向被告人及其辩护人送达起诉书副本时，应当告知其有权申请排除非法证据。"这款规定使《刑事诉讼法》第58条第2款"当事人及其辩护人、诉讼代理人有权申请人民法院对以非法方法收集的证据依法予以排除"的规定得到激活，使其具有了现实的可用性和可操作性。

为了妥善处理非法证据排除申请以及明确警察证人程序合法性证明中的责任，在庭前会议的制度安排中应注意以下几点：第一，由申请方就其非法证据排除申请说明理由，提供初步的线索或者材料。第二，由公诉人展开针对性解释，该解释成立并取得申请方认可的，法庭当场作出决定，对于不能提供初步线索或者材料的申请，可以直接驳回。第三，申请方对公诉人的解释不予认可，坚持提出非法证据排除申请的，法庭可以引导控辩双方就此进行先行辩论。第四，通过听取控辩双方的辩论意见，可先要求公诉人就争议证据进行合法性说明，必要时公诉人可以提交证明取证合法性的材料，如播放讯问录音录像，如果申请方撤回非法证据排除申请，法庭应记录在案，向其明确庭审时若以相同理由再行提出依法不予审查，继续庭审。第五，如申请方坚持要求排除非法证据，法庭可以根据庭前会议辩论情况和证据合法性证明情况决定是否再次召开庭前会议。[2] 第六，如果在庭前会议中未能针对非法证据排除申请达成共识，就需要明确该问题的争点，以便通知相关侦查人员到庭说明情况并就程序合法性问题进行集中审理。

---

[1] 张保生：《非法证据排除与侦查办案人员出庭作证规则》，《中国刑事法杂志》2017年第4期。

[2] 张鹏飞、李峰：《庭前会议的效力及具体操作》，《法律适用》2013年第6期。

四、证据开示程序的完善

为了明确案件争点、实现集中审理、避免诉讼拖延、提高警察证人出庭效果，应当完善刑事诉讼证据开示制度。第一，先由公诉人制作举证清单，向法庭和辩护人作出展示，逐一讲明证据来源、名称；第二，法庭就公诉人所列证据逐一向被告人和辩护人征询意见，即是否确认将该证据提交法庭质证，对证据合法性、客观性、关联性是否有异议，并将相关情况记录在案，如辩护人要深入发表具体意见，则应向其释明在庭审质证时候再发表意见；第三，经过数轮意见征询，以有无异议为标准，将证据分类，制作有异议证据清单和无异议证据清单，交由控辩双方当场确认；第四，由公诉人就举证分组、逻辑次序进行说明；第五，被告人及其辩护人对举证分组、逻辑次序进行确认，如辩护人提出新证据，由公诉人确认逻辑次序；[1] 第六，法庭对有异议证据和无异议证据清单、法庭质证证据分组、逻辑次序予以总结说明，当场确认，告知控辩双方对于无异议的证据法庭将予以快速审理；对于控辩双方有争议的证据，应当明确是否对案件事实的认定、法律的适用具有关键作用，如果具有关键作用，可以决定由对争议的解决具有关键作用的侦查人员出庭作证。

第二节 警察证人出庭作证的庭审程序

一、证人身份查明及权利义务告知程序

为查明警察证人是否具备作证能力，是否为必须出庭作证的关键证人，法庭应依法查明警察证人身份，明确侦查人员为必须出庭作证的警察证人，同时，应当告知警察证人要如实提供证言和故意作伪证或隐匿罪证

---

[1] 陈卫东、杜磊：《庭前会议制度的规范建构与制度适用———兼评〈刑事诉讼法〉第 182 条第 2 款之规定》，《浙江社会科学》2012 年第 11 期。

要承担的法律责任。同时，为保证警察证人的客观性，避免证人的相互沟通以及串供，或者受到其他证据影响，应当让警察证人在候审室等候，警察证人被传唤时才能进入法庭提供证言。另外，警察证人出庭作证时，法庭应当在查明身份之后告知其享有的诉讼权利，例如获得经济补偿的权利、要求保护自身以及其近亲属人身安全的权利以及拒绝回答与案件无关问题的权利。[1]

二、证人宣誓程序

证人宣誓是指证人作证之前通过一定的仪式向法庭宣誓，着眼于让证人感知诚实作证的价值，以强化证人的责任心和义务感。在法庭实践中，证人宣誓制度具有仪式功能、威慑功能以及过渡和带入功能。"法律像宗教一样起源于公开仪式，这种仪式一旦终止，法律便丧失其生命力。"[2] 证人宣誓的仪式功能就是通过证人宣誓这一仪式本身及其环境的神圣性来反作用于证人的内心世界，使得证人在心理上受到一定的约束和警醒。证人宣誓的威慑功能主要通过法律规定的伪证罪来实现，即在证人宣誓之前或宣誓后询问前，法官或其他主持宣誓仪式的人应告知证人其作伪证可能招致的惩罚。通过这种外在的惩罚对证人的内心世界产生强制，使其因惧怕处罚而如实作证。例如，《英国伪证法》第 1 条第 1 款规定，如果一个人在诉讼程序中作为证人或翻译人员进行了合法的宣誓，而又故意在本案的实质问题上作了虚假的或他不相信其为真实的陈述，那么他就犯了伪证罪。[3]《日本刑法》第 169 条规定："依法宣誓的证人作虚伪陈述的，处 3 个月以上 10 年以下惩役。"《加拿大刑法》规定："在司法程序中作证，明知其证据不实，而故意导致审判错误，提供不实证据的，为伪证罪。"[4] 证人宣誓的过渡功能是指宣誓具有帮助证人从日常生活状态向诉讼状态过

---

[1] 王永杰：《从讯问到询问：关键证人出庭作证制度研究》，法律出版社，2012，第 282 页。

[2] 陈少林：《宣誓的启示——信仰、道德与法制》，《法学评论》2009 年第 5 期。

[3]【英】鲁珀特·克罗斯、菲利普·A. 琼斯：《英国刑法导论》，中国人民大学出版社，1991，第 290 页。

[4] 刘永红、任雪丽：《略论证人宣誓制度不适宜我国》，《甘肃行政学院学报》2004 年第 2 期。

渡的功能。不同的证人在诉讼之外的日常生活中具有不同的身份和地位，但其一旦进入诉讼程序，出现在法庭之上，都只具有证人一种身份。他们只履行一种义务即如实作证义务，并享有与义务相对应的权利。证人宣誓通过证人宣读誓词将证人的义务和责任以证人口述的形式表现出来，内在加强了证人对其诉讼中角色的认同，减少了证人对外来压力的无意识抵抗，帮助证人完成角色的转换。证人宣誓的过渡功能还体现在将证人从喧嚣的世俗社会过渡到法庭的神圣世界，暂时忘却法庭外世俗生活的利益纷争而全身心投入如实作证之中。[1]

在我国，《刑事诉讼法》第 194 条规定了审判人员应当告知证人要如实地提供证言和有意作伪证或者隐匿罪证要负的法律责任，但这种单向的告诫只是完成了法官在庭审中的职责，并没有强化证人在庭审中出庭作证的神圣和庄严意义，无法发挥促使证人向法庭如实作证的心理威慑作用。因此，有必要通过宣誓程序的制度设计和程序完善，确保庭审的严肃性和证人证言的真实性。

具体而言，其一，在案件正式进入开庭审理阶段之前，法官应该依法告知证人宣誓的义务，并提醒证人应当如实陈述事实，以及作伪证应该承担的法律责任。仪式由审判长来组织和掌握。其二，为了加强宣誓的仪式效果和警醒作用，证人的宣誓必须单独进行。其三，在具体的证人宣誓的形式上，由证人站在宣誓台前或者证人席上，面对审判席，左手按住《中华人民共和国宪法》，或者基于其特定的风俗习惯、宗教信仰等，宣读作证誓词。其四，证人应该采用朗读宣誓词的方式进行宣誓。在证人跟读或宣读誓词以前，法官应告知证人宣誓的意义和其所应承担的义务，告知其提供伪证的法律后果，在得到证人明确表示清楚的答复后，法官才可以允许证人开始宣誓。宣誓可以由书记员领读，宣誓人跟读，也可以由宣誓人根据宣誓书自行宣读。领读、跟读、自行宣读都必须声音清晰洪亮，语气庄重。法官及法庭所有其他成员应当全体起立。由法官引导证人按照事前

---

[1] 何挺：《证人宣誓：历史沿革和功能考察——兼论构建我国的证人宣誓制度》，《安徽大学法律评论》2007 年第 1 期。

所确定的形式或证人自己选择的方式进行宣誓。[1] 此外，立法还应当明确宣誓主体的资格排除规定以及警察证人拒绝宣誓的相应处罚措施。

三、证人质证程序

质证是在法庭审理过程中控、辩或当事人双方在法官的主持下，采用询问、辨认、质疑、辩驳、核实等方式对证据的效力进行质辩的诉讼活动。[2] 推进以审判为中心的刑事诉讼制度改革的核心要义是庭审实质化，庭审实质化的前提是确保证人出庭，载体则是交叉询问制度。《刑事诉讼法》第 61 条规定，证人证言必须在法庭上经过公诉人、被害人和被告人、辩护人双方质证并且查实以后，才能作为定案的根据。法庭若查明证人有意作伪证或者隐匿罪证，应当依法处理。《最高人民法院关于适用〈中华人民共和国刑事诉讼法〉的解释》第 78 条规定："证人当庭作出的证言，经控辩双方质证、法庭查证属实的，应当作为定案的根据。"《人民检察院刑事诉讼规则（试行）》第 442 条规定："证人在法庭上提供证言，公诉人应当按照审判长确定的顺序向证人发问。公诉人可以要求证人就其所了解的与案件有关的事实进行陈述，也可以直接发问。证人不能连贯陈述的，公诉人也可以直接发问。对证人发问，应当针对证言中有遗漏、矛盾、模糊不清和有争议的内容，并着重围绕与定罪量刑紧密相关的事实进行。发问应当采取一问一答形式，提问应当简洁、清楚。证人进行虚假陈述的，应当通过发问澄清事实，必要时还应当宣读证人在侦查、审查起诉阶段提供的证言笔录或者出示、宣读其他证据对证人进行询问。当事人和辩护人、诉讼代理人对证人发问后，公诉人可以根据证人回答的情况，经审判长许可，再次对证人发问。询问鉴定人、有专门知识的人参照上述规定进行。"

在法律价值层面，警察证人出庭具有两项基本任务和功能——出庭作证以及接受法庭质证。因而，在法庭审判进程中如何作证以及接受质证才能提高警察出庭作证效率以及推动庭审实质化的发展就成为一个值得探讨

---

[1] 凌高锦：《证人宣誓制度研究》，《中共南京市委党校学报》2014 年第 3 期。

[2] 陈光中主编：《证据法学》（第 2 版），法律出版社，2013，第 292 页。

的问题。在相关立法以及司法解释的修订中，虽然不断引入包括对证人询问规则的诸多当事人主义诉讼模式的合理因素，但是依据交叉询问制度的诉讼规律和运行机理，我国现行刑事庭审制度中尚未建立真正意义上的交叉询问程序。

具体而言，其一，我国庭审询问制度没有明确的适用范围，导致一审普通程序都应当或都需要适用庭审询问制度，以致没有体现建立交叉询问制度的特殊需要。其二，我国对出庭证人并没有区分控方证人与辩方证人两大阵营，以致控辩双方的发问无法划分为直接询问或主询问与交叉询问或反询问。其三，我国对出庭证人发问顺序的设计是明显错位的。《刑事诉讼法》审判解释第 212 条规定："向证人、鉴定人发问，应当先由提请通知的一方进行；发问完毕后，经审判长准许，对方也可以发问。"在司法实践中，控方向法庭提请证人、鉴定人出庭的非常少，主要是辩方向法庭提请证人、鉴定人出庭，并且由于辩方不承担证明被告人有罪的举证责任，加上辩方收集、获取证据的能力也比较弱，其向法庭提请出庭的证人、鉴定人往往是支持控诉立场和控诉主张的。他们之所以提请法庭通知这些证人、鉴定人出庭，主要是因为他们对证人书面证言及鉴定人书面鉴定意见持有异议，要求证人、鉴定人出庭是为了向他们质证。在此情形下，按照前述司法解释的规定，这些证人、鉴定人出庭首先要由辩方发问，发问完毕后，经审判长准许，控方也可以发问。如此发问顺序，岂不造成质证与作证的错位？质证以作证为前提，控方证人、鉴定人还没有当庭作证，辩方何以质证？其四，我国的询问规则不加区别地禁止诱导式发问，违背了质证的发问原理，埋没了交叉询问制度的精髓，并会造成质证与作证的脱节或重复。更重要的是使质证难以有效发挥其发现、揭露虚假作证的特殊作用。[1]

为保障警察出庭作证和质证的有效开展，应当构建和完善庭审质证规则。当前，我国相关的立法以及司法解释对质证的规定较少，还没有形成体系化的质证程序。总的来说，对警察证人的询问程序主要可以分为以下几个部分：先由提请一方对警察证人发问即主询问，主询问的目的是证明

---

[1] 顾永忠：《庭审实质化与交叉询问制度》，《法律适用》2018 年第 1 期。

提请一方的诉讼主张，如控方主询问的目的是证明被告人有罪和罪重，辩方主询问的目的是证明被告人无罪或罪轻。在整个主询问过程中，不得进行诱导性询问，同时要注意询问的一贯性、连续性，并且注意提出重点。如果在庭审中，出现违反上述规则或者程序的情况，法官应该制止，并且对方的当事人以及律师可以进行抗议反对。随后，由对方当事人对警察证人进行反询问。反询问即交叉询问，其主要目的就是给予对方当事人以及律师充分自由，从而达到"理越辩越明，事越理越清"的目的。交叉询问不允许提出诱导性问题，这是因为"交叉询问不应当超越直接询问主题及影响证人可信性之事项"，而且"法院可以允许像在直接询问中那样对额外事项进行查问"。[1] 交叉询问应限于直接询问范围内的任何问题。如果某一问题在直接询问即主询问中未被提及，那么，在交叉询问的过程中也不得被提及，除非提出新的法律问题的目的仅仅是弹劾证人的可信性。[2] 辩方的反询问完毕后，控方还可以再主询问，再主询问完毕后，辩方还可以进行再反询问，即每一方询问完毕之后都给对方一次机会直到控辩双方都没有问题要问为止。此外，为促进庭审顺利进行，还应当有配套的质证规则作为支撑和保障。例如，质证的使用范围规则。从实然层面来讲，并非每个案件都需要采用庭审实质化的审判，特别是被告人自愿认罪并确实有罪的案件。在被告人认罪的案件中，对定罪事实一般不持异议，因而在审理方式上证人出庭进行实质化审理的必要性不会太大。但在被告人不认罪的案件中，法庭审理的重点应当是定罪事实，在审理方式上就会迫切需要证人出庭，从而为交叉询问制度提供了"用武之地"。[3] 同时，还需完善法官、公诉人、被告人及其辩护律师在质证中的权利和义务规则，完善警察证人的权利和义务，特别是作证和回答问题的规则，完善质证的启动、提问的顺序、对不当提问的反对规则，完善质证终结规则以及质证的效力规则。

---

[1] 王进喜：《美国〈联邦证据规则〉（2011 年重塑版）条解》，中国法制出版社，2012，第 184—185 页。

[2] 陈健民：《美国刑事诉讼中交叉询问的规则与技巧》，《法学》2004 年第 4 期。

[3] 顾永忠：《庭审实质化与交叉询问制度》，《法律适用》2018 年第 1 期。

四、警察证人证言证明力的审查

与普通证人相比，警察证人具有相对特殊性，一方面，警察证人是距离案件发生最近的主体，其证言直接源自执行职务过程中所目睹的犯罪情况，或其亲身经历的侦查讯问、调查取证以及现场勘验等侦查活动，警察证人证言具有相对的可靠性和稳定性；另一方面，由于警察证人追诉职能、部门利益以及职业属性等因素的干扰，又使得其证言有更为明显的主观性和倾向性。警察证人通常对案件事实认定以及定罪量刑具有重要作用，如果其具有虚假陈述可能，将直接对审判的公正性产生影响。为此，在刑事审判程序中，应注重对警察证人证言证明力的审查和判断。

1. 警察证人证言证明力的审查内容

作为言词证据的一种，警察证人证言与物证、书证等实物证据相比，易受证人主观因素的影响，容易含有虚假成分，可能出现伪证、错证等现象。证人证言的证明力，即在诉讼中证人证言对案件事实是否具有证明作用和作用的程度。其主要取决于证人证言的合法性、相关性、真实性。[1]

首先，对证人证言合法性的审查。警察证人证言的合法性审查应当主要从以下几个方面进行：证人作证资格是否合法、证据收集方法是否合法以及证据收集主体是否合法、来源是否合法等。其中，对于证人作证资格是否合法，即证人是否具备证人能力，我国法律规定，了解案件真相并能够正确表达的人都可以作为证人。因此，警察证人作为特殊的证人，其首先必须具备证人的条件，即能够明辨是非、正确表达。同时，对证人是否具备警察证人资格进行审查，主要涉及案件是否属于法定作证范围、证人是否在执行职务时目击到犯罪情况以及是否对案件的认定起关键作用。

需要注意的是，由于警察证人对案件事实认定具有关键作用，因而其与案件是否具有利害关系往往成为证据合法性审查中的难点和疑点。从广义而言，利害关系包括亲属关系、朋友关系以及存有恩怨的对手关系等。如果存在这类关系，就有可能影响证言的客观真实性，以至于削弱证明力。

---

[1] 张月满：《我国诉讼中证人证言证明力探析》，《河北法学》2004 年第 2 期。

一般认为，与案件有利害关系并不能否认作证能力，但对这类证据的真实性、可靠性应当结合其他证据予以综合判断，就单个证据而言，这类证据的证明力一般要低一些，不能单独作为定案依据。[1] 在警察出庭作证中，只要侦查人员与涉案嫌疑人或被害人不存在亲属关系、朋友关系或恩怨关系，就不应认为侦查人员与案件有利害关系，如在扒窃类犯罪案件、毒品类犯罪案件中，在没有特别证据的情况下，不应认为侦查人员属于与案件有利害关系的人。但在妨害公务类案件中，情况会有所不同，因为此类案件的被害人一般为侦查人员的同事，警察证人应属于广义上的同案件有利害关系的人。在认定妨害公务案件时，一般认为，不宜仅依据公安民警的证言认定案件事实，还应结合案件的具体情况，综合全案证据，判断利害关系对证言的影响程度，准确判断该证言的证明价值。[2]

其次，对证据客观性的审查。对证据的客观性进行审查，应当从证据是否被伪造、变造等方面进行，另外，对于警察证人是否与本案或者本案当事人有利益关联进行审查，以保障侦查人员在法庭中做出的证言都是客观真实的。同时，在法庭审理中，检验证人证言的客观性的方式之一是排除传闻证据，即通过法庭质证将传闻证据排除在定案的根据之外，因为传闻的真实性不能得到保证。我国《刑事诉讼法》第 61 条规定："证人证言必须在法庭上经过公诉人、被害人和被告人、辩护人双方质证并且查实以后，才能作为定案的根据。"根据这条规定，证人在法庭之外所作的证言没有经过法庭质证的不能作为定案的根据，实际上是排除了法庭之外言词的证明力。排除传闻证据的主要原因是其没有经过法庭查实，可能是虚假的或者不真实的。[3] 因此，传闻证据排除规则的确立不仅是维护控辩双方诉讼权利的关键途径，也是对证据客观性和真实性进行审查的重要保障。

再次，对证据关联性的审查。关联性"又称证据的相关性，是指证据

---

[1] 樊崇义：《证据法学》，法律出版社，2003，第 175 页。

[2] 郑思科：《侦查人员证言证明力问题研究》，《河南警察学院学报》2014 年第 1 期。

[3] 杨宇冠、刘曹祯：《以审判为中心的诉讼制度改革与质证制度之完善》，《法律适用》2016 年第 1 期。

事实与案件事实存在客观上的内在联系，从而能起到证明作用。证据的关联性是由案件本源事实所决定、派生的。犯罪事实总是在一定的时空下发生，并与一定的人、物等外界环境发生作用，必然留下相应的印象、痕迹等。这些痕迹和印象可能在诉讼中以不同的方式转化成能够证明案件事实的证据"[1]。证人证言的关联性是决定证言证明力的重要因素，两者的关联度越高，证言的证明力则越大。法庭应当通过庭审质证方式重点审查警察证人证言的内容是否与案件事实具有关系以及二者的关联程度。

2. 警察证人证言证明力的审查形式

警察出庭作证的效果通常取决于法庭对警察证人可信度的评价。然而，由于警察证人证言具有主观性和倾向性等特征，所以法官应当更多地立足认知能力及自然科学方法，通过品格证据规则、矛盾法则、经验法则以及辅助证据的应用，对警察证人证言的证明力进行准确判断。

首先，品格证据规则的应用。品格证据在质疑证人可信性的刑事审判中具有很大的使用空间。人类行为具有重复性和模式化的特征，因此，判断证人行为的一个重要标准就是证人的品格。品格证据是指能够证明某些诉讼参与人品格或品格特征的证据，关涉某人的道德品质和是非评价。应用到司法实践中，通过运用品格证据可以证明证人是否具有可信性来佐证案件的其他证据，帮助法官查明案情，准确断案，保障诉讼活动公平、公正地进行。[2] 当前，很多国家的立法都对品格证据做出了明确规定。《美国联邦证据规则》609(a) 和 (b) 规定，证人过去不尊重法律／违反法律的行为可以被采纳用来证明该证人在法庭上作证时说谎。该规则背后的推论原理在于，如果证人过去曾被定罪，那么应当允许法院采纳其被定罪的证据并做出以下引申：（1）该证人曾经犯罪并被法院定罪量刑，这表明该证人表现出对社会行为准则的不尊重。（2）该证人，尤其是曾犯有伪证罪或虚假陈述罪行的人，相比遵纪守法的普通人，更具有说谎的品性倾向。（3）因为具有这种说谎的倾向，所以该证人在法庭证人席上作证时更有可能说

---

[1] 陈光中主编《刑事诉讼法》(第五版)，北京大学出版社、高等教育出版社，2013，第161页。

[2] 白静：《刑事审判中运用品格证据质疑证人的可信性》，《黑龙江省政法管理干部学院学报》2007 年第 1 期。

假话。（4）曾被定罪量刑的证人往往不敬畏法庭庄严的仪式，也不会认真对待在法庭上作证前的"宣誓说真话"环节。

司法实践中，法庭通过品格证据规则质疑警察证人可信性的方法可以包括使用意见和名声证据、证人行为的具体实例以及滥用职权或渎职前科证据等。需要注意的是，品格证据不能直接用于证明该证人证言的真假，但可以用来补充说明证人具有撒谎的动机、倾向或至少可以证明他并非从不撒谎的人。

其次，矛盾法则的运用。矛盾法则可以表述为：自身矛盾，必有问题；两证矛盾，必有一假；与众证矛盾，多属假证；与已认定的证据矛盾，定是假证。其中，自身矛盾即前后不一致陈述，是一种用来削弱证人可信性的重要手段，威格摩尔称之为"自相矛盾"。例如，警察证人在庭上作证时称某驾驶员开过岔路口时信号灯是绿色的，此时就可以用该证人在笔录中说过的信号灯为红色的陈述对其进行弹劾。这种自相矛盾说明警察证人在该问题上可能犯错，那么其庭前证言就可能是错误或虚假的。该错误可能源于党派偏见、观察能力的缺陷、记性差或彻底的谎言。警察证人如果会在此事上犯错，则也可能会在其他方面犯错。因而，这可以作为警察证人证言证明力审查的一种重要手段和措施。

根据"两证矛盾，必有一假"的原理，若不同证人的陈述矛盾，则至少有一人的证言不符合事实。对于不同证人所作陈述的矛盾，也要根据矛盾所在区别对待。若矛盾之处为案件的非基本事实，则可以断定证人故意提供虚假证言的可能性较小。此时，裁判者应对互相矛盾的证言进行全面审查，并结合在案的其他证据认定案件事实。[1]《最高人民法院关于执行〈中华人民共和国刑事诉讼法〉若干问题的解释》第 74 条规定，应审查证言之间以及其他证据之间能否相互印证、有无矛盾。对此，在实践中，我们应从以下方面加强对侦查人员证言的审查判断：一方面重点审查侦查人员证言与其他证据是否具有矛盾之处以及矛盾的成因和大小；另一方面综合审查侦查人员证言与其他证人证言的符合程度，即着重分析证言不一致的原因，以及研究能否做出合理解释。

---

[1] 龙浩：《论刑事证言的证明力评价》，载《福建法学》2015 年第 2 期。

再次，经验法则的应用。所谓经验法则，也叫经验方法，是以生活经验为基础，对事实和证据进行判断的方法。生活经验亦称生活常识，所以有学者又将经验法则称为常识法则。[1]经验法则的一大特点是其具有盖然性，而且由于经验的性质不同，经验法则的盖然性也有所区别。现代证据学将经验法则分为"能够直接检验的实践性经验法则"与"不能直接检验的生活性经验法则"。[2]具体而言，经验法则在证据证明力审查方面的应用主要包括以下两个方面：一方面，法官可以运用社会常识特别是"能够直接检验的实践性经验法则"对证言可信度进行推断；另一方面，法庭可通过经验法则对证言本身的一致性或证言与其他证据的矛盾或不符之处进行解释说明，即在其他证据辅助的情形下，使用经验法则审查证言与其他证据是否能够形成相对闭合的证据链条。

最后，辅助证据的应用。由于证言本身的不稳定性和主观性，因而证言的可采信度需要其他辅助证据进行补强。"实质证据是指证明主要事实和间接事实（推定主要事实存在的事实）的证据，补助证据是指证明补助事实（有关实质证据的可信性的事实）的证据。"[3]对于审查证人证言是否可信而言，辅助证据可能发挥重要作用。例如：目击证人作证时指出，案发当晚，证人在远处看见一个黑影从被害人家中走出，凭借当晚皎洁的月光，在被告人与证人擦肩而过时，证人看清并记住了被告人的长相。但辩护律师指出，案发当晚是阴雨天，根本不可能有月亮，并出示了当地报纸记载的天气情况记录。本案中，若仅从目击证人的陈述本身审查其是否可信，很难发现破绽，而"天气情况记录"这一辅助证据则对证言的可信度提出了有效的质疑。[4]同时，需要强调的是，在警察证言与其他证据存在根本矛盾时，应当在对品格证据、庭前证言等其他辅助证据综合审查的基础上，有效运用矛盾法则、经验法则等质证方式对警察证言的证明力进行审查判断，以保证警察证言的可信性和证据链条的完整性。

---

[1] 龙宗智：《"大证据学"的建构及其学理》，《法学研究》2006 年第 5 期。

[2] 何家弘：《刑事错判证明标准的名案解析》，《中国法学》2012 年第 1 期。

[3] 【日】田口守一：《刑事诉讼法》，张凌、于秀峰译，中国政法大学出版社，2010，第 268 页。

[4] 龙浩：《论刑事证言的证明力评价》，《福建法学》2015 年第 2 期。

第三节 警察证人证言的庭外核实程序

一、警察出庭作证中的涉密证据

涉密证据，是指证据信息中涉及国家秘密或诉讼参与人人身安全并需要特别保密的证据材料。作为一种特殊证人，侦查人员的证人证言往往涉及大量的涉密证据，比如国家秘密、侦查秘密、线人或卧底身份信息等。

首先，国家秘密。在涉及国家绝密、机密的犯罪案件中，国家绝密、机密本身即为诉讼中的重要证明对象。在庭审过程中，涉及绝密、机密的相关证言如果与其他普通证据一样在法庭上质证，则可能导致该国家秘密泄露和扩散，引起更严重的泄密问题，给国家安全带来隐患。[1] 对此，《公安部关于技术侦察工作的规定》第 30 条规定："公安机关行动技术部门依法采取技术侦察措施收集的与案情有关的材料属国家秘密，不得直接公开使用，如必须使用，应将其转化为能够公开使用的证据，并不得暴露证据材料的来源和收集方式。"《刑事诉讼法》第 154 条规定："依照本节规定采取侦查措施收集的材料在刑事诉讼中可以作为证据使用。如果使用该证据可能危及有关人员的人身安全，或者可能产生其他严重后果的，应当采取不暴露有关人员身份、技术方法等保护措施，必要的时候，可以由审判人员在庭外对证据进行核实。"

其次，侦查秘密。实践中，公安机关为侦查犯罪，往往根据国家有关规定采取一种特殊侦查措施，如电子侦听、电话监听、电子监控、秘密拍照或者秘密录像、秘密获取某些物证、邮件检查等专门技术手段。[2] 技术侦查措施作为侦查工作中的一种特殊方式和手段，在打击越来越隐蔽化、智能化和组织化的犯罪上发挥了巨大的作用。与以公开侦查为主导的传统犯罪侦查模式不同，技术侦查以秘密性、技术性和强制性为特征，并以快、准、狠而著称，从而成为侦查机关打击犯罪的一大利器。在《刑事诉讼法》修订之前，使用技术侦查本身也属于保密的对象，《刑事诉讼法》修订后

---

[1] 谢小剑：《刑诉法修改后涉密证据的质证》，《法学论坛》2013 年第 5 期。

[2] 郎胜：《刑事诉讼法修改与适用》，新华出版社，2012，第 277 页。

则明确了技术侦查的具体方法也是保密对象。由于技术侦查方法信息泄露可能导致犯罪反侦查能力增强以及破案难度增大，因而对此类证据的质证应当采取更为灵活的保障机制。

再次，警察证人身份信息。实践中，参与办案的侦查人员及警察作为证人出庭作证，特别是揭露被告人的罪行，通常会给警察以后的职务活动带来诸多不便，甚至其本人及近亲属的人身安全都会遭到威胁，特别是在采用诱惑侦查等秘密侦查手段的案件中，参与案件办理的警察出庭作证，会遭遇更大的压力和风险。因此，证据证明力核实中应对其身份信息予以保密，在质证时应当避免提及其个人身份信息。

二、我国涉密证据审查的立法与实践

随着现代工业化、信息化社会的不断发展以及有组织犯罪与隐形犯罪问题的日益突出，在司法实践中采取相应的技术侦查和秘密侦查措施，已成为当前各国的通行做法。技术侦查和秘密侦查措施作为侦破案件的重要侦查手段，对惩罚犯罪、加强打击犯罪力度以及维护社会公共利益具有重要意义。然而，由于1996年《刑事诉讼法》并未就技术侦查措施以及所获证据的可采性问题做出明确的规定，这就造成司法实践中，法官在技侦证据使用问题上不得不面临两难的抉择：一方面，如果通过技术侦查获取的材料不能进入诉讼程序作为证据使用，则不仅会导致诉讼资源的浪费，而且也不利于打击犯罪和维护社会秩序；另一方面，如果直接允许这些材料在诉讼中作为证据使用，又有悖于法律规定和基本的诉讼理念。为解决这一问题，《公安部关于技术侦察工作的规定》专门做出规定，即技术侦查所获取的证据材料不能直接作为证据使用，也不能在法庭上出示，只能作为侦查取证的线索，通过适用《刑事诉讼法》规定的侦查措施将其转化为法定的证据形式，才能作为证据使用。

显然，在技侦证据材料的使用上，司法实务界采取了一种折中的态度，一方面禁止其进入庭审程序直接作为证据，另一方面考虑到该证据的巨大诉讼价值，又允许间接使用，即侦查机关可以通过一系列的手段对技术侦查获取的证据进行"转化"，从而使其具有证据能力。具体而言，司法实践中的证据转化方式一般包括以下几种：其一，通过一系列手段将使用技术侦查措施获取的证据材料转化为能够公开出示的证据。例如，对于使用秘密侦查方式发现的赃物，可以通过公开搜查的方式"重新"获取，从而使其具备法定的证据资格。在司法实务中，这种证据转化方式主要适用于实物证据。其二，将"此类"证据转化为"彼类"证据，即侦查机关将通过秘侦措施获得的证据转化为其他法定种类的证据，通常是将通过秘侦措施所获的实物证据转化为言词证据（犯罪嫌疑人供述）。[1] 其三，对特情提供的关键线索或重要案件事实，以刑侦人员工作记录的形式出具，即以"情况说明"的形式附卷移交法院，便于法官全面、准确掌握案情。其四，在极个别的情况下，对卧底或者特情提供的材料还可直接以证人证言的形式向法庭出示。

证据转化虽然在理论和实务界都得到一定的支持，尤其是在强制侦查法定原则以及程序法定主义尚未完全得到确立的背景下，对于打击犯罪和维护社会公共秩序发挥了积极的作用。但是，其存在的诸多问题也是立法不可忽视的。首先，不利于被告方辩护权的行使。实践中，侦查部门出于保密工作的需要，如为了防止秘侦手段被公开或为了对线人或卧底警察的身份进行保密，在向检察机关移送案卷材料时，通常不提交与秘侦措施有关的证据与信息。这必然导致证据信息的不对称，使得辩护方在证据获取方面处于天然的劣势，从而不利被告人辩护权的行使和维护。此外，司法实践中侦查人员往往不愿出庭作证，而只是以"情况说明"的方式代替。这种做法直接损害了被告方的辩护防御权。因为在侦查人员不出庭作证的情况下，如果辩护方对于案件侦查过程中的一些问题如案件来源、抓获经过以及自首立功等情况存有疑问，由于无法与侦查人员进行直接对质，这必然不利于被告人辩护防御权的行使。其次，这种做法也不利于诉讼资源的合理配置。一方面，由于通过秘密侦查所获取的证据不能直接使用，须经过一系列的环节进行转化，这必然给侦查工作增加额外负担，造成诉讼资源的重复投入。另一方面，一旦转化工作不能顺利进行，则通过技侦手段获得的证据材料就不能作为证据使用，这不仅会浪费大量的诉讼资源，甚至还可能会使整个案件的审判处于被动，无法及时追究犯罪分子的刑事

---

[1] 万毅：《证据"转化"规则批判》，《政治与法律》2011 年第 1 期。

责任，严重影响诉讼效率和司法公正。

为了解决司法实践中出现的上述问题，《刑事诉讼法》第 154 条专门规定了通过技术侦查措施或其他秘密侦查手段所获证据的使用原则，依据该条规定，"依照本节规定采取侦查措施收集的材料在刑事诉讼中可以作为证据使用。如果使用该证据可能危及有关人员的人身安全，或者可能产生其他严重后果的，应当采取不暴露有关人员身份、技术方法等保护措施，必要的时候，可以由审判人员在庭外对证据进行核实"。概括而言，本条规定主要包括以下两方面的内容：一方面，立法明确肯定了技侦材料的证据效力，即以技术侦查措施或其他秘密侦查手段所获材料可以作为证据在庭审中直接使用，如通过秘密搜查等措施获取的物品或痕迹可以直接作为物证使用；通过电子监视、电话监听等秘密手段获取的录音、录像带可以直接作为视听资料使用；通过网络技术等措施秘密获取的电脑内存资料可以直接作为电子证据使用；技侦人员也可以将技侦手段的使用经过以及案件的事实情况以证人证言的形式在法庭上使用。事实上，立法公开赋予技术侦查所获材料证据力，是对司法实践经验的科学总结，对重大、疑难案件的侦破以及技术侦查法治化建设的推动均具有重要的意义。

另一方面，立法明确规定了证据使用的规则和程序。与一般的证据审查规则与程序略有不同，技侦证据的使用必须考虑对技术方法以及相关特情、秘密侦查人员身份以及人身安全的保护措施，为此，2012 年《刑事诉讼法》中，专门规定了技侦证据使用的规则和程序。

首先，技术侦查所获材料用作证据时，立法强调必须以不暴露技术方法作为使用的前提。这主要是考虑到技术侦查是以高科技技术为基础的一种侦查手段，它的一个显著特征就是被侦查人并未意识到技术方法的实际运用，因此其在实践中往往会产生出其不意的效果。相反，如果这些技术方法被犯罪分子知悉，被侦查人必然会采取相应的反侦查措施，这将降低技术侦查的效用，增大破案的难度。此外，从证据能力的角度来说，具体的技术方法与证据的效力关联不大，对其采取保密措施一般也不会影响辩护方辩护权的行使。所以，为了充分发挥技术措施的效果、提高破案效率，在使用技侦证据时，有必要采取一些保护措施。

其次，对于通过隐匿身份的侦查手段获得的材料，在对其具体应用时，应当注意对相关特情、秘密侦查人员的身份及人身安全采取必要的保护措施，防止其因身份暴露而受到打击报复或者影响案件的侦破。为此，对这类证据的适用，立法专门规定了特殊的作证方法，即"不暴露有关人员身份"的方法。此外，考虑到相关特勤、秘密侦查人员参与或见证了犯罪过程，从诉讼理论上看，他们都属于证人，可以参照适用新《刑事诉讼法》中新增的证人保护条款，如不公开真实姓名、住址和工作单位等个人信息，采取不暴露外貌、真实声音等出庭作证的措施。

最后，对技侦证据的使用，立法还规定了一种庭外核实的程序，即"必要的时候，可以由审判人员在庭外对证据进行核实"。一般而言，对技术侦查所获证据，在采取各种保护措施的前提之下，应该当庭进行质证。但是，如果在采取了必要的保护措施后，在使用该证据时仍不能确保有关人员的安全或者防止其他严重后果发生，才可以进行庭外核实。由审判人员在庭外对侦查的方法和过程等进行核实，向侦查人员了解有关情况，询问相应的特情、卧底人员，查看相关的物证、书证等材料。同时应当注意的是，在庭外对证据进行核实的审判人员还应当承担对有关人员身份、技术侦查具体方法保密的义务。

三、法院庭外查证程序的发展与完善

对于侦查人员通过技侦手段与其他秘密侦查手段所获的证据，《刑事诉讼法》第 154 条专门规定了一种庭外核实的程序，即"必要的时候，可以由审判人员在庭外对证据进行核实"。法院庭外查证程序的确立对于警察出庭作证中涉密证据的证明力审查具有重要促进作用。但是，现行立法对法官庭外核实证据的具体程序并未作出明确规定，譬如庭外核实证据是由法官单方核实还是允许控辩双方在场以及如何有效保障辩护方知悉、质证等权利的行使，本书认为这些问题都需要进一步研究和考虑。

庭外调查权作为我国职权主义特色庭审模式的一个重要内容，无论实务界还是理论界一直以来都对其充满争议，特别是对于庭外调查控辩双方是否在场问题，法律一直都没有给一个明确的规定。如最高人民法院《关于执行费用一只手战略合作〈刑事诉讼法〉若干问题的解释》第 154 条和《关于办理死刑案件审查判断证据若干问题的规定》第 38 条仅仅规定："法

庭进行庭外调查，必要时，可以通知控辩双方到场。"但是，在我国的司法实践中法庭通常不会通知控辩双方到场，而由法官单方面对证据进行庭外核实。这种做法由于无法保障辩护方的知悉权和质证权等诉讼权利，显然有违程序正义的基本要求。因此，有学者呼吁为维护当事人的诉讼参与权以及保障案件的程序公正，法官对技侦证据进行庭外核实时，应当通知控辩双方到场，以保障控辩双方对证据的知悉和质证权。但是，本书认为技侦证据是一种特殊的证据形式，如果严格遵循一般证据的审核、认定规则，将其向控辩双方公开并进行质证，必然会导致技术侦查手段暴露，甚至还可能危及相关特勤以及秘密侦查人员的人身安全。

因此，出于保障诉讼权利和打击犯罪双重目的的考虑，应在理解与适用本条中"庭外核实"方式的基础上，从以下几个方面完善庭外核实程序的操作规则：首先，规范庭外核实程序的启动规则。《刑事诉讼法》没有规定庭外核实程序由哪方主体来启动。根据最高人民检察院《人民检察院刑事诉讼规则（试行）》第266条的规定，检察机关在必要的时候可以建议不在法庭上对技术侦查证据进行质证，而由审判人员在庭外对证据予以核实。司法实践中，也通常是由检察机关提出庭外核实技术侦查证据的建议，然后由法院作出庭外核实的决定。有的时候是法院在审理具体案件时发现有必要对技术侦查证据进行庭外核实，依职权启动庭外核实程序。无论检察机关提出庭外核实的建议，还是法院自行审查发现有庭外核实的必要，最终都是由法院来决定是否对技术侦查证据启动庭外核实程序，被告方则无从知晓或参与对技术侦查证据庭外核实程序的启动过程。为了避免庭外核实程序被滥用，平衡控辩双方地位，应当对检察机关建议庭外核实的条件加以明确。检察机关提出对技术侦查证据进行庭外核实的建议时，应当向法庭提交书面材料，说明当庭核实技术侦查证据可能带来的危害，并需提供相应的证据来证明虽穷尽一切可能的安全保护措施仍无法避免危害后果，确有庭外核实的必要。法院收到检察机关提出的建议后，应当将检察机关的建议及时告知被告人及其辩护律师。被告人及其辩护律师有权对启动庭外核实提出异议，要求法庭当庭对技术侦查证据进行调查核实。法院要在听取控辩双方意见的基础上，审慎判断是否满足法律规定的庭外核实之"必要情形"，从而决定是否启动庭外核实程序，并将决定结果告知检察机关、被告人及其辩护律师等。[1]

其次，健全庭外核实的三方构造。就具体的程序而言，法院庭外调查制度要求通过庭外调查核实取得的证据必须经过当庭公开质证才能作为定案依据，因此，对警察证人证言进行庭外核实时原则上也应经过控辩双方的质证。同时，考虑到保护侦查人员和保守侦查手段等要求，必须严格限制参加庭外核实质证的人员种类与数量，尽量缩小在庭外核实过程中假使技侦秘密不慎暴露的知悉人员范围，而且还得充分保障辩护方的质证参与权不被变相剥夺。权衡之下，仅让庭审法官、公诉人和辩护律师等三者共同参加是不二之选。[2] 但需要强调的是，虽允许控辩双方于法官核实证据时在场，但辩护一方只限于律师在场，并且该律师的在场必须以通过国家安全认证为前提。[3]

再次，完善警察出庭作证"庭外范式规则"。依据警察出庭作证中涉密证据的保密程度，"庭外范式规则"可以分为"辩护律师—法官""法官—技侦证据原始提供者"的单向方法，以及适当截取并且当面质证的方法。其中，单向方法适用于警察卧底或线人提供证言等情况。具体而言，首先是由该证人出具完整准确的书面证言并且转交公诉人，然后公诉人将该书面证言通过法官递交辩护律师，辩护律师在查看之后，如果认为有合理怀疑，则应该提出书面质询意见并递交法官，再经公诉人之手转递给该证人。该证人根据辩护律师所提出的书面质询意见，再次如实作出除却保密信息的书面答复。如此循环往复，逐步完成证人证言的质证过程。在此质证过程中，法官应当对辩护律师的书面质询意见进行全面的严格审查，如果发现辩护律师所提意见明显与案件事实的认定无关或者有诱导证人泄漏技侦秘密的可能，则必须予以及时制止。在特殊的例外情况下，辩护律师可以向法庭申请进行口头质询，但是仅以通过书面质询客观上确实无法全面获知案件事实或者书面答复疑点较多并且经法官审查认为不经口头质

[1] 王贞会：《技术侦查证据庭外核实程序之完善》，《河南社会科学》2018 年第 2 期。

[2] 黄伯青、张杰：《技侦证据庭外核实之程序》，《人民司法》2014 年第 9 期。

[3] 王新清、姬艳涛：《技术侦查证据使用问题研究》，《证据科学》2012 年第 4 期。

询的确有碍案件的公正裁判而准许申请为限。[1] 适当截取并且当面质证的方法是指，如果警察出庭作证有威胁其人身安全或者导致其他严重后果的可能，那么应当采取相应的保护措施，比如对于出庭证人，匿去其个人信息、屏蔽其容貌形象、异化其声音特征等，对于技侦方法和过程则不予公开或者截取处理等，之后再按照"普通范式"进行当庭质证。但是，法庭审理中，辩护律师的质询涉及技侦秘密的泄露时，法庭则应当根据具体情况予以及时制止或者依照单向性法则由侦查人员单独向法庭说明解释。

"粗略地说，证据是由事实构成的，但并非所有事实都是证据，只有那些庭审可采纳的事实才是证据。"[2] 案件中的各种事实材料，如要在庭审阶段成为法官认定案件事实的根据，最终实现证据材料到证据的飞跃，就必须具备证据能力。因为只有符合法律规定、具备证据能力的证据材料才有资格在庭审中接受诉讼双方的质证，进而成为法官认定案件事实的依据，在定罪量刑中发挥作用。因此，法律明确赋予技侦材料等涉密证据法律效力，不仅有助于规范技术侦查在诉讼中的具体应用，而且对实现技术侦查措施的价值也具有重要意义。总之，为了充分发挥技术侦查措施在控制犯罪方面的重要作用，最终实现打击犯罪与保障人权的平衡，我们必须确立规范的技侦证据使用规则和程序，这也是推动警察出庭作证制度法治化进程的必由之路和重要内容。

[1] 黄伯青、张杰：《技侦证据庭外核实之程序》，《人民司法》2014年第9期。
[2] 【美】艾伦·豪切斯泰勒·斯黛丽、南希·弗兰克：《美国法院刑事诉讼程序》，陈卫东、徐美君译，中国人民大学出版社，2002，第380页。

第五章 从破案到胜诉：公安侦查取证程序的完善

　　如上所述，在警察出庭作证的启动缘由和作证内容方面，程序性违法事项所占比例最大，事实上这在很大程度上折射出侦查取证的规范存在很大问题，特别是侦查取证中的程序性违规问题依然较为突出。事实上，警察出庭作证制度不仅对推动庭审实质化具有重要价值，同时对侦查人员程序意识、证据意识以及法治意识的树立以及公安执法规范化的落实也具有促进作用。因此，本章以警察出庭作证的倒逼机制研究为视角，从侦查理念转型、侦诉审关系结构重塑以及调查取证措施规范化建设三个维度，分析和探讨公安侦查取证程序的完善。具体而言，为促进从破案到胜诉的法治公安建设目标转变，在侦查理念方面，应促进侦查人员从犯罪控制向法治侦查办案观的转型、从由供到证向由证到供证明观的转型、从实体公正向程序正义价值观的转型。在侦诉审关系结构方面，促进侦诉关系结构的重塑，建立健全公诉引导侦查机制；推动侦审关系结构的革新，全面引入司法审查与司法令状制度；加快侦辩关系结构的调整，实施侦查程序"三维构造"的改革。在侦查取证措施的运行操作方面，应坚持证据裁判原则，确保证据材料禁得起法庭的调查和质证；坚持非法证据排除规则，倒逼侦查取证的规范化与法治化；坚持疑罪从无原则，保障被追诉人在侦查阶段的各项诉讼权利；坚持程序公正原则，强化侦查取证措施的程序合法性。

第一节 侦查取证理念的转型

一、从侦查中心向审判中心司法观的转型

在我国"公检法三机关"的"流水作业"诉讼模式中，侦查实际处于刑事诉讼的中心，无论对指控证据的收集还是对犯罪事实的认定，都发挥着实质性的决定作用。无论审查起诉还是法庭审判，都大体上属于对侦查结论的形式审查活动，或者至多发挥着程序补救和补充的作用。[1] 在侦查中心主义传统思维的长期影响下，公安机关侦查取证工作的重心往往局限于案件犯罪事实的侦破，再加上书面裁判主义的导向作用，使侦查人员比较关注案件是否能顺利移送审查起诉，而不太重视调查取证是否能够满足案件起诉、审判阶段证明犯罪事实和审查判断证据的需要。同时，在"流水作业的纵向构造模式"影响下，侦查办案人员的诉讼意识和庭审意识淡薄，认为案件侦破后"接力棒"就移交给检察机关，出庭支持诉讼是公诉人员的职责而与自己没有关联。事实上，在以侦查为中心的刑事诉讼构造中，侦查机关、公诉机关和审判机关在侦查、起诉和审判程序中分别成为具有权威地位的裁决者，并通过一种"接力比赛"的模式推动整个刑事诉讼的进程。这种"接力比赛"式的审查和加工，使得法庭审判变成对侦查机关证据材料的审查和确认过程。在很多情况下，即便侦查机关得出的结论并没有得到足够的证据支持，甚至案件存在明显的矛盾或者疑点，法院也会对此加以迁就，而作出所谓"留有余地"的裁决。[2] 可见，"以侦查为中心的刑事诉讼构造"，不仅造成侦查阶段追诉证据的封闭式采集、涉案财物的强制性处分和人身自由的非诉讼化处置，而且还在很大程度上造成"线型"侦查构造下的权力泛化、公检法"工序关系"下正当程序的异

---

[1] 陈瑞华：《论侦查中心主义》，《政法论坛》2017 年第 2 期。

[2] 陈瑞华：《刑事诉讼的前沿问题（上册）》（第五版），中国人民大学出版社，2016，第 277 页。

化以及"接力式"追诉模式下法庭审理的形式化。

为促进侦查中心主义向审判中心主义的转型，党的十八届四中全会通过的《中共中央关于全面推进依法治国若干重大问题的决定》提出，要"推进以审判为中心的诉讼制度改革，确保侦查、审查起诉的案件事实证据经得起法律的检验。全面贯彻证据裁判规则，严格依法收集、固定、保存、审查、运用证据，完善证人、鉴定人出庭制度，保证庭审在查明事实、认定证据、保护诉权、公正裁判中发挥决定性作用"。《关于全面深化公安改革若干重大问题的框架意见》指出："围绕推进以审判为中心的诉讼制度改革，完善适应证据裁判规则要求的证据收集工作机制……"2016 年 6月 27 日，中央全面深化改革领导小组审议通过了《关于推进以审判为中心的刑事诉讼制度改革的意见》，要求"推进以审判为中心的诉讼制度改革，发挥好审判特别是庭审在查明事实、认定证据、保护诉权、公正裁判中的重要作用"。2016 年 10 月 10 日，最高人民法院、最高人民检察院、公安部、国家安全部、司法部联合印发《关于推进以审判为中心的刑事诉讼制度改革的意见》(以下简称"五部委《意见》")，对完善证据裁判规则、侦查制度、非法证据排除、人民检察院对侦查活动的监督、庭审实质化等作出了明确的规定。由此可见，推进以审判为中心的诉讼制度改革的关键是要实现以庭审为中心。以庭审为中心，即"要求与定罪量刑相关的各类证据，无论言词证据还是实物证据，都要在庭审的聚光灯下充分展现，保证诉讼双方在法庭上充分举证、质证、互相辩驳、发表意见，进而使法官辨明证据真伪，独立地形成心证，作出事实认定准确、法律适用正确的公正裁判"[1]。因此，在以审判为中心的诉讼模式改革中，侦查人员应当摆脱传统侦查中心主义的影响，促进"平面式"追诉思维向"阶层性"侦查思路的转变，审问型单轨运行向诉讼化侦查观念的转变，封闭性证据采集向庭审化程序理念的转变。

首先，促进"平面式"追诉思维向"阶层性"侦查思路的转变。案件侦查思路实质上是一个"找法""定性"和"归责"的复杂思维过程。在侦查实践中，受"犯罪构成四要件"的长期影响，侦查人员在案件侦查中

---

[1] 沈德咏：《论以审判为中心的诉讼制度改革》，《中国法学》2015 年第 3 期。

最常用的就是"平面式"侦查思路，即通过对犯罪行为的主体要件、客体要件、主观要件和客观要件的综合考察分析来确定案件侦查的范围与方向。"从实务的立场上看，在我国处于通说地位的'犯罪构成四要件说'存在诸多弊端：其只能静止地看待犯罪成立的条件，无法展示定罪过程，难以对行为从不同侧面、不同层次进行反复推敲和检验；容易根据形式判断得出结论。"[1] "平面式"侦查思维虽然在实践中具有较强的可操作性，但是其一直存在以"有罪推定"为侦查导向的倾向。具体而言，在"平面式"侦查思维导向下，侦查人员往往首先判断报警人有无报假案的可能，其次确定是否为刑事案件，再次确定受害人的身份，最后根据受害人的社会关系及相关证据寻找犯罪嫌疑人。并且，在锁定违法嫌疑人的过程中，侦查机关不是依据证据关联性即证据与案件事实的客观联系推定嫌疑人，而是根据自以为成立的因果关系寻找嫌疑人。证据是链接犯罪事实的逻辑点，案件侦查应当以各项证据为侦查起点，而不是依据自以为是的假设及感觉来确定侦查方向，否则就可能引起各类冤假错案。"平面式"侦查思维放大了"先入为主"观念，这种主观性与局限性往往会使侦查人员忽略案件中其他存疑的情况，从而可能导致刑事错案，严重影响司法的公正性。

因此，为弥补"平面式"侦查思路所存在的科学性不足和技术性缺陷，应在"由表及里""由现象到本质"的认识论基础上，促进"平面式"追诉思维向"阶层性"侦查思路的转变，即由事实判断转为价值判断，由形式判断转为实质判断，由客观判断转为主观判断。[2] 侦查实践中，"阶层性"侦查思路要求侦查人员避免对主观与客观要件简单堆砌和线性演绎，而应当在案件侦破中按照以下思维顺序层层递进：是否存在犯罪行为—是否存在犯罪结果—犯罪行为和犯罪结果是否存在因果关系—是否存在伤害故意。

---

[1] 周公权：《犯罪构成四要件的缺陷：实务考察》，《现代法学》2009 年第 6 期。

[2] 赵颖：《以审判为中心背景下侦查思路的选择》，《中国人民公安大学学报》(社会科学版)2017 年第 6 期。

其次，促进审问型单轨运行向诉讼化侦查观念的转变。由于在权力分配中形成以侦控权力为基调的权力格局，因而我国侦查程序也被称为单轨运行的审问型模式，即"追诉本质在于注重发挥侦查机关在刑事诉讼中的职权作用，而不强调犯罪嫌疑人的积极性"[1]。审问型模式具有淡化犯罪嫌疑人主体地位、弱化司法制约侦查程序和强化侦查权扩张的特征。在我国，之所以被冠以审问型模式，一方面是因为侦查程序中没有形成权力制约的诉讼格局。侦查机关在审前程序中具有较大自由裁量权，特别是侦查机关对犯罪嫌疑人的未决羁押，对涉案财物的查封、扣押、查询、冻结等强制性处分以及对刑事案件的终结分流等，使得侦查权力呈现出非理性扩张的倾向。另一方面，由公安机关主导的侦查程序，割裂了辩护权与侦查权之间应有的平等对抗关系，使得侦查活动沦为权力机关的独角戏，导致违法取证行为屡禁不止。[2]同时，侦查取证程序的相对封闭性，使得犯罪嫌疑人很难参与案件的调查取证过程，侦查程序实质上成为侦查机关单方的刑事追诉活动，由此收集的证据之证明力显然也会受到不同程度的冲击和影响。

侦查诉讼化，是指依据权力制衡理论，按照侦查机关、检察机关与审判机关三方的组合规律，建立健全有关侦查权的权力运行机制，完善各诉讼参与方参与侦查的具体程序规范，使侦查权在阳光下运行，从而实现侦查权公正、规范与高效运行。侦查诉讼化对于提升司法公正、制约权力滥用以及保障公民权利有重要的作用。在以审判为中心的司法改革中，应当促进侦查人员由审问型单轨运行向诉讼化侦查观念的转变，理清侦查与审判的关系，强化"审判制约侦查"和"侦查面向审判"的价值导向和实践引领。以审判为中心的诉讼模式强调一切证据都必须经得起法庭的检验，这就要求侦查机关必须以审判阶段的证据标准进行调查取证，向法院提供的证据必须经得起法庭的检验和质证。也就是说，一方面，在证据收集方面，应当以"侦查面向审判"为核心，以兼具规范性、全面性、灵活性为原则，促进侦查人员在调查取证的初始阶段就能依法、详尽、高效地按照

---

[1] 左卫民：《价值与结构：刑事程序的双重分析》，法律出版社，2003，第 79 页。

[2] 姚莉、黎晓露：《侦查诉讼化模式再解读及其制度逻辑》，《法学杂志》2017 年第 7 期。

证据指引标准对能反映案件情况的各项证据进行收集和固定。另一方面，在侦查取证过程中应注重保障犯罪嫌疑人一方的程序主体地位。作为对抗侦查权的一种最有效的防御性诉讼权利，侦查阶段辩护律师的介入会大大改善侦查诉讼化的程度，能够有效地促进侦查程序的控辩平衡，强化人权保障，促进诉讼民主，具有保障侦查程序以及整个刑事诉讼程序依法、科学、民主运行的重要价值。实践中，这就要求侦查人员改变犯罪嫌疑人诉讼地位客观化的传统观念，正确把握侦查权力的私权对抗与平衡，切实保护被追诉方的各项诉讼权利。

再次，促进封闭性证据采集向庭审化程序理念的转变。长期以来实行的以侦查为中心的诉讼模式，使公安侦查部门形成侦查本位主义思想和侦查权力独大观念，"流水作业的纵向构造模式"也使得公安机关的调查取证活动很少受到来自检察机关和审判机关以及辩护律师的制衡和监督，正是上述各种因素的耦合造成实践中封闭性证据采集现象的大量存在。事实上，侦查机关无论对言词证据的获取，还是对实物证据的采集，几乎都采取一种封闭的方式。侦查人员单方面地讯问犯罪嫌疑人、询问证人，自行实施勘验、检查、搜查、扣押、查封、冻结等收集证据的行为，甚至秘密采取各种技术性侦查措施。在这些侦查活动中，不仅侦查人员不受检察官的指导、引导或者指挥，而且也排除了辩护律师参与的机会。[1]这种封闭性证据采集由于缺乏公诉机关的参与和第三方权力的制衡，使得侦查权力非理性扩张，证据采集方向固化，一方面由于侦查机关独立自主采集的大量证据不符合审查起诉要求和证据标准，造成很多案件不能追诉；另一方面，侦查权力过大造成违法取证行为大量存在，因非法证据排除机制而使得大量证据材料被排除，进而在一定程度上造成司法资源的浪费。

以审判为中心的诉讼模式改革，要求法庭审判发挥刑事追诉的终局裁判作用，推动法庭审判的实质化，注重证据裁判规则在事实认定和刑事裁决过程中的核心作用，注重刑事追诉过程中的控辩平衡，所有审前程序所获取的证据材料，无论实体上还是程序上都要经得起法庭审查和质证。因此，公安侦查机关应当摒弃侦查本位思想，树立庭审意识、证据意识和程

---

[1] 陈瑞华：《论侦查中心主义》，《政法论坛》2017 年第 2 期。

序意识，在侦查服务审判的导向下深入持续改进侦查取证工作。此外，侦查人员要改变以往将侦查终结视为完成诉讼活动的观念，在侦查取证过程中规范自身的侦查行为，树立办案必须经得起庭审检验的思想，切实增强侦查程序的规范化和诉讼化，以高标准开展侦查取证各项工作，严格按照诉讼程序收集各种证据材料，并保证证据材料满足案件起诉、审判阶段证明犯罪事实和审查判断的需要，经得起法庭庭审质证、辩论和法律的检验。

二、从犯罪控制向法治侦查办案观的转型

现代诉讼学认为，刑事诉讼应首先以发现案件真相为价值追求，但却不能将其作为唯一的价值追求，它必须与其他社会价值追求如诉讼效率、人类尊严、权利保护等需求达成平衡，而这些价值追求可能会对真相的发现起到一定程度的牵制甚至反方向的限制，但这就是法治的基本要求。[1]作为刑事诉讼重要程序之一的侦查阶段同样也应当体现这种多元的价值取向，侦查权必须在一种法律有效控制的状态下运行。然而，刑事侦查在我国被视为犯罪追诉的重要措施，更多体现的是以犯罪控制为主导的政治考量、权力本位和效率追求。在这种侦查价值观的引导下，运动式执法、"审问型"诉讼模式以及由此带来的刑讯逼供、羁押率畸高、侦查"绑架"审判等现象频出，在很大程度上违背了法治侦查的基本理念。

公安机关是代表政府实施社会管理的重要力量，侦查人员的执法能力和执法素养直接反映了一国的法治化程度和国家治理水平。因而，侦查人员应当树立以法治思维为核心的刑事执法思维，运用法治思维阐释社会现象、校正执法理念，实现由政治思维、道德思维、权力思维、经济思维向法治思维的转变。对广大侦查人员来说，选择、树立和培育法治思维就是建立一种职业的思维方式，即在刑事侦查工作中要将法治的诸种要求运用于认识、分析、判断和处理问题的过程，注重法律至上、权利本位、正当程序和公平正义。

---

[1] 刘卉：《侦查法治的理念与实现路径》，《中国人民公安大学学报》（社会科学版）2016 年第 2 期。

　　首先，树立法律至上的侦查思维。社会主义法治文化的培育对国家的政治进步、经济发展、社会和谐、法治昌明具有根本性的指引作用，是全面贯彻落实依法治国方略和推进社会治理现代化的当务之急。然而，法治文化培育的关键在于法治思维的养成，法治思维的养成的关键则在于树立宪法法律至上的理念。[1] 法治思维首先是一种宪法法律至上的思维，其要求侦查人员在执法办案中，必须时刻牢记人民授权和职权法定，必须严格遵循法律规则和法律程序，必须切实保护人民和尊重保障人权，必须始终坚持法律面前人人平等，必须自觉接受法律的监督和承担法律责任。可见，侦查法治思维本质上有别于传统的道德思维和权力思维，强调宪法法律在社会调控体系中的至上性和排他性，即当道德、舆论、伦理、习惯等因素与宪法法律发生冲突时侦查人员必须按照法治的要求而非其他要求来选择自己的行为。

　　其次，树立客观理性的思维。坚持法治思维的过程本身就是倡导理性思考的过程，是一种讲究修辞论辩、逻辑推理和解释技术的思维过程。拉德布鲁赫指出："法律职业人的工作是一种理智的工作，它通过概念的条分缕析来调整混乱模糊的人际关系。"[2] 侦查人员作为维护社会秩序的执法者，必须注重缜密的逻辑，谨慎对待"情""理"等非理性因素对执法的影响。虽然法治思维并不绝对排斥情感因素，但它与政治思维、道德思维、宗教思维的情感倾向有严格的区别。法律判断是以事实与规则认定为中心的思维活动，因此法治思维要求首先服从规则而不是听从情感。法律家也拥有情感并捍卫情感，但是都需要在法律规则允许的范围内，以法律术语来承载。

　　可以说，法治思维不是追求"善"的境界，而是探求"真"的艺术。因而，侦查人员在执法办案中必须克服情感评判，不能以同情、民愤、有理来代替法律上的理性思考。古人云"兼听则明"，作为执法者，侦查人员应当听取包括民意的各方意见，但不得将程序之外的带有情绪色彩的意

---

[1] 江必新：《法治思维 —— 社会转型时期治国理政的应然向度》，《法学评论》2013年第 5 期。

[2]【德】拉德布鲁赫：《法律智慧警句集》，中国法制出版，2001，第 132 页。

见作为评判的依据和标准。马克思·韦伯在《经济与社会》一书中提出，被支配者并非总是从算计和功利角度服从支配者，其服从还源于深层的精神因素，即相信统治者存有某种"合法性"。这就要求侦查人员在行使权力时必须克服情绪化、感情化的非理性倾向，坚持以法律规范和案件证据作为执法依据，最大限度地保证刑事执法活动的精确性和可预期性，以不断增强社会公众对政府的信任和公权力行使过程的合法性。

最后，树立保障人权的观念。现代社会法律关系本质上是一种契约关系，即政府权力来源于人民让渡的权利，来源于人民通过社会契约作出的委托和同意。政府权力的目的和功能在于更好地保护个人合法权利，如果无法保护甚至侵犯个人权益，政府与人民之间的契约便会自动失效，政府权力的合法性也将不复存在。因而，侦查人员树立法治思维首先应当端正认识，即公安机关及其侦查人员的权力是从人民那里得到的，其目的是运用权力为人民服务，也就是要从根本上保障全体公民的各项权利。具体而言，这就要求侦查人员必须从思想观念上破除权力本位和管控思维的影响，正确处理集体和个人的利益关系，树立个人利益保障优先的指导思想，并将尊重和保护人权内化为职业良知、职业追求和职业责任。

在刑事侦查实践中，个别公安民警一直将自己定位为"社会的管理者"，强调运用权力管理他人，将手中权力曲解为对百姓的"管、卡、压"，存在目的和手段严重错位的问题。近年来，社会上引起强烈反响的佘祥林案、杜培武案、呼格案等都说明个别执法者人权保护意识淡薄，一味将破案结果作为最终的执法目的，为此甚至不惜以侵犯人权作为手段。因而，在全面推进依法治国的进程中，公安民警应尽快完成从"权力本位"的传统观念向"权利本位"的法治思维的转变，正确处理手段和目的的关系，将人权保障作为公安执法活动的根本要求和最终归宿。

我们正处在一个秩序重构、价值更替、文明再生的社会转型期，"单位人"逐渐转变为"社会人"，"熟人社会"逐渐走向"陌生人社会"。社会急剧转型的过程同时也是矛盾集中爆发的过程，公安机关在面对各种矛盾和问题时如果处理不当，就可能引起社会公众对公权力运行的权威性和合法性的质疑，进而导致公安机关信用危机被无限放大。面对这一困局，公安执法人员只有将法治侦查思维内化为自觉意识，树立法律至上、程序正义、人权保障、公正平等的执法理念，并将其转化为内心信仰，进而指导和规范具体的执法行为，才能更好地履行法定职责和维护法律的权威与尊严，才能更为有效地保障依法治国的全面推进和国家治理现代化的不断提高。

三、从由供到证向由证到供证明观的转型

所谓"由供到证"侦查模式，是指侦查机关根据犯罪嫌疑人的口供所反映的案件线索来寻找、获取口供之外的证据，以完成对犯罪的证明过程的一种侦查模式。"供"是指口供、证言等言词证据，"证"是指《刑事诉讼法》规定的口供之外的证据。就法理而言，根据对其他证据的掌握程度，由供到证的侦查模式又可以分为纯粹型由供到证的侦查模式和非纯粹型由供到证的侦查模式。[1] 在由供到证的侦查模式下，公安机关往往遵循"收集线索→摸排嫌疑人→获取口供→根据口供收集其他证据"的步骤展开调查。侦查人员首先根据摸排得来的第一信息对重点嫌疑人作有罪推定，进而逼取口供，由供到证"锻造"以口供为中心的证据"体系"。[2] 诚然，受认识能力、司法资源、侦查水平、现行诉讼构造和证明模式的影响，由供到证的侦查模式有其存在和发展的必然性，特别是基层公安机关的警力、经费等资源缺乏，侦查手段相对滞后，因此以讯问获取口供被视为提高破案率的重要途径，而且在刑事案件初发阶段，通常依靠口供获取其他证据来查明犯罪事实，可以提高诉讼效率，节省办案资源。[3] 在具体的案件侦办过程中，对于那些流窜性强又缺少现场和目击证人可供调查取证的刑事案件，"不抓不查""不破不立"以及"口供突破"的由供到证模式便成为经验主义司法的常规操作。

由供到证的侦查模式虽然有利于提高案件侦办的效率以及促进客观真实观导向下绝大多数案件的正确高效处理。但是，以口供为中心的证据

---

[1] 杨郁娟：《侦查模式研究》，中国人民公安大学出版社，2009，第 104 页。

[2] 闫召华：《口供中心主义评析》，《证据科学》2013 年第 4 期。

[3] 李品：《公安机关"由供到证"侦查模式的制约》，《山西省政法管理干部学院学报》2010 年第 2 期。

体系以及由此所衍生的刑讯逼供和"先抓人，再破案"的办案思路，不仅异化了刑事司法体制，造成冤假错案不断发生，而且口供不稳定性弊端在庭审实质化和非法证据排除规则中被放大，大量案件证据因程序性违规而被排除在定罪量刑的裁判证据之外，造成对司法资源的浪费和法律权威的损害。因此，应摒弃口供中心主义下"先抓人后取证"的侦查理念，逐步实现侦查模式从"由供到证"到"由证到供"的转型。

具体而言，首先，要淡化口供中心主义的执法理念。理念是行动的先导，制度建设依赖与之契合的理念。我们不仅需要在规则上进行调整，更应注重侦查人员理念上的革新。如上所述，及时获取犯罪嫌疑人的口供对侦破案件具有非常重要的作用。但对犯罪嫌疑人口供的过于依赖也容易引发刑讯逼供等非法取证情形，一方面会导致口供的真实性发生问题，另一方面即使口供是真实的，也可能会因取得方式非法而被排除，从而影响整个证据体系的完整性。因此，公安机关在重视口供的同时，应当坚持全面收集证据，将侦查模式逐步从"由供到证"转到"由证到供"。[1] 这就要求侦查人员在调查取证中不能进行主观臆断，要树立"重证据、重调查研究、不轻信口供"的侦查观念，改变将侦查讯问突破作为办案起点或单纯依赖口供的做法，将口供获取与侦查措施配合使用，形成科学合理的闭合证据链条。

其次，促进"粗放型"向"精细化"侦查思路的转变。公安机关应深入持续地改进侦查取证工作，促使"粗放型"侦查取证逐步向"精细化"转变，特别是鉴于客观证据对认定事实具有相对准确、不易推翻等优势，侦查阶段收集证据应坚持以实物证据收集运用为主、言词证据为辅，注重对物证、书证、电子证据等客观实物证据之收集提取，同时对侦查讯问过程之合法性以全程同步录音录像等方式进行规制，以确保证据经得起庭审检验。[2] 同时，为适应以实物证据为核心的证据体系的发展，还应当重塑

---

[1] 孙运利：《"以审判为中心"对公安刑事侦查工作的影响及应对》，《山东警察学院学报》2018年第1期。

[2] 谢波：《以审判为中心视野下公安刑侦工作的问题及其改革》，《长白学刊》2017年第1期。

实物证据的保管理念，在证据鉴真规则基础上构建证据保管链条体系。实物证据保管链条，是指负责保管证据的人员，从证据收集到证据最终被处理期间，按时间顺序持续记录的证据被收集、转移、存放、使用、处理等全部环节的证明文件所反映的证据流动路径。司法实践中，电子证据从收集固定到最终提交法庭，大多要经历收集、运输、保管、鉴定等多个环节，而任何一个环节的不规范操作都可能影响电子证据的同一性和真实性以及导致证据鉴真规则的程序性制裁。因而，在侦查理念的转型过程中，不仅要强调实物证据发现和收集行为的规范性与合法性，还应通过保管技术、保管场所以及保管记录的规范化建设，构建科学合理的实物证据保管链条体系。

再次，树立"智慧公安"和"数据警务"的侦查执法观念。为弱化对口供的过度依赖，改变基层公安机关"三板斧"（拉网式摸底排查—满天飞追捕抓人—长时间高强度审讯）的传统侦查模式，应当加大对刑事侦查科学技术的投入，运用先进的侦查手段去发现犯罪和证明犯罪。理念是行动的先导，使用大数据、信息化进行侦查必将带来理念方面的变革。因此，应当树立数据主导的侦查理念，促进被动型侦查向主动型侦查以及因果关系逻辑向相关关系逻辑的转变，即侦查人员应当树立开放的侦查思维及数据主导侦查的办案理念，在大量获取和有效分析与犯罪主体密切相关的数据信息的基础上，将刑事侦查的突破口从讯问犯罪嫌疑人转移到以大量数据为依托的各种类型的侦查技术的应用，促进刑事侦查工作从多个方面得以展开。[1] 同时，具体的侦查路径中，还应当在"智慧公安"导向和"数据警务"引领下，探索构建基于人脸识别、动态轨迹以及图像分析的信息辨识、信息比对、信息重构、信息辐射四位一体的视频监控图像侦查应用系统，建设"云上公安、智能防控"的警务云综合大数据平台系统，设立基于主动"预测、预警、预防"的犯罪态势智能分析研判系统，推进"合成作战"下各部门共享"信息池"的发展。

---

[1] 杨婷：《论大数据时代我国刑事侦查模式的转型》，《法商研究》2018 年第 1 期。

四、从实体公正向程序正义价值观的转型

侦查中心主义的诉讼模式，在很大程度上往往仅片面强调打击犯罪以及追求客观真实和实体公正。然而，从逻辑关系来讲，案件实体公正只是司法公正的一种静态描述，其本身的有效性是无法自动产生的，而必须依靠一种结果之外的动态描述使人们在公正、公开的程序中一步一步感受到来自司法的公正并最终认同实体上的公正，也就是说真正意义上的公正是在"一般人可以看到正义正在实现"的程序中得到诠释的，看得见的正义才是真正的正义。[1] 因此，在以审判为中心的诉讼模式改革中，应促进侦查人员从实体公正向程序正义的价值观转型。

具体而言，首先，促进客观真实向程序真实的价值观转变。客观真实（实质真实）是指在诉讼中所要揭示的已发生的案件的真实情形，是诉讼的理想化目标。古希腊哲学家赫拉克利特曾说过："人不能两次踏进同一条河流。"凡事皆不可能以完全相同的情形发生两次，案件也是如此。任何已发生的案件都不可能重演，即使亲身经历某一案件的全过程，亦不可能将其每一细节完整地复述与还原，而只能无限接近案件的真实情况。程序真实是指依据人为设定的程序规范而推定和还原的案件事实，亦为程序意义上的真实。案件事实的初步认定主要是根据与案件相关的证据对案件的事实进行合乎逻辑的推演而得出的。随后再依据程序规范对案件事实进行最终的认定。但无论案件事实的推演还是刑事诉讼程序的设定，都是建立在人自身的认知与经验的基础之上，故而事实的推演以及程序的设定都存在主观性和局限，例如，人不可能完全消除情感。因此，刑事案件中，诉讼的构造和运行至多能实现程序真实。因此，在侦查实践中，应促进侦查人员由客观真实向程序真实的价值观转变，即程序真实与实质真实发生冲突时，应坚持程序正义优先原则，通过程序机制规避实体问题上的纷争和恣意，同时避免以程序牺牲为代价而追求实质真实。

---

[1] 刘卉：《侦查法治的理念与实现路径》，《中国人民公安大学学报》（社会科学版）2016 年第 2 期。

其次，促进从暗箱操作的潜规则向公开透明的执法观的转变。公开和透明是司法公正的保障，而暗箱操作则是滥用职权和司法腐败的重要诱因。然而，公安司法实践中，大量存在并不为正式法律制度所确认，并在书面法律规则中还属于被禁止的和被宣告为违法的潜规则。更为严重的是，大量潜规则实际主导着司法制度的运行实践，参与司法制度运作的各方也对这些规则"心领神会"，并"心照不宣"地按照这些规则行事。[1]《刑事诉讼法》制定程序性规则的目的是引导公检法部门秉持公平、公开、公正的原则正确行使执法权、检察权、审判权。由于暗箱操作可以省去大量程序上烦琐的操作，省时省力，因而警察、检察官与法官往往有意无意地违反诉讼程序规定而联合进行暗箱操作。但是，正是由于暗箱操作省去了法律认为必要的程序，从而可能导致假案、错案，严重影响司法公正。暗箱操作的行为属于程序性违法，有违法律的内在精神，该种行为正是源于没有使权力在阳光下运行，缺乏公众的监督以及对诉讼程序规则的规避与架空。缺乏规则的牵制与外部的监督使得权力无限扩大，刑事诉讼程序无法实现，从而导致职权滥用与司法腐败。因此，应促进侦查人员从暗箱操作的潜规则向公开透明执法观的转变，这就要求公安司法人员在侦查取证活动中认真落实程序公正等要求，并习惯于"镜头下执法"和在社会公众监督下办案，以此获得社会支持，并在公开公正执法程序中提高司法公信力。

最后，促进查明事实的办案观向证明事实程序观的转变。在司法活动中，查明与证明是一对存在逻辑关系的概念，同时也容易被混淆。所谓查明，是指通过一系列的调查与分析，明确案件事实的真伪。所谓证明，是指将已查明的有关事项通过证据的列举与逻辑的串联予以表达，使人对其清楚、明白。[2]从概念上即可见查明与证明的区别，第一，查明与证明有着明显的时间先后顺序，先有查明，再有证明。第二，查明的目的是使自身明确，而证明的目的是使他人明白。第三，查明只是主观方面的认定，

---

[1] 陈瑞华：《程序性制裁理论》，中国法制出版社，2004，第50页。

[2] 何家弘：《从侦查中心转向审判中心——中国刑事诉讼制度的改良》，《中国高校社会科学》2015年第2期。

具有主观性，若无法律认可及令他人信服的证据，即使查明亦不意味着一定能够证明。毫无疑问，证明比查明的难度大，查明是以破案为目的，证明则要求在法律程序规则下进行证据的采集、固定和质证。因而，在证据的调查取证过程中，应提高侦查人员的证据观念和程序意识，促进查明事实的办案观向证明事实程序观的转变。

第二节 侦诉审关系结构的重塑

公检法三机关"分工负责、互相配合、互相制约"是我国《宪法》和《刑事诉讼法》明确规定的基本原则。然而在司法实践中，侦查机关在侦查、起诉和审判过程中占据核心地位，公检法呈现"流水线"作业状态，一定程度上形成权力越位、庭审虚化和诉讼倒置等问题。事实上，"线性构造"诉讼模式无论从构造主体的适格性上，还是从构造的基本样态上，均与诉讼基本原理和规律相冲突，其实质仍是一种监督制约失调的诉讼结构。

具体而言，一方面在这种"线性构造"的诉讼程序中，基于侦查机关的强势地位，不仅被告人和辩护律师难以通过辩护权对侦查权予以制约，而且检察机关也难以通过程序的方式对侦查机关进行法律约束，这样就导致侦查权制约失调的法律现状，从而使刑事诉讼不再是一种控辩审三方参与的诉讼活动，而成为侦查机关单方强力追诉的行政行为，这无疑是现代诉讼权利保障机制的大敌。[1]另一方面，公检法三机关"流水作业"的诉讼模式，还造成审判的"离心化"倾向，即无论对指控证据的收集还是对犯罪事实的认定方面，侦查机关都发挥着实质性的决定作用；无论审查起诉还是法庭审判，大体上都属于对侦查结论的形式审查活动，或者至多发挥着程序补救和补充完善的作用。[2]在侦查中心主义传统思维的长期影响

---

[1] 余缨、宋远升：《从侦查中心主义到审判中心主义下的诉审关系建构》，《犯罪研究》2016 年第 4 期。

[2] 陈瑞华：《论侦查中心主义》，《政法论坛》2017 年第 2 期。

下，公安机关侦查取证工作的重心往往局限于对案件犯罪事实的侦破，加上书面裁判主义的导向作用，使侦查人员比较关注案件是否能顺利移送审查起诉，而不太重视调查取证是否能够满足案件起诉、审判阶段证明犯罪事实和审查判断证据的需要。同时，在"流水作业的纵向构造模式"影响下，侦查办案人员诉讼意识和庭审意识淡薄，认为案件侦破后"接力棒"就移交给检察机关，出庭支持诉讼是公诉人员的职责而与他没有关联。事实上，在以侦查为中心的刑事诉讼构造中，侦查机关、公诉机关和审判机关在侦查、起诉和审判程序中各自成为具有权威地位的裁决者，并通过一种"接力比赛"的模式推动整个刑事诉讼的进程。这种"接力比赛"式的审查和加工，使得法庭审判变成对侦查机关证据材料的审查和确认过程，在很多情况下，即便侦查机关得出的结论并没有得到足够的证据支持，甚至案件存在明显的矛盾或者疑点，法院也会对此迁就，而作出所谓"留有余地"的裁决。[1]可见，侦诉关系的异化、侦审关系的错位以及侦辩关系的失调，不仅造成控审不分离、裁判不中立、辩护不充分，更为严重的是还造成大量"起点错，跟着错，错到底"的现象。因此，应在遵循司法客观规律和诉讼基本原理的基础上，理顺侦检关系，构建公诉引导侦查的诉讼机制；改革侦审关系，引入司法审查与司法令状制度；完善侦辩关系，促进侦查程序的"三维构造"。通过对侦诉审关系的重塑，促进程序"三方组合构筑"从形式两造到实质两造的转型。

一、侦诉关系的重塑——公诉引导侦查机制的构建

理顺侦诉关系的基本原理在于改变我国警主检辅的检警关系。从比较法的角度而言，检警关系模式主要分为以下几种：一是以大陆法系国家为代表的检警一体化模式。如在德国刑事诉讼中，一方面，所有警察都有权力在犯罪被告发之后立即采取必要的侦查措施，例如可以在犯罪现场保护证据、询问证人等；另一方面，作为检察官的辅助人员，警察在检察官的指示下，在一定程度上和检察官共同享有采取进一步的侦查措施的权力。德国的检察官是侦查工作的领导者，有权决定是否立案侦查，有权临时采

---

[1] 陈瑞华：《刑事诉讼的前沿问题》（第五版），中国人民大学出版社，2016，第277页。

取拘留、搜查、扣押等强制措施，有权决定是否提起公诉等，在犯罪侦查过程中起决策作用，其享有的刑事侦查权力不仅多于司法警察，而且其中某些侦查权起着至关重要的作用。[1] 二是以英美法系国家为代表的检警分离模式。所谓检警分离模式，即刑事案件的侦查权和起诉权分别由警察机关和检察机关行使。与大陆法系不同，英美法系的对抗式诉讼直接来源于弹劾式诉讼，跨越了纠问式诉讼阶段，在刑事诉讼的近现代化过程中，检察机关的公诉权是从警察机关分离出来的。[2] 由于这种历史传统，英美法系国家检察机关与警察机关一般相互独立，在检警关系中，检察机关不具有优势地位，没有指挥侦查的权力。三是以日本为代表的混合型检警模式。在日本，检警关系基本模式是，警察侦查结束后，将案件移送给检察官，并进行检察侦查。《日本刑事诉讼法》第 193 条确认了检察官在三种法定情形下才对警察拥有指示或指挥权，检察官有限的权力表明日本警检关系的混合性，即介乎分立与结合之间的警检若即若离的关系。[3] 当前我国的检警关系近似第二种，侦查和公诉职能由警检机关分别承担，侦查与起诉程序各自独立。然而不容否认的是，警察机关在侦查阶段处于主导地位，享有绝大部分独立使用强制侦查手段的权力，加之受以打击犯罪为核心的刑事意识影响，实际上形成一种以侦查为中心、警主检辅的模式，公诉职能对侦查职能有较强的从属性和依附性。[4] 在这种检警关系模式中，既缺乏大陆法系国家立法中检察官领导、指挥警察的权威，也没有英美法系国家实践中那种警察为支持公诉服务的驱动力，检警目标存在断裂，侦诉命运共同体远未形成。

---

[1] 鲁晓荣：《中外警检关系比较及我国警检模式之构想》，《中国刑事法杂志》2009 年第 4 期。

[2] 自 19 世纪近代警察制度建立之后，大部分刑事追诉工作由警察担当，当警察面对复杂案件出现追诉能力不足时，则请求内政部将案件移交财政部法务官追诉。后者对刑事追诉工作也常力不从心，为了弥补他们的能力不足，设立了"公诉长官"，并为他们提供刑事追诉上的意见。参见陈国庆、石献智：《检察制度起源辨析》，《人民检察》2005 年第 5 期。

[3] 谢波：《从警检关系论警察出庭作证》，《国家检察官学院学报》2015 年第 2 期。

[4] 张可、陈刚：《审判中心视野下侦查程序的改革与完善》，《河南社会科学》2016 年第 6 期。

新型的侦查程序构造要求侦诉形成一种递进、过滤式的关系，其核心内涵就是要确立协作与监督下的公诉引导侦查制度。检察机关应借鉴西方侦查程序和警检关系的有益成果，在协作与监督基础上，逐步探索建立新型侦诉关系，实行主诉检察官主导侦查办案模式。承担起诉职责的检察官可以提前介入侦查程序，行使对侦查活动的引导权、对侦查证据的复核权、对违法违规行为的纠正权，既引导全面收集证据，又加强对刑讯逼供、非法取证的源头预防，严格依法认定证据，确保事实认定符合客观真相、办案结果符合实体公正、办案过程符合程序公正。[1] 在此需要明确的是，就主导方式而言，此一制度仅涉及检察对侦查行为的引导，而不涉及检察对侦查行为的领导，关键在于强化检察机关审查起诉的自由裁量权和在该阶段的自侦权。此外，就主导内容而言，此一制度仅涉及检察对侦查取证行为的引导，而不涉及其他。推进以审判为中心的诉讼制度改革，实际上是要实行以司法审判标准为中心。它要求侦查程序取得的证据要经得起庭审的检验。因此，公诉机关的根本任务在于引导侦查机关，促进侦查部门严格依法收集、固定、审查、保存和运用证据，使其取得的证据符合庭审的要求。[2] 事实上，侦查机关和检察机关同属"三方组合构造"中公诉职能一方，他们有为审判阶段做准备的共同任务与目标，因而应当在公诉引导侦查的基础上加强两者的相互协作，通过检察机关对侦查活动的提前介入和实质接触而提高侦查活动中证据收集的合法性与科学性。

二、侦审关系结构的重塑——司法审查与司法令状制度的引入

依据《刑事诉讼法》及相关司法解释的规定，除逮捕是由人民检察机关或者人民法院决定外，其他强制措施都由公安机关自行决定使用。在我国，正是由于监督主体不适格以及制约机制不健全，导致侦查权特别是强制性侦查措施滥用和羁押率始终居高不下。当前，刑事法治的基本理念和标准之一就是将犯罪追诉活动纳入诉讼化的法治轨道，使得侦查程序每一

---

[1] 龚举文：《审判中心主义与职务犯罪侦查的理论辨析及其制度构建》，《法学评论》2015 年第 6 期。

[2] 张可、陈刚：《审判中心视野下侦查程序的改革与完善》，《河南社会科学》2016 年第 6 期。

个阶段都能够在控、辩、审"三方构造"的协同制衡模式下开展，避免因权力的肆意而造成公民权利的被侵害和诉讼司法制度的异化。西方各法治国家均将其作为诉讼程序的组成部分，并在立法上设立司法审查机制：由中立的司法机构对侦查方实施的强制侦查行为的合法性进行审查，从而在审判前形成控、辩、裁结构形式，以保证侦查程序都被纳入"诉讼"的轨道，确保那些与公民人身权、财产权、隐私权等基本权益相关的事项都能由中立无偏、不承担侦查职责的司法机构来作出决定。[1] 就比较法的角度而言，在侦查程序诉讼化的基础上通过对强制性侦查措施的司法审查来维护程序正义和保障公民权利，早已被英美法系国家法律确立，并被大陆法系国家的立法认可和吸收。

例如，在英国，1980 年《英国治安法院法》、1984 年《警察与刑事证据法》等有关法律，对于司法令状主义原则作了详尽的规定，要求逮捕令、搜查令、扣押令由治安法官签发。治安法官根据警察机关提出的告发书或申请书，在符合法律规定的条件下签发令状。一个治安法官签发的逮捕证在被执行或被撤销之前均有法律效力。这些规定一方面赋予警察在侦查过程中所应享有的权力，另一方面又严格地规定了警察在行使其权力时要遵守法律规定，同时还规定了司法权对警察的强制侦查行为的审查途径。[2] 在美国，除了法定的例外情形，警察对任何人实施逮捕、搜查都必须事先向一位中立的司法官员提出申请，证明被逮捕者或者被搜查者实施犯罪行为具有"可成立的理由"，并说明予以逮捕或搜查是必须的。司法官员对警察的申请进行审查，认为符合法律规定的条件，则发布许可逮捕或搜查的令状。关于窃听的强制侦查行为，除法定的紧急情况外，警察在窃听以前，必须首先向法官提出有关窃听的附有誓言的书面申请，向法官证明存在"可成立的理由"和确有窃听的必要，并取得法官的许可。根据《美国联邦刑事诉讼规则》的规定，无论持法官签发合法令状的逮捕，还是紧急情形下的逮捕，警察都必须在"无不必要迟延"的情况下，将被捕者立即

---

[1] 杜康瑞：《强制侦查行为司法审查机制的探究》，吉林大学硕士论文，2007，第 28 页。

[2] 赵颖：《英国的司法审查之诉》，《河北法学》2005 年第 7 期。

送往"最近的"法官处,由后者对嫌疑人进行初次聆讯。[1] 在德国,侦查机关进行审前羁押、搜查、扣押或采取秘密侦查手段之前,原则上要依据法定条件和理由申请法官签发令状,然后依令状运用上述手段。侦查机关在紧急情况下采取了无证拘留、暂时逮捕、搜查、扣押以及秘侦手段后,要在法定期限内提请法官加以审查,以确认这种行为是否具有合法性。《德国刑事诉讼法典》赋予犯罪嫌疑人司法救济的权利,以期引起司法审查,从而保障犯罪嫌疑人的合法权益。[2] 在意大利,司法警察或检察官采取的所有强制侦查行为,一般要取得预审法官的事先许可或授权。在紧急情况下,司法警察可以申请检察官直接许可实施搜查、扣押等强制侦查行为,完成这种行为后,必须立即向预审法官报告,并接受其事后的司法审查。[3]

　　作为现代法治的重要组成部分,司法审查与司法令状制度的核心在于将以司法权对强制侦查行为进行审查后颁布的司法令状作为侦查行为正当性的依据。当前,在我国建立对强制侦查的司法审查制度具有不容置疑的必要性,这不仅仅是出于解决我国强制侦查措施在运用过程中所存在的实际问题,更重要的是基于调整侦查权与审判权的关系、建立健全宪法权利的程序保障机制的战略需要。[4] 因此,应当在借鉴域外先进经验的基础上,建立符合我国国情的司法审查制度。考虑到当前我国侦查机关的办案压力,可以将司法审查的对象限于那些影响公民人身自由权、财产权、隐私权等基本权利的强制侦查措施。综上,重塑侦审关系,不仅应明确法院和侦查机关在犯罪追诉总体目标上的配合,同时还应当强调法院对侦查机关的约束以及侦查程序自身的诉讼化,即应通过构建司法审查机制,使法院作为中立司法机关介入审前侦查程序并对上述强制性侦查措施的使用进行审批。

---

[1] 刘为军:《英美侦查体制的发展动向及启示》,《山东警察学院学报》2016 年第 5 期。

[2] 李昌珂译《德国刑事诉讼法典》,中国政法大学出版社,1995,第 81 页。

[3] 杨建国:《试论强制侦查行为的司法审查》,苏州大学硕士论文,2004,第 18 页。

[4] 孙长永:《强制侦查的法律控制与司法审查》,《现代法学》2005 年第 5 期。

三、侦辩关系结构的重塑——侦查程序"三维构造"的改革

作为一项法律活动，刑事诉讼是由具体的法律关系主体来承担和完成的。完整意义上的刑事诉讼法律关系的主体包括两类：一是以国家名义参加诉讼并且行使法律赋予的诉讼职权的国家专责机关，一是以个人名义行使个人诉讼权利的当事人和其他诉讼参与人，两类主体分别代表刑事诉讼程序中的公权主体和私权主体。公权与私权的最大区别就在于国家强制力的保障实施，前者天生强势于后者。一方面，由于刑事诉讼的目的是准确打击犯罪、维护国家安全和社会秩序，所法律应当赋予专责机关揭露犯罪、惩罚犯罪的诉讼职权并保障其有效行使；另一方面，程序本身的独立价值还要求最大限度地维护个体参与人的合法权益，赋予其必要的防止和抵御专责机关不当损害所需要的各项诉讼权利。在某种意义上，刑事诉讼法律关系主体的公权和私权配置的平衡决定了刑事司法公正的最终实现。[1] 实践证明，诉讼关系主体结构的异化往往导致侦查权力的滥用，因此，除了加强司法机关内部对侦查权的监督和制约外，还应当赋予犯罪嫌疑人和辩护人在侦查阶段的主体地位，促进侦查程序构造从二维模式向三维模式转变。

具体而言，在侦辩关系结构的重塑中，一方面，应当保障犯罪嫌疑人一方的程序主体地位。犯罪嫌疑人由诉讼的客体转变为具有独立人格的诉讼主体，是诉讼制度走向现代的标志，是刑事诉讼民主化、科学化的结果，并最终使得犯罪嫌疑人成为具有独立价值的主体，使得刑事司法成为充满人文关怀的家园。这一历程是人的社会主体意识觉醒与主体价值实现的过程，是人类自身道德主体性得到尊重与认同的过程，是人性得到张扬的过程，是人类进入自由状态的必由之路。[2] 因而，为促进犯罪嫌疑人由侦查取证客体转变为"三方组合构造"中的一方诉讼主体，应当通过对犯罪嫌疑人知悉权的完善、沉默权的确立、证据保全请求权的赋予以及司法救济权的强化，在制度和程序层面真正实现嫌疑人诉讼主体地位的实质化。

---

[1] 傅宽芝：《刑事诉讼主体公权与私权》，社会科学文献出版社，2010，第 18 页。

[2] 陈卫东：《论犯罪嫌疑人的诉讼主体地位》，《法商研究》2003 年第 2 期。

另一方面，应当完善侦查阶段的律师权利与律师权利保障制度。两造均衡乃理性侦查程序构造的基本要求。在侦查程序中，基于诉讼平等武装的考量，被追诉人与侦查机关的有效对抗离不开辩护律师的帮助。因此，要保证侦查程序构造中侦辩关系的有效相互制衡，还需要明确侦查阶段律师的基本权利。我国新《刑事诉讼法》、《律师法》、"两高"出台的相关司法解释与规则、公安机关出台的《公安机关办理刑事案件程序规定》在一定程度上对律师权利进行了拓展和确认，在司法实践中也取得一定的效果。但客观来讲，上述各项立法方面的努力并没有彻底明确律师在侦查阶段的讯问在场权、完整阅卷权及调查取证权等核心权利，公安机关关于侦查程序中律师权利的规定还存在大量虚化现象。因此，在侦辩关系的结构性调整中，应当设立律师在场权，即律师有权对侦查机关的讯问进行在场监督；应当促进法律援助制度的落实，设立包括公设辩护人制度的多层次法律援助体系，加强侦查阶段法律援助的专业性、协调性、对抗性、保障性和高效性；应当完善配套性保障机制，特别是加强律师侦查阶段的人身保护以及设立阻碍律师行使权利的问责机制。

此外，为保障侦查阶段律师权利与律师权利保障制度的贯彻落实，侦查机关应及时转变观念，加强对律师辩护权的保障，不得任意干涉援助律师会见权、调查取证权、提出意见权以及申诉、控告权的正当行使。首先，公安机关应当及时转变观念。长期以来，我国"单方侦查有利"的观念盛行，公安机关对律师介入侦查阶段存在抵触情绪，怠于履行通知义务和不当干扰法律援助活动的现象普遍存在。在新《刑事诉讼法》修订的背景下，公安机关侦查人员应当及时转变观念，纠正惯性思维方式，更加准确、理性地看待法律援助制度存在的价值和意义。实践中，辩护律师与公安侦查机关不仅有对抗还可以合作，其能够站在公权力的外围从另一个角度思考分析案件，共同发现和还原案件真实情况。此外，"正义要实现，并且要以看得见的方式实现"。只有保证犯罪嫌疑人充分获得辩护律师的法律帮助，全面地表达自己的诉求和主张，才能使其更好地接受对其的不利裁决。因而，公安机关应当及时转变观念，尊重犯罪嫌疑人的诉讼主体地位，理性看待刑事辩护行为，保障程序的参与性和合法性，有效提高最终裁决的公信力和可接受性。

其次，公安机关不得无故干扰或阻碍辩护律师行使合法权利。有效辩护有赖于援助律师对控方证据的有力反驳，以及提出的有利于犯罪嫌疑人的事实、主张和证据，这就涉及援助律师的会见权、调查取证权、提出意见权等辩护权利的行使。通过会见，全面了解犯罪嫌疑人的基本情况，获得调查线索并对相关证据予以核实；通过调查取证和现场走访，发现和收集有利于本方的证据和潜在证人；通过向侦查机关提出书面意见，发表诉讼主张或辩护意见。因而，公安机关不得在侦查阶段任意干扰、阻碍辩护律师的法律援助行为，并要在必要限度内给予一定的帮助和支持，及时安排律师会见，认真聆听辩方意见，并注重收集有利于犯罪嫌疑人的证据材料，真正使形式上静止的法律援助制度变为实质上有效的刑事辩护。

第三节 侦查取证的规范化建设

当前，审判中心主义的诉讼改革理念对警察出庭作证制度以及整个公安侦查取证程序造成巨大冲击和影响，使得侦查取证的标准变得更高、侦查取证的程序变得更严、案件审理的诉讼风险变得更大。《关于全面推进以审判为中心的刑事诉讼制度改革的实施意见》要求"以庭审实质化改革为核心，确保诉讼证据出示在法庭、案件事实查明在法庭、诉辩意见发表在法庭、裁判结果形成在法庭"。因此，为应对审判中心主义诉讼模式给侦查取证工作带来的挑战，全面贯彻落实警察出庭作证制度，促进侦查人员从"破案"到"胜诉"的观念转型，应坚持证据裁判原则，确保证据材料禁得起法庭的调查和质证；坚持非法证据排除规则，倒逼侦查取证的规范化与法治化；坚持疑罪从无原则，保障被追诉人在侦查阶段的各项诉讼权利；坚持程序公正原则，强化侦查取证措施的程序合法性。

一、侦查讯问的规范化

对侦查讯问行为的规范是推进侦查模式从"由供到证"到"由证到供"

转型，以及全面实现侦查法治化的重要环节。在 2012 年和 2018 年的《刑事诉讼法》修订中对侦查讯问进行了较大幅度的调整，特别是对不强迫任何人自证其罪、侦查阶段律师辩护权、讯问录音录像制度、非法证据排除规则及讯问的时间与地点等都进行了明确规定，这为推进侦查讯问规范化运行提供了重要的法律支撑。然而，就目前的侦查讯问实务来看，仍然大量存在实体违法和程序越轨等诸多不规范侦查讯问行为。所谓实体性不规范侦查讯问行为实质上是一种由侦查人员实施的犯罪行为，较为常见的就是对犯罪嫌疑人进行刑讯逼供或虐待体罚。所谓的程序性不规范侦查讯问行为是指由侦查人员实施的非法侦查讯问行为，这些非法侦查讯问行为包括所有未按照法律规定的要求实施的侦查讯问行为，例如讯问前对犯罪嫌疑人的权利未予以充分告知；讯问过程中侦查人员少于二人；采取威胁、引诱、欺骗等非法方法讯问；讯问结束后，未让犯罪嫌疑人认真阅读讯问笔录；讯问笔录未经犯罪嫌疑人核对，或者未按规定在笔录上逐页签名（盖章）、捺指印；犯罪嫌疑人被送交看守所羁押以后，侦查人员对其进行讯问，未在看守所内进行；对可能判处无期徒刑、死刑的犯罪嫌疑人或者其他重大犯罪的犯罪嫌疑人，在讯问过程中未进行录音或者录像；讯问犯罪嫌疑人未保证犯罪嫌疑人的饮食和必要休息时间；讯问不通晓当地语言和文字的犯罪嫌疑人，未配备翻译人员。事实上，不规范侦查讯问行为在审判中心主义诉讼模式改革中成为制约侦查程序法治化和刑事执法规范化的"瓶颈"。因此，本书建议从侦查讯问规则、权力制约、责任追究、程序处置以及讯问策略完善等角度，加强刑事侦查讯问的规范化。

其一，完善和严守讯问规则。如上所述，侦查讯问不规范之处往往在于讯问时间、讯问地点、讯问主体以及讯问笔录和权利告知的程序性违法。因而，改革和完善侦查讯问规则，应严格控制讯问的时间，应明确每次讯问时间不超过 8 小时，每两次讯问的间隔不得少于 2 小时，禁止"车轮战"式的讯问；严格选用合法的讯问地点，侦查人员对嫌疑人进行拘留后，应当立即将其送往看守所羁押，至迟不超过 24 小时，并且羁押后的讯问应在看守所进行；[1] 在讯问主体上，侦查讯问人员不能少于两人，同时侦查

---

[1] 陈蕾：《新刑诉法施行后侦查讯问的困境及破解》，《犯罪研究》2015 年第 6 期。

人员在讯问前应当履行权利义务的告知，并保障犯罪嫌疑人供述的自愿性，严禁以刑讯逼供的方式或威逼、引诱等方式获取口供。此外，为保障侦查讯问的客观性和有效性，侦查人员应当如实记录被追诉人的有罪供述和无罪辩解，并且讯问结束后应当将笔录交由被讯问人员阅读以及签字确认。

其二，规范言词证据的收集，科学运用讯问策略。加强对先进讯问方法的研究，提高侦查人员的讯问能力，是应对侦查中心向审判中心诉讼模式转变，破解侦查讯问困境和提高侦查取证规范化的应然之路。然而，由于侦查人员讯问能力和证据意识不足，指供、诱供时有发生，"车轮战""疲劳战"屡禁不止，呵斥、恐吓犯罪嫌疑人现象突出，侦查讯问内容不细致不全面等问题严重。[1] 因此，建议侦查人员严格贯彻落实"不得强迫自证其罪"诉讼基本原则，合理有效应用侦查讯问策略，不断提高讯问水平。具体而言，可以综合应用心理学、逻辑学、微表情等交叉学科知识，根据被追诉人的特点采用不同的讯问方式和策略，以合法化为基本框架，杜绝诱供、骗供、刑讯逼供等违法取证活动，充分使用言语技巧、心理战术和证据策略，突破被追诉人的心理防线从而取得言词证据。

其三，加强对侦查讯问的监督和制约。为保障侦查取证的合法性，可以通过健全录音录像制度、建立讯问时律师在场制度等第三方监督力量的制度化设计，防止和减少刑讯逼供现象。刑事讯问录音录像制度有助于规范侦查讯问行为，防止刑讯逼供，保障讯问笔录的公信力和确定力，而且通过在法庭上出示讯问时的全程录音录像资料，有助于对侦查讯问过程的合法性证明以及反驳刑事被告人的翻供。当前，虽然《刑事诉讼法》规定了适用录音录像的情况，但是对于录音录像的法律属性、诉讼地位和证明效力以及该制度贯彻落实的细则规范没有明确说明，如讯问录音录像与讯问笔录存在不对应、录音录像适用案件范围的规定与法庭证明讯问合法性规定存在矛盾、讯问录音录像中的补录和重新录制问题、录音录像的技术规格不统一以及录音录像是否随案移送不确定等问题，在一定程度上制约

---

[1] 曹晓宝：《侦查讯问的实践误区及其应对策略》，《湖北警官学院学报》2018 年第 2 期。

了录音录像诉讼功能的发挥。[1] 对此，建议在借鉴域外有关立法和司法经验的基础上，通过立法、立法解释或司法解释的形式详细规定全程录音录像的适用范围、操作程序以及相应法律后果，并详细规定录音录像制作、保管和使用的程序和方法，以促进全程录音录像制度体系的科学构建以及该制度在实践中的高效运行。

其四，健全和完善不规范讯问笔录的程序性处置。侦查讯问笔录是侦查人员依法对犯罪嫌疑人进行讯问时就讯问情况所做的文字记录。客观、如实、规范地记载讯问情况的讯问笔录对于查明犯罪事实、证实犯罪、准确地定罪量刑等都具有重要作用。然而，就目前的立法规范而言，并没有对讯问笔录制作不规范行为的程序性处置规则，这导致侦查讯问实践中对于讯问笔录制作不规范行为的处置具有较强的随意性。讯问笔录的制作是侦查讯问程序中的一个重要环节，是实现讯问程序目的的一个基本手段，倘若这个手段不能良好运行，那么必将影响讯问目的与价值的实现。因而，应当在遵循比例原则的基础上，构建系统、规范、可操作的程序性处置机制。对于一般疏忽或遗漏，对犯罪嫌疑人的意思表示及其确定性没有影响或影响不大的，可以采用弥补或更正的处置方式；对于讯问笔录中存在严重疏漏，致使犯罪嫌疑人的意思发生变化，影响讯问笔录确定性的，应采用重新实施的处置方式。同时，侦查机关还应当结合《公安部关于改革完善执法质量考制度的意见》和公安机关《执法质量考核评议规定》等执法质量考核办法，明确各种不规范行为的考核标准和处罚措施，不断促进侦查讯问笔录制作的标准化和规范化。

二、物证取证的规范化

证据裁判是现代刑事司法的基本原则和要求。在所有证据形式中，物证的客观性和稳定性较高，是最重要的证据形式之一，被誉为现代证据之王。[2] 所谓的物证，是指源于搜查、扣押、勘验、检查等侦查行为的，以

---

[1] 李玉华：《我国侦查讯问录音录像实施中的十大问题》，《中国人民公安大学学报》（社会科学版）2014 年第 3 期。

[2] 何永军：《刑事物证的困境及出路》，《昆明理工大学学报》(社会科学版)2016 年第 3 期。

外部特征、存在形式或物质属性证明案件真实情况的物品和痕迹。物证一般包括犯罪工具、犯罪对象、犯罪过程中留下的物品或痕迹以及犯罪行为产生的物品，通过这些物品或痕迹的形状、大小、颜色、所处的位置、状态、物理或化学性质、质量、功能等属性证明案件事实。[1] 事实上，物证质量对于多数刑事案件的侦破、起诉以及定罪量刑起着至关重要的作用，但实践中无论物证的提取、固定环节，还是检验、鉴定、保管和流转环节都存在诸多不规范操作。因此，针对实践中的上述问题，建议在审判中心主义导向下加强物证收集的规范化建设，在实物证据鉴真规则基础上促进物证保管规范化建设，在警务信息化和规范化指导下完善物证检验鉴定规范化建设。

1. 物证收集、固定的规范化

以审判为中心的改革通过严格审查刑事证据的证据能力，给公安机关侦查取证工作提出了更高的标准和要求。当前，在证据收集过程中如果出现程序性违法，将引起侦查取证的合法性问题，即所得证据材料将被法庭要求补正甚至依法排除，进而无法成为定罪量刑的依据。因此，为提高侦查取证工作质量，应充分发挥"以审判为中心"对侦查取证的指引作用，严格要求侦查主体遵循庭审证据要求和依据法定程序收集现场物证，形成证据链条体系。

具体而言，其一，取证主体规范，即侦查取证人员的资格与数量要符合法定要求。搜查、扣押、检查、调取物证、接受物证等证据收集活动均要由两名侦查人员进行；现场勘查人员须为具有勘验资格的刑事技术人员。

其二，现场保护规范。及时规范地保护现场，是保证物证收集有效进行的重要条件。这就要求在正式取证前各警种应通力合作保护好现场，最先到达现场的警察应立即对现场区域予以警戒，疏通无关人员，避免人为破坏，有秩序地组织急救抢险人员进行救护并记录救护情况、现场物品情

---

[1] 孙长永主编《刑事诉讼法学（第二版）》，法律出版社，2014，第184页。

况等。[1]同时，在现场勘验、搜查、扣押、检查时应注意避免人为破坏现场，并对现场的变动情况进行书面或者录像全程记录。

其三，现场取证规范。现场取证规范，不仅可以帮助现场取证人员达到较高的取证水平，还可以向检验和鉴定人员提供科学有效的证据材料。根据规范对行为结果的不同作用，现场取证规范可以分为目标性规范（含标准性规范）与操作性规范（含程序性规范）。其中，目标性规范是指现场取证行为所要达到目标的规范，通过对现场取证行为的基本目标加以规定，为现场取证行为提供正确导向和依据。现场取证的目标性规范包括：现场的视觉、嗅觉和听觉情况，被害人和犯罪行为人感知到的情况，现场内部的空间距离关系，识别证据物品，现场、被害人、犯罪嫌疑人和物证的内在联系。[2]就现场取证目标性规范的运行机理而言，其是在四方关联理论和证据动态变化规律基础上，构建犯罪嫌疑人、被害人、现场和物证四个维度的关联，对潜在证据或者证据材料的物质和形态痕迹进行识别，进而发现、收集和固定显在或潜在的现场证据材料。操作性规范是指导完成现场取证目标的方法和程序的规范。依据《公安机关执法细则》相关规定，现场取证的操作性规范包括刑事物证的发现、采集、固定、记录等几个方面。具体而言，在现场取证中，应遵循的操作性规范主要有：在提取物证之前，应该首先进行拍照。既要有全貌照片，以真实反映该物件与周围环境的关系，还要有特写照片，表明所提取的实物的特征；所有物证均不能用手直接抓取，必须戴手套提取；为避免污染生物物证，必须戴一次性手套，用镊子提取；应对提取的每一物证在外包装上作出标记，标明物证名称、提取部位、所处状态、提取人姓名、提取时间；每件物证都应经过有关机构登记处理；每件物证的交接应有适当的记录，能够反映物证经过的每一环节。

其四，笔录制作规范。笔录证据主要是以书面文字的形式来记录各类诉讼活动，用以证明特定事实的一种证据形式。它既是取证主体收集、固

[1] 江佳佳：《审判中心主义下刑事犯罪现场勘查制度完善》，《辽宁警察学院学报》2017年第1期。

[2] 王睿：《信息化视角下现场取证规范管理研究》，《湖北警官学院学报》2015年第7期。

定或保全刑事物证的一种基本方法，也是证明物证取证活动合法性的一种证据形式。[1]然而，司法实务中，笔录证据不规范、不健全问题层出不穷。例如，有些案件中有提取物证时未制作提取物证笔录的情形；有些案件中的提取笔录、称重笔录、扣押清单记载不客观、不全面或者存在重大笔误，没有完整记录物证的各种数量、特征，缺乏持有人、见证人、侦查人员签名等信息，存在许多证据瑕疵，甚至笔录内容前后存在重大矛盾；有些案件对见证人是如何见证整个侦查活动的过程，极少有笔录记载。[2]对此，应当规范笔录类证据的制作，即侦查取证人员必须依照法律要求制作笔录，禁止空白签名、虚假记载、不实描述。同时，在笔录制作中，要注意对物证收集方法的客观、全面记录；对物证取证措施的理由与合法性依据进行说明；保障见证人在场见证以及签字确认，在没有见证人等特殊情形下，则应当采用全程录像手段对刑事物证的提取和收集进行全程记录。

2. 物证保管的规范化

当前，随着审判中心主义下"以口供为中心"到"以物证为中心"证明模式的转变以及鉴真规则[3]的确立，不仅使得物证成为侦查取证中的重点与关键，同时还对《刑事诉讼法》中物证保管程序提出了更高的要求。物证的保管程序又称为证据保管链条，是指"负责保管证据的人员，从证据收集到证据最终被处理期间，按时间顺序持续记录的证据被收集、转移、存放、使用、处理全部环节的证明文件所反映的证据流动路径"[4]。侦查实践中，物证从收集固定到最终提交法庭，大多要经历收集、运输、保管、鉴定等多个环节，而任何一个环节的不规范操作都可能影响物证的同一性和真实性以及导致证据鉴真规则下的程序性制裁。因此，在物证的规范化

---

[1] 王景龙：《论笔录证据的功能》，《法学家》2018 年第 2 期。

[2] 谭秀云：《刑事诉讼中物证真实性的保障机制研究》，《武陵学刊》2016 年第 3 期。

[3] 2012 年刑事证据规定确立了实物证据的鉴真制度，该制度有两个相对独立的含义：一是证明法庭上出示、宣读的某一实物证据与举证方所声称的那份实物证据是一致的；二是证明法庭上所出示、播放的实物证据的内容如实记录了实物证据的本来面目，反映了实物证据的真实情况。参见陈瑞华：《实物证据的鉴真问题》，载《法学研究》2011 年第 5 期。

[4] 杜国栋：《论证据的完整性》，中国政法大学出版社，2012，第 172 页。

建设中，不仅要强调物证的提取和固定行为，同时还应通过保管主体规范、保管场所规范、保管技术规范、保管记录规范等措施构建科学合理的物证保管链条体系。

其一，物证保管的主体规范。物证保管链条体系的构建和落实，在很大程度上取决于相关从业人员的素质和能力。因此，必须加强对专门管理人员的培训，做到专人管理，管理人员和侦查人员、鉴定人员分工负责，各司其职。同时，通过物证保管的专门培训，帮助管理人员树立安全意识和责任意识，熟悉和掌握物证保管技术的规范标准，提高物证包装、物证标示、物证流转移交等保管流程的规范操作能力。

其二，物证保管的技术规范。在物证证据保管链条体系中，证据保管的规范化建设不仅需要法律法规的制度保障，还离不开证据保管技术的支撑和保障。物证保管链条涉及的技术规定，包括收集物证的技术规定、包装物证的技术规定、移交物证的技术规定以及对物证进行科学实验、科学检测的技术规定。科学合理的保管技术不仅有助于保障物证与案件的关联性和客观性，而且对于促进证据保管的标准化和提高证据保管工作效率具有重要作用。

具体而言，在物证保管技术规范标准制定中，应根据物证种类和特性规定不同的保管方法，对于一般的物证，应当放入专门的保管场所，由专门的保管人员看守，并配备必要的设备设施，如储物袋、柜、箱、防盗门、监视器、控温器、防腐剂、干燥剂等，对于毒品、淫秽物品等违禁品，珍贵动、植物，易燃易爆等危险品，以及易损坏、变质等不宜保存的物证，应当移送有关部门进行保管、封存或销毁；[1] 根据物证种类制作相应的内容标示，即针对物证的收集、提取、流转、检测等不同的程序做出有差别的物证标签，可以借鉴美国司法实践中的做法，列明以下内容：案件的名称或者编号、发现和提取的具体日期和时间、物证具体编号、收集物证的人员、物证基本特征或特殊状态等；[2] 依据物证的保管级别制定与之相对应的保管技术规定，即对实物证据的原件与复印件，已决案与未决案的实

[1] 谭秀云：《刑事诉讼中物证真实性的保障机制研究》，《武陵学刊》2016 年第 3 期。

[2] 刘雷元：《侦查机关物证保管机制研究》，《黑龙江工业学院学报》2017 年第 11 期。

物证据分开保管，制定不同保管级别。最佳证据规则的基本要求是据以定案的证据应当是原物或原件。由于原件具有唯一性和不可替代性，故原件的保管级别最高。一般情况下，复制件的保管级别低于原始件。但有些原件、原物不易保存，必须制作它们的复制件，将复制件与原件核对后，确保无误的情况下，复制件也可以定为同原件相同的保管级别，同时将不易、不能保存的原件归还或销毁。[1]同时，保管级别高的证据应尽量减少出库次数，以保管级别较低的复制件代替，以此保障原物、原件在法庭出示的完整性和同一性。

其三，物证保管的场所规范。为实现执行权与保管权分离，避免因保管场所不独立而导致管理秩序混乱，建议撤销公、检、法三机关各自设立的扣押物保管和处理部门，构建独立统一的物证保管场所。同时，保管场所的硬件建设要达到保管标准，能够保障有足够的存储空间来存放证据材料。为提高物证保管工作的质量和效率，这些空间应该依据物证的属性和保管标准实行区域隔离和功能划分。此外，还应加大对科学研究和先进理念技术的引进，构建数字化的智能物证管理系统，即在二维码技术基础上，建立一物一码和分类管理机制，通过图书馆藏书式的索引和保管模式促进物证保管工作机制的创新和完善。

其四，物证保管的记录规范。作为保证物证原始性和完整性的重要手段，证据保管链记录机制对于提高物证保管工作规范和效率和保障物证在法庭的证明价值具有重要作用。然而，我国相关法律法规只侧重对证据的收集进行记录，[2]而忽视对证据存储、运输、保管、交接的规制和审查。同时，实践中包装标记不统一、登记建档不及时、移转交接记录不规范等问题，还严重影响到物证保管工作的有效开展。

对此，应针对我国立法现状和司法实务问题，从以下几个方面构建我国物证保管链记录体系：第一，单个物证的标示与记录。要求侦查人员对

---

[1] 周维芳：《实物证据保管问题研究》，扬州大学硕士论文，2013，第28页。

[2] 如《刑事诉讼法》第142条规定："对查封、扣押的财物、文件，应当会同在场见证人和被查封、扣押财物、文件持有人查点清楚，当场开列清单一式二份，由侦查人员、见证人和持有人签名或者盖章，一份交给持有人，另一份附卷备查。"

从现场提取的痕迹、物品分别包装，在每一份物证的外包装上都加贴标签，记明证据的主要特征，并在提取笔录、清单中进行登记，并注明提取的时间、地点、名称、数量和提取人等信息，在清单中还要对所收集的物证进行简要描述。第二，接触证据的保管人员登记责任。这项责任具体要求接触证据的每一位保管人员都必须对其经手证据的情况进行记录，记录的结果必须环环相扣，可以涵盖整个诉讼阶段的各个环节，最终达到严丝合缝、紧密对接。保管链除了对证据的状态进行记录外，更要记录每一环节处置证据的保管人员的身份、每一保管人员处置证据持续的时间以及证据保管行为是否符合法定标准和要求。第三，物证交接情况记录。物证证明作用有效发挥的一个重要前提，就是能够充分证明物证从收集到检验整个过程的完整性和同一性，因而必须有效提高物证交接记录的规范化。这就要求每一次流转交接的保管人员都保证物证在其保管期间得到妥善保管，并且全面详细记录向其移交物证的人员和时间以及下一环节流转物证的人员和时间，同时在有关的移交文书上签名或盖章，以保障每件物证的保管流转环节能够构成一个不间断链条记录体系。

3. 物证检验的规范化

在证据体系中，物证具有稳定性和客观性等特征，然而物证大多属于间接证据而无法直接证明相关待证事实，只有通过科学技术手段解读才能有效发挥其证明作用。物证最常见的解读和阐释方式就是物证检验，即物证需要通过刑事技术人员的鉴定检验，其内含的案件信息才能呈现和"开口说话"。然而，由于我国目前检验人员专业上欠缺、检验机构的标准不统一、检验程序的规范化不足等问题大量存在，造成刑事物证的诉讼证明价值大打折扣。

其一，加强物证检验鉴定人员的资质管理。物证检验的权威性和科学性，在很大程度上取决于检验人员的业务素质和专业能力。鉴于我国物证检验鉴定行业的现状，应从提高物证检验鉴定的权威性出发，建立一套系统严格的物证检验鉴定人员资质管理机制。一方面，建立健全检验鉴定人员的从业准入机制，要求申请者必须通过司法鉴定资格考试和鉴定实习期考核，并经鉴定主管部门司法行政机关审查合格后才能取得检验鉴定的资格；另一方面，完善鉴定人资格审查制度，通过司法鉴定行业协会对从业人员职业道德、业务素质、执业状况等方面的综合审查和测评，监督和促进鉴定人员队伍的整体执业素质的提高。

其二，构建物证检验鉴定的统一标准规范。从理论上讲，就某一鉴定事项，应该只有一种鉴定结果。但从现实来看，很多情况下，针对同一鉴材，不同鉴定机构或同一鉴定机构不同鉴定人员可能会得出不一样的鉴定结果。因此，应针对具体的鉴定对象及特点进行分类管理，建立相对规范统一的检验手段、方法、仪器、设备、操作步骤等。同时，对于鉴定机构、实验室以及从业人员的资格认定也应当设立严格统一的标准，以此提高物证检验结果的稳定性、科学性和证明力。

其三，促进法庭科学制度的构建。提高物证检验科学性的重要途径之一，就是促进以物证样本数据库、鉴定人出庭作证等制度为核心的法庭科学的设立与完善。为促进法庭科学基础性建设和提高物证链条的科学性，应加强 DNA 数据库、指纹数据库、枪弹数据库等物证样本数据库的标准化建设，为物证检验鉴定的开展提供扎实基础。同时，物证检验的科学性不仅表现为技术手段的标准性，还包括物证检验各环节的规范性，从而保障物证在法庭质证中不会因为非法证据排除规则而遭到质疑和摒弃。事实上，鉴定人出庭作证不仅有助于增强物证检验结果认定的科学性和提高物证自身的证明力，还有利于倒逼物证检验鉴定人员在各检验鉴定环节的规范化操作。因此，应建立健全科学、合理、系统的鉴定人出庭作证细则规范，切实解决司法实务中鉴定人"出庭难"和鉴定人"难出庭"等问题。

三、电子证据取证的规范化

依据《刑事诉讼法》第 50 条的规定，证据包括：物证、书证；证人证言；被害人陈述；犯罪嫌疑人、被告人供述和辩解；鉴定意见；勘验、检查、辨认、侦查实验笔录；视听资料、电子数据。由此可见，我国通过立法的形式将"电子数据"规定为法定证据之一。所谓电子证据是指借助信息技术、网络技术等高新技术或电子设备而生成，能够证明相关案件事实或情况的电子数据或信息。电子证据在计算机内部以电磁形式存在，借助不同载体表现，它可以是图片、文档、视频资料，也可以是非直观的计算机程序、指令、代码等。[1] 作为一种高科技的证据材料，电子证据在信息化社会中成为侦破案件和证明犯罪的重要依据，并在公安司法活动中发挥越来越大的作用。同时，电子证据具有技术性、隐蔽性以及易篡改性 [2] 等特征，这实际上对电子证据取证提出了更高的要求，即侦查人员在收集证据的过程中必须严格按规范进行，否则会使电子证据的客观性和完整性受损，进而影响电子证据的可信度和证明力。因此，应当在坚持合法性原则、关联性原则、及时全面性原则的基础上，健全电子证据取证的主体规范，提高电子证据取证的程序规范，完善电子证据取证的工具和方法规范。

1. 电子证据取证的主体规范

伴随网络信息技术的高速发展，侦查取证措施和手段不断技术化和复杂化，这在提高侦查效率的同时也对侦查人员的综合素质提出了更高的要求。然而，在侦查取证工作中，侦查人员电子取证意识不足，电子取证能力有限，对电子证据搜查、扣押、保全、鉴定等措施还比较陌生，造成实践中电子取证的效果不佳。例如，基层公安机关现场勘查人员在办理案件过程中，既缺乏相关技术人员的指导，又缺乏提取电子证据的方法和工具，不能在第一时间对电子数据进行取证，使得对于电子证据"不会取证、不该取证、不能取证"的现象普遍存在。电子取证工作中电子取证专业人员的水平直接关系到电子证据的质量，因而建议设立取证人员资质认证制度，完善人才培育机制，不断加强侦查取证队伍的专业化建设。

具体而言，一方面，建立健全取证人员资质认证制度。电子证据的可采性和证据链的完整性很大程度上取决于取证主体的技术、经验和智慧。专业取证人员对发挥取证设备和产品的作用，保证电子证据的可采性和证据链的完整性至关重要。对此，应设立取证人员资质认证制度，对取证人

---

[1] 李娜：《电子证据取证程序研究》，《河北公安警察职业学院学报》2017 年第 4 期。

[2] 电子证据以数字信号的方式存在，而数字信号是非连续性的，在信息存储、传输或程序的运行过程中，人为故意或者操作差错可对计算机证据进行截取、监听、窃听、删改、剪接，都很容易造成原始数据的改变、丢失和破坏。

员实行资质认证，同时确立相应的奖惩制度和人员淘汰机制，以保证从业人员的业务素质和整体水平。[1] 具体而言，通过建立资质认证主管部门，加强对电子取证人员的登记、考核和管理；通过设立电子取证人员准入规范，促进电子证据取证行业发展和规范化建设；通过确立电子取证人员复核规范，更新取证人员业务知识、能力，推动专业技术、工具、设备的迭代以及取证能力的不断提升。

另一方面，完善人才培育机制，不断加强侦查取证队伍的专业化建设。电子证据的获取涉及诸多学科，是取证人员综合素质的体现。专业检验技术人员任何不正确的操作都有可能造成电子数据的"污染"或灭失。例如，在某缉毒行动中，侦查人员发现了一套运行中的计算机和储存有大量贩毒人员名单及交易记录的磁盘，但由于现场警员没有技术人员指导，不知道运送磁盘的车辆不能使用无线电设备，导致这些磁盘在送到警局后多数数据丢失，而证据的灭失使侦查陷入僵局。[2] 因此，应当构建和完善多元化、宽领域的电子证据取证人员培训体系，对取证过程涉及的各个专业学科的知识、能力加以储备，努力做到同步更新最新科技信息技术，不断适应电子证据取证的发展变化。具体而言，加强侦查取证队伍的专业化建设，首先应当抛弃"重侦查轻技术"的错误观念，增强侦查人员规则意识以及培养侦技结合的思想观念；依托公安、政法院校，构建科学完整的电子证据取证学科体系；定期组织电子证据取证技能在岗培训，提高基层侦查办案人员电子证据业务技能；完善电子证据检验机构和电子证据取证专家库，依靠电子技术专家协助开展调查取证工作。事实上，由于电子取证专业化建设滞后，使得司法实践中电子取证专业人才缺口巨大，因而通过建立电子证据取证专家库，依靠电子技术专家协助调查取证不失为当下专业化发展过程中的权宜之计和重要举措。

---

[1] 任庆华：《电子证据取证规范化初探》，《中国人民公安大学学报》(自然科学版)2010年第 4 期。

[2] 李庚强：《论刑事侦查中电子证据取证程序的规范化》，《安阳师范学院学报》2014年第 1 期。

2. 电子证据取证的程序规范

规范性取证程序是保障电子证据合法性的前提，只有经过严格法定程序收集提取的证据，才能成为定罪量刑的裁判依据。当前，我国《刑事诉讼法》明确规定了非法实物证据排除机制，违反法定程序收集的可能严重影响司法公正的物证、书证，不得作为定罪量刑的依据。同时，《最高人民法院关于适用〈中华人民共和国刑事诉讼法〉的解释》专门对视听资料和电子证据的排除做出规定，如果视听资料、电子证据制作、取得的时间、地点、方式等有疑问，不能提供必要证明或作出合理解释的，不能直接作为定案的根据。非法证据排除规则对电子证据取证的程序性规范提出了更高的要求，因而在电子证据取证过程中，应严格按照程序规则和技术标准科学、有效地进行识别、勘验、搜查、扣押、保存和提交，确保电子证据取证合法和规范，提高电子证据的可靠性和证明力。

首先，电子数据现场勘查的规范。电子数据现场勘查，是指侦查人员运用计算机对与犯罪有关的场所和物品鉴别和检验，对与犯罪有关的计算机数据信息以及电子设备等证物发现、提取、固定的调查取证活动。电子数据现场勘查对于查明案件事实、还原案件真相、准确认定案件具有重要作用，因此，电子数据现场勘查应遵循以下原则：第一，及时原则。即现场取证人员必须在抵达现场后遵循"第一时间"原则，将涉案人员与涉案电子设备隔离并进行取证，防止证据遭到"污染"和破坏。第二，全面性原则。即侦查取证人员收集、提取和固定的电子证据要保持完整与真实。第三，客观连续性原则。即侦查取证人员要采用拍照、录像、嵌入数字签章及时间戳等技术手段，将电子证据从最初的获取到提交法庭过程中的所有变化毫无遗漏地显示出来。

作为典型的科学证据获取方式，电子证据现场勘查应当严格按照法定的取证程序进行。换言之，即应当遵照"客观、合法、全面、及时"的基本取证原则，第一时间将涉案人员与涉案电子设备隔离开，准确无误地识别电子数据证据载体和传输信号，随后进行现场勘查，通过拍照、录像等方法记录当时的现场情况（如设备状态、网络结构、屏显信息等）；[1]严格按照程序收集、提取、固定电子数据，防止因勘验主体不适格或勘验行为程序违法导致证据能力丧失或可信度存疑；规范勘查笔录制作，对勘查的时间、地点、对象、范围等予以准确记载，以固定保全证据和加强调查取证的合法性证明。

其次，电子证据的收集规范。电子证据的收集，是指侦查人员按照法律规定的程序和方法向相关人员收集、提取、调用与案件有关的电子数据的过程。通常情况下，电子证据的收集包含两层含义：一是对存储电子证据的设备进行搜查、扣押；二是对搜查、扣押得来的设备中的电子证据进行收集。

在电子证据的收集工作中，应注意两个问题。一方面，在搜查、扣押与案件有关的电子设备过程中，要保证取证对象的完整性、全面性，即不仅要对直接存储电子数据证据的设备进行搜查、扣押，还要对相关的输入、输出等外接设备进行搜查、扣押，比如扫描仪、打印机、移动硬盘等。即使这些外接设备所存储的信息已被删除或设备已被破坏，但仍然要对这些设备进行搜查、扣押并进行勘验。因为依靠先进的技术手段，技术人员仍有可能将这些设备中的一部分信息乃至全部信息恢复。另一方面，侦查人员在进行电子数据证据收集工作时必须严格遵守"客观、合法、全面、及时"的基本取证原则，保障证据的提取、存储和呈交规范开展。首先，在电子证据的提取方面，必须了解不同类型的电子数据证据的生成过程，即针对不同类型的电子设备采用合适的方法来完整安全地获取其所存储的数据和信息；其次，在电子证据的存储方面，侦查取证人员在将电子数据证据完整全面地从电子设备中提取出来后，必须将其储存在可靠安全的电子存储介质中，以保证电子证据的可靠性、有效性及安全性。同时，在保证存储电子证据的硬件设备可靠安全的同时，电子证据保护主体即相关的存

---

[1] 现场的拍照工作分为四个部分：现场概貌拍照，用于反映系统运行环境，拍照时不得将人员和器材拍入画面；系统状态拍照，要反映系统运行的情况，包括屏幕显示状态、设备之间各电缆的连接情况等；保存重要证据的设备拍照，要注意从不同角度对重要设备上的信息如序列号、主要技术指标拍摄清楚；绘制现场图、网络拓扑结构图，要对现场图包含的重要设备型号、技术指标、连接状态做出明确的标识，反映证据存储的原始状态。参见李娜：《电子证据取证程序研究》，《河北公安警察职业学院学报》2017年第4期。

储人员也要恪尽职守、认真负责，严格依照相关程序规定加密储存电子证据并详细记录授权人员对电子证据的取用情况等。最后，在涉及通过网络远程对电子证据提取、呈送的案件中，侦查取证人员一定要防止证据在收集过程中受到干扰或破坏，从而保证电子证据的可信度和证明力。

第六章 从线性到系统：警察出庭作证
配套保障机制的构建

警察出庭作证制度的贯彻落实，并不是单一立法就可以解决的问题。需要庭审规则、作证方式、证人保护规则、物质保障机制和诉讼模式的整体改革，以及相关配套制度措施的有效支撑，才能使警察出庭作证由静态的制度规范变为动态的现实操作。因而，本书在对我国警察出庭作证进行实证研究的基础上，运用系统论的研究范式对上述问题进行深入分析和全面阐释，并为警察出庭作证的改革和完善提出相应的对策和建议。

第一节 警察证人特殊作证方式的探索

一、特殊作证制度的基本概述

特殊作证方式，又称隐蔽作证或秘密作证，主要是指在刑事诉讼过程中，为了保护特定证人的人身、财产安全，在不暴露证人身份信息、面貌甚至声音的情况下，通过特定的法庭隐蔽设备，使用现代科技手段如现场闭路电视、电脑等，使证人接受控、辩、审三方的询问、质证，履行作证义务。[1]隐蔽作证制度具有作证空间的隔离性、证人保护的预防性、作证手段的科技性等重要特征。其中，空间上的隔离性，是指通过物理屏蔽或者视频技术屏蔽等方式让证人以不出现在法庭上和被告人"面对面"的方式进行作证，防止关键证人由于出现在法庭上情绪紧张，或受到某种压力而影响作证，妨碍诉讼活动的顺利进行。[2]证人保护的预防性，是指相较于事后补偿和刑事处罚等事后保护措施，特殊作证方式将证人与可能的危害隔离，通过对姓名、住址等身份信息的保密、对外貌和声音的改变以及对特定人员禁止接触性条款的执行，实现对证人的预防性保护。作证手段的技术性，是指依靠视频技术屏蔽和实时在线作证等现代化法庭技术手段实现证人作证并接受同步质证。

有调查显示：在刑事案件中，有明确证人的案件超过80%，最后能出庭作证的却不足5%。[3]证人出庭率低的一个不容忽视的原因是对证人的保护措施不力，特别是证人在出庭之前以及出庭作证的过程中无法获得有效的保障措施。隐蔽作证制度是司法机关采取的主动而积极的保护措施，能够在预防性保护中有效化解我国证人不愿出庭、出庭率低的制度性障碍。此外，隐蔽作证措施的设立对于贯彻落实直接言词原则、增强控辩双方平等对抗以及促进庭审实质化改革具有重要作用。因此，我国2012和2018年《刑事诉讼法》修订中，对我国的隐蔽制度和相应的配套性措施作出了明确规定。《刑事诉讼法》第64条规定："对于危害国家安全犯罪、恐怖活动犯罪、黑社会性质的组织犯罪、毒品犯罪等案件，证人、鉴定人、被害人因在诉讼中作证，本人或者其近亲属的人身安全面临危险的，人民法院、人民检察院和公安机关应当采取以下一项或者多项保护措施：（一）不公开真实姓名、住址和工作单位等个人信息；（二）采取不暴露外貌、真实声音等出庭作证措施；（三）禁止特定的人员接触证人、鉴定人、被害人及其近亲属；（四）对人身和住宅采取专门性保护措施；（五）其他必要的保护措施。"该条第2款规定了证人、被害人或其

---

[1] 王刚：《论我国隐蔽作证制度的构建》，《中国刑事法杂志》2005年第4期。
[2] 王永杰：《从讯问到询问：关键证人出庭作证制度研究》，法律出版社，2012，第239—240页。
[3] 谢小剑：《刑诉法修改后涉密证据的质证》，《法学论坛》2013年第5期。

近亲属面临人身危险时，可向公、检、法机关请求保护。从上述法律规定可知：我国隐蔽作证适用的案件类型，包括危害国家安全犯罪、恐怖活动犯罪、黑社会性质的组织犯罪等；隐蔽作证适用的对象，包括证人、鉴定人、被害人和其近亲属；隐蔽作证适用的条件为上述主体的人身安全面临危险；隐蔽作证的实施机构为公、检、法三机关；隐蔽作证适用的方式包括对姓名、住址等身份信息的保密，对外貌和声音的隐蔽以及规定特定人员禁止接触等。

第二节 特殊作证制度的域外规定和经验

一、特殊作证制度的域外立法现状与司法实践

作为刑事司法领域的重要国际公约，《联合国打击跨国有组织犯罪公约》和《联合国反腐败公约》中对刑事证人保护以及特殊作证制度的规定具有重要的示范和引领意义。《联合国打击跨国有组织犯罪公约》第24条第1款规定："各缔约国均应在其力所能及的范围内采取适当的措施，为刑事诉讼中就本公约所涵盖的犯罪作证的证人并酌情为其亲属及其他与其关系密切者提供有效的保护，使其免遭可能的报复或恐吓。"第2款规定："在不影响被告人的权利包括正当程序权的情况下，本条第1款所述措施可包括：（一）制定向此种人提供人身保护的程序，例如，在必要和可行的情况下将其转移，并在适当情况下允许不披露或限制披露有关身份和下落的情况；（二）规定可允许以确保证人安全的方式作证的证据规则，例如，允许借助诸如视像连接之类的通信技术或其他适当手段提供证言。"《联合国反腐败公约》第32条第1款规定："各缔约国均应当根据本国法律制度并在其力所能及的范围内采取适当的措施，为就根据本公约确立的犯罪作证的证人和鉴定人并酌情为其亲属及其他与其关系密切者提供有效的保护，使其免遭可能的报复或者恐吓。"第2款规定："在不影响被

告人权利包括正当程序权的情况下，本条第 1 款所述措施可以包括：（一）制定为这种人提供人身保护的程序，例如，在必要和可行的情况下将其转移，并在适当情况下允许不披露或者限制披露有关其身份和下落的资料；（二）规定允许以确保证人和鉴定人安全的方式作证的取证规则，例如允许借助诸如视听技术之类的通信技术或者其他适当手段提供证言。"由此可见，《联合国打击跨国有组织犯罪公约》和《联合国反腐败公约》在证人保护的条款中都有隐蔽作证的规定。

在《联合国打击跨国有组织犯罪公约》和《联合国反腐败公约》等国际公约的示范效应下，美国、加拿大、葡萄牙、英国、日本等国所制定的有关证人保护的法律也专门规定了隐蔽作证规则，同时各国在隐蔽作证的庭审实务中还积累了丰富的实践经验。其中，美国通过判例的方式，在实践中大量使用隐蔽作证这一作证方式，如印第安纳州最高法院裁决，证人可以根据对被告人的家庭、朋友的恐惧以及在他们面前作证会犹豫不决而不向社会公众公开作证。美国法院在 United States v.Palerm 案中作出裁决，当证人人身安全面临受到侵害的危险时，可以对被告人隐秘证人的姓名等身份信息。[1] 事实上，由于隐蔽作证制度与美国宪法第六修正案"面对面"原则冲突和矛盾，其在司法实践中一直受到合宪性质疑。1988 年在 Coy v.Iowa 案中，Coy 被指控性侵两位 13 岁少女，法院在审理时为了保护两位少女证人的身心免受伤害且顺利作证，对两人采取遮蔽措施，隐蔽其形象。被告人 Coy 认为法庭这一做法违背了正当程序原则，使其无法看到证人容貌及表情，阻断了与证人的面对面，侵犯了其对质权，因此向 Iowa 州最高法院提出上诉。上诉审中法官产生了两种不同意见。一种意见认为在无法被目视的情况下，证人极容易提供虚假证言；另一种意见认为，在少女性侵类案件中保护未成年证人的权益更加重要，采用遮蔽面容等特殊作证方式并不会损害被告人的对质权。该案由联邦最高法院作出最终裁定，最高法院认为在一些特定案件中应当注重加强对证人身心的保护，采用隐蔽方式并不会损害被告人的对质权，如果让 Coy 同两位未成年证人当面对质，会对两位儿童证人的身体或精神造成不良的影响，会影响证人在法庭上的

---

[1] 向燕：《人权视野下的证人隐名制度》，《证据科学》2008 年第 3 期。

表达能力。[1] 随后在 Maryland v.Caraig 一案中，美国法院最终裁定在庭审中让儿童证人同被告人面对面会造成儿童证人精神受到创伤，容易引起证人情绪激动，采取闭路电视的方式作证并不违背第六修正案的规定，从而确认了隐蔽作证的合宪性。

在英国，依据《1976 年性犯罪法》《刑事侦查与诉讼法》和《青少年司法和刑事证据法》等立法规定，隐蔽作证措施的适用范围包括：儿童；在精神上或身体上有缺陷的证人；因犯罪（如性侵犯、家庭暴力等）或因恐吓而感到恐惧的证人。在遮蔽方式上，英国法院的做法大致可以分为以下两种：一是某些法院具备完全的遮蔽设施以保护证人不被被告人看到，包括封闭的作证席，以及进入和离开法庭的通道都是被遮蔽的；二是，一些法院只具备临时的遮蔽设备，仅确保证人在作证席上不被被告人看到，而在证人进出法庭时则没有物理遮蔽，此时就可能要求被告人退席以避免看到证人。[2] 可见，英国法庭在隐蔽作证方面具有较大的自由裁量权，可以依据法庭审理的具体情况决定隐蔽作证的适用方式和保护程度。

在德国，1998 年颁布生效的《证人保护法》规定可以利用有线电视等技术手段，让证人免于同被告人直接对质，以保护不满 16 岁及不宜出庭的证人。另外，该法规定对于针对儿童的性侵案件需要更加严密的保护身份信息。德国的证人保护程序被称为"三阶段保护措施"，即对证人的保护根据证人所面临的危险的程度分为三个阶段，其中隐蔽作证是第一阶段的主要保护措施，包括证人可以在询问中对其姓名、单位等信息保密，作证时通过屏风、面具等方式隐蔽证人的容貌，利用高科技手段（如利用视频音频双向传输手段）作证等。[3] 事实上，正是因为实行了科学合理的立法保护措施，使得德国弱势证人和污点证人等在出庭作证率方面一直有较好的表现。

《加拿大刑事法典》对隐蔽作证的对象、方式和范围作出了明确规定。

[1] 徐静村：《刑事诉讼前沿研究（第八卷）》，中国检察出版社，2010，第 70 页。
[2] 彭琼琳：《隐蔽作证制度研究》，西南政法大学硕士学位论文，2010，第 16—17 页。
[3] 肖建波：《论隐蔽作证制度》，湘潭大学硕士学位论文，2012，第 9—10 页。

依据《加拿大刑事法典》第486.2条规定，在任何诉讼程序中，如果不满18岁的证人，或者由于精神或身体上的残疾而可能难以对证据做出表述的证人提出请求，则法庭必须签发命令，允许他们在法庭之外作证，或者，在屏风背后或能够防止被告人看到证人的其他设备背后作证，除非法官认为签发这种命令会妨碍正当司法。

其中，在法庭之外作证的方式，主要是在法庭外通过闭路电视的方式提供证言。在加拿大，闭路电视系统为法院所使用的次数日益增加，其重要性也日益凸显。随着科技的发展，闭路电视系统也由原先的固定设施，演变成更加灵活、易带的装置，因而在加拿大各个法院使用其成为可能。运用闭路电视系统在法庭外的房间内作证，需要遵循以下一些原则：①适用对象为未满18周岁的被害人和证人。②可以从以下几个方面考虑是否适用在法庭外作证：被告人的恐吓、报复；法庭环境和庭审秩序使证人精神紧张导致作证困难；旁听人员影响证人作证情绪；儿童证人自身的性格特性使其在法庭上作证可能受伤害等。③在法庭上的人员，包括法官、陪审团、被告人及其律师，以及旁听人员都能够从电视监视器上看到证人的形象或者听到证人的声音；同时，证人也必须能看到法官（和律师，如果有的话）的容貌或听到其声音。④在作证时，务必使儿童证人看不见被告人或旁听人员的形象并听不到其声音。⑤证人在法庭外房间作证时，需有律师或支持者（a support person）陪同。另外，也可以在法庭上设置毛玻璃、布帘、证人专用格子间等物理设施保证隐蔽作证。该种遮蔽作证方式需满足以下几个条件：①适用对象为未满18周岁的被害人和证人。②适用情形：当儿童证人表明其不能当面在被告人前作证，并且遮蔽措施是唯一有效的保护方式时，可以适用遮蔽作证；当儿童证人愿意在法庭上作证（例如在知道其支持者在听众席的情况下）但又不愿意看到被告人时，可以适用遮蔽作证；当证人愿意在法庭上作证但又对庭审程序恐惧时，可以适用遮蔽作证；当案件需在偏远的法庭审理或者巡回法院需要时，轻便易携带的遮蔽器材是方便可行的选择。③在作证时，务必使儿童证人看不见被告人或旁听人员的形象并听不到其声音。④证人在隐蔽作证时，经法官批准，可以由指派的支持者陪同。加拿大最高法院在 R v. Levogiannis 案例中明确表明了隐蔽证人作证并不违反司法正义原则。在加拿大，每个儿童证人都有权利申请隐蔽作证或其他特殊的帮助措施。未成年的受害人或证人及其律师在庭审程序开始前或者在庭审中任何时候都可以申请采取特殊作证方式，法官在收到申请后，必须同意给予这些保护措施，除非法官有理由相信采取这些特殊措施将影响司法公正，如影响被告人接受公平审判的权利。[1]

此外，新西兰《证人隐名草案》规定，当证人、其他人或者任何财产面临严重损害危险时，可以采取不披露证人身份信息等隐蔽作证的方式。《葡萄牙证人保护法》规定，为了避免证人被识别，法院可以根据公诉人、被告人或者民事诉讼赔偿请求人的要求作出非正式的决定；收集证言或者陈述必须通过对证人进行隐身或者变声，或者二者兼用，以取代程序上的形式或者交叉询问的形式。

二、特殊作证制度的经验和借鉴

从上述国际公约和域外司法实践来看，特殊作证措施的萌生、发展和完善与诉讼价值理论的重塑和博弈休戚相关。在整个刑事诉讼立法中，为保障犯罪嫌疑人和被告人的基本人权和免于不当追诉权，法律赋予被控诉人诸如沉默、获得律师帮助、无罪推定、不得自证其罪等一系列程序性权利。但是，作为主要诉讼参与人的被害人和证人的诉讼权利却并未受到立法和社会的重视。因而，以隐蔽作证为代表的特殊作证措施在早期受到许多的质疑，例如美国的反对者认为隐蔽作证措施违反了"审判中目视证人的权利"，即不符合《美国联邦宪法》第六修正案规定的被告人有在刑事诉讼中同证人面对面对质的权利。英国很多学者认为，特殊作证更像表演，证人有更大的可能去撒谎，而不会真实地陈述。有检察官则认为，以他们看来，被吓呆的被害人作证给人的印象更深刻也更真实。[2] 随着20世纪70年代保护证人和被害人权益思潮的兴起，很多国家立法对刑事诉讼价值理念作出修正，将安全与自由、证人权利与被告人保护提高到同等重要的位置。被虐儿童的身心福利是如此重要，以至于它至少在某些案件中胜过了被告

[1] 彭琼琳：《隐蔽作证制度研究》，西南政法大学硕士生论文，2010，第17—19页。
[2] 何家弘、张卫平主编《外国证据法选译》（增补卷），人民法院出版社，2002，第431页。

人在法庭上面对其控诉者的权利。

在适用对象方面，特殊作证最早适用于保护受到虐待以及性侵的儿童，后来逐步适用于易受伤害和恐吓的成年证人。从各国司法实践来看，儿童无疑是社会群体中的最弱者，是最易受到伤害的证人之一。根据已有的研究证实，在证人必须具备的感知、记忆、陈述三大能力方面，儿童证人较之成年证人明显处于弱势。例如，儿童比成年人忘得更快，而且年龄越小，记忆消失得越快；在接受询问时，儿童更易受到他人暗示和诱导，也更易不安和恐惧。因而，很多国家都规定，每个儿童证人都有权利寻求隐蔽作证或其他特殊的帮助措施。此外，为了避免被害人和证人作证时受到"二次伤害"，以及保护被害人、证人及其近亲属的人身安全，在法定情况下隐蔽作证的措施同样适用于成年人。

在隐蔽作证的方式方面，则呈现出丰富化和多样化的趋势。纵观各国的司法实践，隐蔽作证方式大致可分为两种：一种是在法庭上直接使用物理的遮蔽措施，如屏风、玻璃、隔墙等，并且必要时还可以对证人的声音加以技术性改变。另一种是在法院的另一房间内采取电视闭路系统或者实时在线作证。证人虽不在法庭上直接露面，但在法庭外通过现代法庭技术手段作证并接受同步质证。

3. 特殊作证制度的具体构建

当前，我国《刑事诉讼法》以及其司法解释对隐蔽作证等特殊作证形式进行了专门规定。但是，由于上述法律规定较为原则和笼统，对于具体实践特别是警察出庭作证中特殊作证方式的适用对象、适用范围以及程序细则等缺乏相对明确的规定。因而，有必要针对司法实务中的具体问题作出相应的制度探索和立法回应。

首先，警察证人特殊作证的具体方式。依据我国现行立法规定，警察证人可以采取的特殊作证方式包括法庭内的物理屏蔽和声音改变以及法庭外的视频技术屏蔽。其中，物理屏蔽是指证人出庭作证并接受质证时，可以采取屏风、单向玻璃、布帛等隔离方式或屏蔽措施，构建专门的证人通道，证人通过这个通道可以抵达休息室并通过位于证人席后面的入口进入法庭。这使得证人一直处于隐蔽状态，不直接看到被告人及法庭旁听人员，从而缓解证人作证压力，避免证人再次受到伤害。改变声音是指在物理屏蔽的同时使用变声器等处理设备对证人的声音进行技术处理，改变声音频率。[1]视频技术屏蔽是指，证人在特定的证人作证室内，通过视频方式作证。在证人作证的视频和音频信号传送到法庭内时，技术人员通过现代法庭技术同步处理证人声音和头像信号，使法庭内的人员在法庭的显示屏上看到的是隐藏了证人真实面部和声音的视频。这样既保护了证人的人身安全，又在法庭技术的支撑下实现了控辩双方的实时交叉讯问。

其次，警察证人特殊作证的适用范围。基于司法成本和诉讼效率的综合考虑，庭审特殊作证形式不能适用于所有警察出庭作证的案件，而应有一定的范围和界限。依据《刑事诉讼法》第64条规定：对于危害国家安全犯罪、恐怖活动犯罪、黑社会性质的组织犯罪、毒品犯罪等案件，证人、鉴定人、被害人因在诉讼中作证，本人或者其近亲属的人身安全面临危险的，人民法院、人民检察院和公安机关应当采取一项或者多项保护措施，其中除了不公开真实姓名、住址和工作单位等个人信息，采取不暴露外貌、真实声音等出庭作证措施外，还有禁止特定的人员接触证人、鉴定人、被害人及其近亲属，对人身和住宅采取专门性保护措施等。因此，特殊作证方式一般适用于从事反恐、涉黑、国保以及缉毒等侦查工作的警察证人。同时，基于工作需要以及人员安全和技术方法的考量，如果出庭作证可能涉及人身安全或造成其他严重后果，法院有权决定采取物理屏蔽、视频技术屏蔽等特殊作证形式。

最后，警察证人特殊作证的实施程序。为增强隐蔽作证等特殊作证方式的可操作性，应对特殊作证的启动、审查、决定和实施程序作出详细规定。特殊作证方式的启动申请，应当由警察证人或公诉人于开庭7日前以书面方式向法庭提出。法院综合案件具体情形，认为可能危及有关人员人身安全或者可能产生其他后果，也可以依职权启动。但应当以警察证人和公诉人的申请启动为原则，法院的依职权启动为例外。特殊作证方式的审查，由主审法官围绕以下几个方面的内容展开：确认警察证人及其近亲属是否面临潜在威胁、恐吓或伤害；审查警察出庭作证是否存在泄露侦查手

---

[1] 许建丽：《浅谈隐蔽作证程序》，《法制博览》2012年第10期。

段或警务秘密的可能；确认上述潜在危险的具体等级，并针对不同等级确认特殊作证的方式。应由主审法官接到申请之日起 5 日内做出是否使用特殊作证方式的决定。对于法庭未予批准的，申请人可以进行一次复议。同时，对于警察证人以及其近亲属在开庭前面临人身威胁的，法院应当采取先行保护措施。

第三节 警察证人特免权规则的形塑

一、警察证人特免权的概述

警察出庭作证的一个重要任务就是配合公诉，说明案件侦查行为的合法性，以解决控方证据的效用问题。但是，司法实践中，警察出庭作证具有很强的倾向性和公务性，为避免公诉失败和个人利益受损，即使存在非法取证行为或者侦查程序上的瑕疵，也不可能向法庭如实供述。因为这样不仅可能使整个部门利益受损，其本人也可能受到行政处罚甚至刑事制裁。这种情况下便形成一个悖论，即证人如实供述义务和不能强迫任何人自证其罪权利的矛盾和冲突：一方面，为了维护实体正义和发现案件真实，证人负有如实作证的义务；另一方面，公民依法享有"不被强迫作不利于自己的证言"的权利，法庭无法强制警察自我归罪。可见，由于存在这一矛盾，警察出庭作证的效果会大打折扣甚至流于形式。

所谓证人特免权，是指公民在法定情况下可以拒绝对某些问题进行陈述的权利。它是法律为保护特定的社会关系及证人的特殊利益，在特定条件下赋予证人的一项权利。从广义上讲，免证权包括以下权利：拒绝披露任何事项；拒绝出示任何物件或文书；阻止他人担当证人、披露任何事项或者出示任何物件或文书。[1] 从价值层面看，证人特免权是政府强制取证权所导致的公民作证义务与宪法赋予公民的不被强迫自证其罪权冲突下的

---

[1] 何家弘、张卫平主编《外国证据法选译》，人民法院出版社，2001，第 41 页。

利益权衡的结果，也是投入较小的司法成本最大限度地惩罚犯罪的实用主义的体现。刑事诉讼程序中，证人豁免权的设立不仅能够消除出庭警察对被行政处罚或刑事追诉等不利后果的担忧，鼓励其如实作证，同时还能避免警察从其违法行为中获利，这对解决惩罚犯罪和保障人权的矛盾和冲突具有重要意义。

以产生缘由为标准，警察证人特免权可以分为以下几种：因警察职业特性或业务保密需求而产生的特免权；因反对强迫自我归罪而产生的特免权；基于亲属关系而产生的特免权；基于公共利益而产生的特免权。

二、基于保守公务秘密的拒证权

警察证人的公务秘密拒证权，是指侦查人员基于公务上的保密义务而就该信息依法享有的拒绝作证权利。作为现代刑事诉讼所广泛确认的一项权利，公务秘密拒证权在很多国家的立法中都有所体现。公务秘密拒证权是现代刑事诉讼所广泛确认的一项权利，许多国家和地区都赋予了侦查人员对公务秘密的拒证权。如《德国刑事诉讼法》第 54 条规定，法官及其公务人员就其职务上应保密之事项有限制性的陈述禁止，其就职务上应保密之事项只有在获得职务上的上级长官之允准后方得陈述。这种上级长官之允准只有在该陈述可能对德意志联邦共和国或一邦有不利之影响，或其对公务将有所危害或造成重大困难时，才能受到拒绝或限制。[1]《日本刑事诉讼法》第 144 条规定："对公务员或曾任公务员的人知悉的事实，当该人或管理该公务机关声明该事实属公务秘密时，非经该管理监督官厅的许可，不得将该人作为证人进行询问。"此外，公务秘密拒证权还被英美法系国家认可，如在英国，公务秘密适用"公共政策禁止"这一证据规则，其范围包括：（1）国家安全以及其他涉及国家的情况；（2）警察局侦查犯罪的信息，但在刑事诉讼中要求出示以证明被告人无罪的信息不在此限；（3）陪审团、仲裁员等对案件的讨论。[2]

---

[1]【德】克劳思·罗科信：《刑事诉讼法（第24版）》，吴丽琪译，法律出版社，2003，第 244 页。

[2]【美】乔恩·R.华尔兹：《刑事证据大全》，中国人民公安大学出版社，1993，第 283 页。

我国《刑事诉讼法》第 54 条规定："法院、检察院、公安机关对于涉及国家秘密、商业秘密和个人隐私的证据应当保密。"第 152 条规定："侦查人员对采取技术侦查措施过程中知悉的国家秘密、商业秘密和个人隐私，应当保密。"另外，《公务员法》第 52 条规定："公务员必须遵守法律，不得泄露国家秘密或者工作秘密。"《纪检监察工作中国家秘密及其密级具体范围的规定》第 4 条规定："纪检监察工作中不属于国家秘密但又不宜公开的事项，应作为内部事项管理，未经批准不得擅自扩散。"但是，我国并没有设立公务秘密拒证权，司法实务中对于符合不公开审理条件的涉及公务秘密的案件，实行不公开审理。然而，不公开审理只是不允许诉讼参与人以外的人旁听，并不能对诉讼参与人保密，尚不足以保护涉及国家秘密或者公共安全的公务保密。[1] 在警察出作证制度中，由于侦查工作有其特殊性，有的涉及国防、外交等国家秘密，有的涉及技术侦查、卧底侦查、化妆侦查、秘密拍照、跟踪守候、控制下交付等秘密侦查手段，如果侦查人员采取像普通证人一样的方式出庭，就会不可避免地泄密，特别是对于一些同案犯还在逃或者与本案有关联的尚未侦查终结的案件，泄密会增加破案难度，增加对国家和公共利益的威胁。因此，考虑到侦查人员在调查取证中可能涉及公务秘密或国家安全，笔者认为如果警察证人出庭作证或到庭说明情况可能涉及国家秘密、技术侦查措施或者其他职务履行中应当保密的事项，应当豁免警察证人就该保密事项出庭作证，而以庭外调查核实的方式进行质证和认定。

三、基于不得自我归罪的警察证人豁免权

司法实务中，如果警察作为目击证人或量刑事实提供者出庭作证，由于裁判结果与警察无太大利益关系，因而一般不涉及责任承担问题。但是，当侦查人员就调查取证合法性出庭作证时，其实质上就处于"程序被告"或"接受审查"的境地，搜查、扣押、辨认、讯问、鉴定等侦查程序的合法性就要经受全面的审查和检验。依据我国《排除非法证据规定》第 7 条、

---

[1] 王永杰：《完善我国刑事案件证人拒证制度 —— 以新〈刑事诉讼法〉为视角》，《探索与争鸣》2012 年第 4 期。

第 11 条规定，法庭对被告人审判前供述取得的合法性有疑问的，公诉人应当向法庭提供讯问笔录、原始的讯问过程录音录像或者其他证据，提请法庭通知讯问时其他在场人员或者其他证人出庭作证，仍不能排除刑讯逼供嫌疑的，应提请法庭通知讯问人员出庭作证，对该供述取得的合法性予以证明。可见，根据举证责任倒置原则，法庭的程序性裁量会直接或间接影响出庭警察要承担的相应法律后果。具体而言，如果出庭警察无法就"程序合法性"做出有效证明，其整个侦查取证活动不仅会受到相应的程序性制裁，而且出庭人员还会面临一系列的法律问责——轻则会受到公安机关内部的纪律处分或监察处罚，重则将面临司法机关的刑事指控和追诉。因此，基于个人权益和部门利益，侦查办案人员往往选择从自我利害角度履行"程序性合法"的证明责任。

可见，在警察出庭作证制度构建中，"不得强迫自证其罪"等证人特权的立法缺失，也是造成证明责任逻辑架构失衡和"出庭难"等现实困境的重要诱因。反对被迫自证其罪特权，又称"不被强迫自我归罪的特权"，是指不得以任何强迫手段迫使任何人认罪和提供证明自己有罪的证据。反对被迫自证其罪特权发源于英国，其以"任何人无义务控告自己"为法理基础，主要目的在于防止政府以强制手段获得个人的陈述，然后又以此为证据对陈述人进行刑事追究。例如，英国立法规定，任何人依据法律规定或者法院命令在特定程序中所作的陈述或者自认，不得在追究有关的犯罪或者进行有关的处罚程序中，用作不利于陈述人或者其配偶的证据，但陈述人因作伪证或蔑视法庭而被追究，不在此限。[1]美国则在判例基础上形成系统的警察证人豁免权规则。在 1974 年的 Scheuer v.Rhodes 案中，法院认为警察证人适用豁免的条件是：警察在执行有关逮捕行为时，需有善意 (good faith) 和合理根据 (probable cause)，即警察在善意和合理根据下执行的逮捕行为，即使造成对犯罪嫌疑人合法权益的损害，也享有不受司法追诉的豁免权。警察除侦查行为外，如同时需要在庭审和其他相关司法程序中以证人身份作证，则其在相关司法程序中的证言必然会受到证人豁免制度的保护。在 1978 年的 Butz v.Economou 案中，法庭认为有条件豁免原

---

[1] 熊志海：《英国成文证据法》，中国法制出版社，2007，第 55 页。

则应当适用于联邦警察，绝对豁免则仅适用于极端特殊的情况，即不适用绝对豁免就不能执行职务的情况。此后，最高法院通过一系列的案例，如 Briscoe v. LaHue, Malley v. Briggs 等案，明确了警察证人豁免的范围、界限和程序，并重申：给予警察证人豁免是基于功能而非身份，即赋予豁免是因为警察充当了证人，而非因为他的身份特殊。尽管对警察适用非专家证人的绝对豁免有争议，但这些问题可以被公共利益因素抵消。如果允许受追诉者基于《美国法典》第 42 编 1983 款对警察诉诸讼，不仅会严重影响其履行公共职责，而且会降低警察对刑事程序的贡献。[1]

在我国，为了解决警察证人如实供述义务和趋利避害本能的矛盾和冲突，笔者认为可以在借鉴证人豁免制度的基础上建立警察证人豁免制度。所谓证人豁免，是指为查明案件事实和获得真实证言，司法机关给予证人一定程度的豁免承诺，保证其证言以及从中衍生的证据不得作为追究其法律责任的依据或者其证言所涉及的犯罪行为不被追究。总的来说，该制度是政府强制取证权所导致的公民作证义务与宪法赋予公民的不被强迫自证其罪权冲突下的利益权衡的结果，同时也是《刑事诉讼法》中发现案件真相和维护其他利益相博弈的体现。但是，需要强调的是，警察证人豁免的方式只限于证据的使用豁免，而不包括罪行豁免。因为，罪行豁免意味着国家放弃了对犯罪行为的求刑权和刑罚权，司法代价过高，并且不利于对侦查权力的规制和实现程序正义。相反，使用豁免是指证人被赋予豁免权后，其直接提供的证据以及由此衍生的其他证据都不得在其后的诉讼程序中用于对该证人的追诉。具体而言，警察出庭作证之后，公安司法机关在以后的诉讼中不能以警察在法庭上提供的证言作为追究其法律责任的直接依据。如果有合理根据认为出庭警察确实存在违法犯罪行为，公安司法机关必须另行通过调查取证活动来收集警察不法行为的相关证据，而不能使用警察出庭作证中的不利证言。可见，警察证人豁免制度不仅能够消除出庭警察对被行政处罚或刑事追诉等不利后果的担忧，鼓励其如实作证，还能避免警察从其违法行为中获利，这对解决惩罚犯罪和保障人权的矛盾和冲突具有重要意义。

---

[1] 刘少军、刘士宇：《美国警察证人豁免权制度评介》，《政法学刊》2014 年第 3 期。

四、基于公共利益的证人特免权

所谓基于公共利益的证人特免权，是指证人在出庭作证过程中，如果对其证言公开质证将会损害公共利益，那么基于维护公共利益的考量其将不得被开示或公开质证。本质上而言，基于公共利益的证人特免权仍是一种价值抉择，即公共利益和私人利益冲突情况下保障私人利益的特免权，其旨在解决诉讼程序中查明案件真实的公共法益与保护其他公共利益的冲突。

在英美法系国家中，无论程序还是实体方面，对于公共利益证人特免权的规定都比较完备系统。依据英国证据法的规定，公共利益的证人特免权主要对下列内容进行保护：（1）国家安全、国家事务、外交关系、国际礼让；（2）刑事侦查方面的信息，主要涉及对警方信息提供者的保护以及对用于警方监视的房屋及所有人、占有人的保护；（3）秘密关系，如果一方在向另一方提供文件或者信息之前，得到对方明示或者默示的保密承诺，提供文件或信息的一方便可以根据普通法或其他法律主张公共利益豁免，而不开示或者提供该文件或信息；（4）出版物中的信息来源的披露，英国 1981 年《藐视法庭罪法》第 10 条规定："法院不得命令一个人泄密，而任何人也不因拒绝泄露由他负责发表的新闻的来源而构成藐视法庭罪，除非法院确实认为为了保证司法公正或防止骚乱和犯罪而有必要泄露秘密。"（5）审判事项的披露，主要包括法官不能被强迫提供那些他所知道的与其司法职能有关和作为其履职结果的事务的证据，以及不能迫使陪审员提供在密室里讨论案情的情况和其他引起对陪审员裁决质疑的证据。[1]

同时，侦查取证活动中情报人员的身份，也往往作为公共利益的一种而被很多国家立法确认。在美国，联邦政府、州政府或州政府的内政部门有权拒绝透露情报人员的身份。该特免权"已在普通法中充分确立"，它不仅适用于提供情报的公民，也适用于诸如缉毒人员的警方便衣侦查人

---

[1] 齐树洁主编《英国司法制度》，厦门大学出版社，2005，第 166 页。

员。[1] 在英国，无论刑事案件还是民事案件中，警方情报人员的身份都不得被披露。这一规则的理论基础是这样将促进对犯罪的侦查和对公共秩序的维护，即：(1) 保护情报人员。如果公开了他们的身份，将使他们及其家人处于危险境地。(2) 保护信息来源。如果信息来源的身份被公开，将会使信息的来源枯竭。《意大利刑事诉讼法典》第 203 条规定："法官不得强令司法警官和警员以及情报和军事或安全机构的工作人员泄露其情报人员的名字。如果对这些情报人员不作为证人加以询问，则不得调取和使用由他们提供的情报。"《德国刑事诉讼法典》第 53 条第 4 项规定："联邦国会、州议会或者下院的成员，对于那些因为他们是这些机构的成员而向他们信赖告知事实的人员以及这些事实本身，或者对于他们以联邦国会、州议会或者下院成员的身份而向其信赖告知事实的人员以及这些事实本身，有权拒绝向法庭作证。"[2]

在我国，立法并没有专门规定基于公共利益的警察证人特免权。但是，综合相关立法可见，《保守国家秘密法》《公务员法》《中华人民共和国人民警察法》等法律法规中存在一些功能性质与之类似的立法规定。其中，《中华人民共和国保守国家秘密法》第 2 条规定："国家秘密是关系国家的安全和利益，依照法定程序确定，在一定时间内只限于一定范围的人员知悉事项。"第 3 条规定："一切国家机关、武装力量、政党、社会团体、企业事业单位和个人都有保守国家秘密的义务。"第 9 条规定："下列涉及国家安全和利益的事项，泄露后可能损害国家在政治、经济、国防、外交等领域的安全和利益的，应当确定为国家秘密：（一）国家事务的重大决策中的秘密事项；（二）国防建设和武装力量活动中的秘密事项；（三）外交和外事活动中的秘密事项以及对外承担保密义务的事项；（四）国民经济和社会发展中的秘密事项；（五）科学技术中的秘密事项；（六）维护国家安全活动和追查刑事犯罪中的秘密事项；（七）经国家保密行政管理部门确定的秘密事项。政党的秘密事项中符合规定的，属于国家秘密。"

---

[1] 【美】乔恩·R. 华尔兹：《刑事证据大全 (第二版)》，何家弘等译，中国人民公安大学出版社，2004，第 378 页。

[2] 《德国刑事诉讼法典》，李昌珂译，中国政法大学出版社，1995，第 15 页。

此外，《公务员法》第12条规定国家公务员必须保守国家秘密和工作秘密。《中华人民共和国人民警察法》第22条第（二）项规定人民警察不得泄露国家秘密、警务工作秘密。

从上述法律规范中，不难看出我国立法对于保护国家秘密和公务秘密等有明确规定。但是，《刑事诉讼法》等相关法律并没有明确基于公共利益的证人特免权。笔者建议应从实体和程序两个方面构建警察证人出庭作证的公共利益特免权。具体而言，一方面，通过《刑事诉讼法》规定基于公共利益的证人特免权，即侦查人员作为证人出庭作证时，若涉及调查取证以及职务履行中获得的国家秘密、公务秘密以及情报信息等事项，有权以公共利益特免权为由拒绝作证。另一方面，立法应从告知、申请、决定和救济等方面构建公共利益特免权的具体操作规程。在法庭审理中，法官在警察证人出庭作证之前应当告知其享有公共利益特免权，以保证警察证人能够在维护公共利益基础上依法履行作证义务；警察证人以保护公共利益为由申请免证时，应该以书面形式说明其免于作证的理由。在公共利益特免权审查中，法庭应当就以下几个方面进行重点审查：案件本身的公共影响性以及具体影响程度；涉及警务秘密的，各公安部门做出的保密建议；涉密级别以及公开秘密后可能造成的后果；案件中是否存在其他的证据可替代该警察证人证言。最后，对于法庭做出的不予批复的决定，警察证人有权就公共利益特免权向上级机关提起复议。

第四节 警察证人作证保护制度的完善

《刑事诉讼法》对警察证人的出庭作证提出了明确的制度要求，然而立法以及相关的司法解释对警察证人的保护措施却并未给予充分关注和重视。事实上，警察是打击犯罪和反恐维稳的核心力量，如果对于出庭作证的警察保护不力，势必会给警察及其近亲属带来更大的职业风险和生活影响。同时，在诉讼程序中对警察证人的保护还具有更大的示范价值。众所周知，警察是国家强制力的代表，如果警察证人在诉讼程序中都无法得到有效保护，那么普通公民更可能因自身安全和利益的考量对证人出庭作证制度排斥。因而，警察证人保护机制不仅是推动诉讼进程的重要措施，更是维护司法权威的重要手段，应当在警察出庭作证制度的构建中注重完善保护措施。

一、保护主体的明确

尽管我国《刑事诉讼法》对于公安机关、检察机关与人民法院有关证人及其近亲属的保护从义务的角度给予一定规定，但这只是一种原则性规定，从而造成司法机关在证人保护问题上分工不明确。[1]证人保护主体的明确是推动警察证人保护制度发展的前提。纵观国外的司法现状，很多国家立法对证人保护机构都有明确而专业的分工。例如，英国的证人保护机构由三部分组成，分别是保护证人的官方组织、民间组织和部门间的证人保护组织。保护证人的官方组织主要是警察部门。随着英国皇家检察院成立，检察机关开始介入侦查活动，在侦查阶段出现警察机关和检察机关共同对证人进行保护的局面。[2]美国官方保护机构是检察官执法办公室，属于检察官办公室的分支机构，负责联邦的电子监控和侦查，并负责证人保护计划的审批和管理。[3]德国的联邦刑事警察局是保护证人的主要机构，负责对证人的人身、财产等权利进行保护。[4]

在我国，由于证人保护主体分工不明确，导致公安机关、法院和检察院并未真正做到对证人予以合理有效的保护，三机关相互推诿和扯皮的现象时有发生。笔者认为，公安机关具有组织体系严密、执行力强以及管辖范围广泛等特点，并且出庭作证的警察本身就是公安机关的工作人员，因此公安机关有能力也有责任保护刑事诉讼中出庭作证的警察证人。同时，

---

[1] 王少华：《权利与义务的平衡——刑事诉讼中第三方的人权保障》，《湖南警察学院学报》2012 年第 3 期。

[2] 何家弘主编《证人制度研究》，人民法院出版社，2004，第 161 页。

[3] 朱利江：《美国证人保护制度及其启示》，《人民检察》2001 年第 12 期。

[4] 《德国刑事诉讼法典》，李昌珂译，中国政法大学出版社，1995，第 15 页。

鉴于警察证人保护工作的复杂性，还应当构建一个多部门多警种分工负责、相互配合的综合工作机制。具体而言，法制部门负责监督、指导、协调公安机关各部门依法开展警察证人保护工作，并负责与检察院、法院就警察证人保护问题沟通协调。对于人身、住宅等的专门性保护，可统一由刑侦部门负责执行。同时，鉴于基层派出所通常对辖区的人、地、事、物、组织等更为熟悉，因此警察证人保护如果需要由居住地的派出所协助执行，办案单位应当将警察证人保护决定、协助函、案件情况等有关材料送交证人居住地的派出所，该地派出所应当及时安排民警配合，以有效提高公安机关证人保护工作整体工作效率和水平。

二、保护措施的完善

当前，证人保护措施的制度设计存在层次模糊、适用范围较窄以及保护手段单一等问题。在证人保护措施的应用实践中，更侧重事后的保护而忽视事前的保护；多强调对证人本身的保护而忽视保护其家属的安全和利益。因此，应在综合分析司法实践具体问题的基础上，构建多层次、全流程、立体化的证人保护体系。

具体而言，一方面，应当建立健全预防性保护措施。证人保护制度的构建，应坚持"防治结合、以防为主"原则，主动避免警察证人受到侵害，将危害遏制在萌芽阶段。对于证人预防性保护措施可以探索如下制度：（1）设立证人保险制度，确保证人因作证而遭受的意外人身伤害或财产损害能够得到补偿。（2）建立无偿诉讼制度，对于因作证证人及其近亲属受到伤害而提起诉讼的，法院应免收诉讼费用，并提供免费律师帮助。（3）建立人身安全保护措施，对于作证之前，证人及其近亲属人身、财产安全可能遭受损害的，应由专门人员对其人身安全进行保护。[1]同时，根据保护对象具体情况和潜在危害程度，可以对警察证人以及其亲属的身份和地址进行严格保密，警察证人在审前阶段可以用化名在各种笔录上签字，公、检、法三机关要对警察证人的姓名、住址、单位、联系方式等与诉讼无关的个人信息予以保密。如果警察证人在刑事追诉过程中面临的侵害风险较大，证

---

[1] 王永杰：《两大法系证人保护制度的比较与借鉴》，《犯罪研究》2011 年第 2 期。

人保护机构则应为警察证人及其亲属提供全天候的贴身保护或转移保护。

另一方面，完善事后性保护措施。为避免警察证人出庭作证之后遭受人身伤害或财产损失，工作单位在一定时期内不得安排其从事抓捕等异地活动或者调换工作，同时不得降低警察证人各个方面的经济和职务待遇。在特别危险的情况下，可以视情况为警察证人改变姓名、相貌、住址等，并在一定期限内为警察证人及其家属提供必要的谋生条件。

三、保护程序的细化

就警察证人保护制度的司法现状而言，虽然《刑事诉讼法》以及相关司法解释对该制度作出了明确规定，但是由于在具体诉讼实践中缺乏具有可操作性的程序规则，特别是缺少证人保护程序的启动、执行、终结以及救济等程序规范，导致司法实务中证人保护因"无法可依"而流于形式。具体而言，警察证人保护程序性规则的缺失，一方面，使得警察证人在面临人身威胁或其他权益受损的情况下，不知如何有效行使自身权利；另一方面，使主管机关由于缺乏程序性规则的指引而陷入停滞甚至越轨的境地。

为了防止警察证人保护制度实施的"空心化"和随意化，应当对保护程序的启动、执行、终止以及救济等程序予以细化规定。其一，就警察证人的申请保护启动来看，如果警察证人遇到下列情况，可以提出证人保护申请：受到嫌疑人或者其亲友、利害关系人威胁、恐吓、侮辱、殴打或者打击报复；有证据证明嫌疑人或者其亲友、利害关系人，扬言实施或者准备实施打击报复行为；多次受到不明身份人员尾随、追逐、拦截、侮辱或者受到人身财产损害；收到不明来源的恐吓信或者受到其他方法的威胁、恐吓，影响了正常生活的；有线索或者有迹象证明，本人或者近亲属、其他关系密切的人员，可能受到人身伤害或者打击报复。其二，从公安司法机关启动条件来看，遇有下列情形可以主动依法启动警察证人保护工作：黑社会性质的组织犯罪、团伙犯罪等案件，尚有同案嫌疑人在逃，对警察证人本人或者其近亲属的人身安全有严重威胁；办理毒品、盗窃等案件的民警或者为公安机关提供线索的人，在诉讼中作证，暴露身份后无法继续从事侦查工作或者人身安全面临危险；嫌疑人身份特殊或者具有一定社会影响力，警察证人在诉讼中作证，暴露身份后可能影响案件办理或者其本人、其近亲属的人身安全面临危险；需要采取证人保护措施的其他情形。其三，从启动程序来看，可以实行分级管理制度，对于实施一般证人保护措施的案件，由办案单位负责人审核后做出正式的书面证人保护决定；对于实施人身、住宅等专门保护措施的特殊案件，报县级以上公安机关负责人批准后实施警察证人的专门保护措施。其四，警察证人保护的终止程序。在警察证人保护法定条件解除之后，经批准机关审查确无继续保护必要的，可以依法予以终止保护程序。但需要强调的是，在保护程序终止决定作出之前，证人保护执行机构不得停止证人保护程序。其五，警察证人保护的救济程序。在证人保护措施的实施过程中，由于证人保护机构不履行或未充分履行职责而导致警察证人受到侵害，应视具体伤害程度对相应责任人予以处分，同时警察证人及其近亲属可以依照《国家赔偿法》要求给予赔偿。

四、配套性保障机制的构建

综合《刑事诉讼法》以及相关司法解释的规定，我国立法对于证人保护措施规定得太过原则和笼统，缺乏具有可操作性的具体配套保障机制。在诉讼程序中，要真正维护警察证人权益，实现司法公正和以审判为中心的刑事诉讼制度改革目标，还需要其他配套措施从不同的维度和层面对警察证人予以全面保护。这些配套制度包括：司法人员的保密责任机制、证人身份泄露后的补救机制、证人服务制度以及证人经济补助机制等。

1. 司法人员的保密责任机制

对警察证人身份信息的保护是警察证人保护的关键，警察证人身份信息的公开可能给警察以及其家属的人身安全造成威胁和损害。警察证人保护机制的设计目的之一在于为特殊案件中不宜暴露身份的侦查人员以及易受打击报复的警察证人提供隐蔽性的秘密保护，可见，保密性是警察证人保护机制的核心。能够了解证人真实身份情况的主要是司法工作人员，因而有必要设立司法工作人员保密责任机制。具体而言，一方面，明确规定相关司法人员的保密义务，通过签订保密协议和建立追责机制等手段强化办案人员的保密责任意识。另一方面，对警察证人的相关信息材料进行专门管理。记载警察证人相关信息的材料要单独成卷，并且应当制定具体的涉密卷宗管理制度，办案单位要指派专人负责管理。同时，对资料的放置场所也应明确规定，避免与其他无关的资料混合放置，不得放置于非本案办案人员能接触的地方，以防止司法工作人员利用职权接触这些材料而导致警察证人身份暴露。

2. 证人身份泄露后的补救机制

通过为案件中不宜暴露身份的侦查人员以及易受打击报复的警察证人提供保护，可以在一定程度上降低警察证人因出庭作证而暴露身份的概率。通常而言，司法机关的保密措施是安全有效的，但也难免出现身份泄露的情况。建议依据警察证人的信息暴露程度、受到实际威胁程度以及案件性质等来采取相应的补救措施。具体而言，警察证人身份信息如果泄露，可以采取证人迁居制度和身份变更制度。迁居指变更证人的固定住所地，包括紧急迁居和长期迁居。身份变更则包括身份证件、档案和个人履历的变更，甚至包括整容。待证人重新安置住所和变更身份后，证人保护机关还得为其提供必要的帮助，确保其在异地仍能正常地生活。

3. 警察证人服务制度

作为警察证人保护机制的重要内容，警察证人服务是指由司法机关专门人员或志愿组织为警察证人提供的作证业务培训、出庭心理辅导和其他咨询援助等。警察证人服务对于证人克服心理障碍、普及法庭知识和提高出庭效果具有重要作用。很多国家立法都规定了相应的证人服务机制，如英国证人服务制度于1996年开始逐渐在英格兰和威尔士、苏格兰、北爱尔兰施行，较为完善。其主要服务对象为被要求出庭作证的证人（也包括被害人），服务项目包括由受过良好培训的工作人员和证人倾心交谈、安排证人事先察看法庭、讲解庭审程序、陪同证人进入法庭以及其他更加实际的帮助。据悉，有超过1/3的证人接受了这项证人服务计划，证人普遍对自己受到的服务表示满意，公众表示愿意出庭作证的比率也明显提高。加拿大的证人服务制度始于1978年的"被害人、证人援助计划"，大约每年有50000名被害人和证人会受到帮助，志愿者为之提供的服务时间每年超过30000小时。出庭作证的证人可以享受经专门受训者提供的各

种常规服务 (如程序通知、诉讼讲解、庭前交谈) 和一些特殊服务。[1] 在我国，警察证人作为执法者虽然熟悉侦查业务知识，但是对于诉讼流程陌生，特别是出庭作证的应对能力相对欠缺，再加上侦查中心主义的长期影响使得警察证人普遍对出庭作证存有抵触心理。因而，通过证人服务制度促进警察出庭作证也应当是我国证人保护制度的重要组成部分。可以通过法律社团组织或者法律志愿者来推动这项服务，通过知识讲解和心理疏导，帮助警察树立出庭作证意识，克服作证心理恐惧，提高出庭作证效果。

第五节 警察证人拒证责任追究制度的建构

一、警察证人拒不出庭的证言效力

警察出庭作证是查明案件真实和实现实体公正的关键环节，是推进庭审实质化的重要途径。为保障该制度的贯彻落实，我国《刑事诉讼法》第 62 条、第 192 条及第 193 条明确规定："凡是知道案件情况的人，都有作证的义务"，"公诉人、当事人或者辩护人、诉讼代理人对证人证言有异议，且该证人证言对定罪量刑有重大影响，人民法院认为证人有必要出庭的，证人应当出庭作证"，"经人民法院通知，证人没有正当理由不出庭作证的，人民法院可以强制其到庭"。上述规定明确证人出庭作证是每个公民的法定义务，并且确立了法庭在符合法定条件时可强制证人出庭措施，即以国家强制力保障证人出庭作证的实施。对于证人拒不出庭的证言效力，《刑事诉讼法》第 192 条规定，控辩任何一方对于鉴定意见有异议，人民法院认为鉴定人有必要出庭的，鉴定人应当出庭作证。经人民法院通知，鉴定人拒不出庭作证的，鉴定意见不得作为定案的根据。同时，2012 年颁布的《最高人民法院关于适用〈中华人民共和国刑事诉讼法〉

---

[1] 何家弘主编：《证人制度研究》，人民法院出版社，2004，第 163 页。

的解释》第 86 条规定："经人民法院通知，鉴定人拒不出庭作证的，鉴定意见不得作为定案的根据。鉴定人由于不能抗拒的原因或者有其他正当理由无法出庭的，人民法院可以根据情况决定延期审理或者重新鉴定。对没有正当理由拒不出庭作证的鉴定人，人民法院应当通报司法行政机关或者有关部门。"

由此可见，《刑事诉讼法》以及相关司法解释明确了鉴定人不出庭鉴定意见排除规则，即对于应当出庭作证而拒绝出庭的鉴定人，法院不得将其鉴定意见作为定案的根据。然而，对于"应当出庭而拒绝出庭"的证人，立法却没有确立排除性的法律后果，即对于证人在庭外所作的证言笔录不适用上述排除规则。由此看来，仅仅对拒不履行出庭义务的证人作出惩罚，而对那些不出庭证人所提供的庭前证言笔录却不适用任何排除规则，而仍然允许法院将这些证言笔录采纳为定案的根据，这种制度设计在很大程度上使得"强制出庭作证"流于形式。当然，两个证据规定曾对证人出庭作证问题确立了专门的证据规则。根据《关于办理死刑案件审查判断证据若干问题规定》，"经依法通知不出庭作证证人的书面证言经质证无法确认的，不能作为定案的根据"。但是，结合司法实务可知，证人应当出庭而没有出庭的，其书面证言并不必然失去证据资格，法院仍然可以将其在法庭上予以宣读，交由控辩双方进行质证。也就是说，法庭裁定书面证言效力的标准，不是证人出庭作证而是其真实性"无法得到确认"。这里所确立的"证言排除规则"，实质上仍然属于证明力规则，而不属于证据能力层面的规则。

因此，要从根本上解决证人出庭难的问题，还需要对拒不出庭证人确立排除性的法律后果。综合国外的立法来看，英美法系对于证人不出庭确立了相对严厉的硬性排除规则——传闻证据规则；大陆法系一般也规定了证人的出庭义务。在我国，对于证人不出庭的程序性制裁机制主要是"撤销原判，发回重审"制度，以及司法解释中确立的有限非法证据排除规则。对此，在警察出庭作证的配套性机制构建中，建议增加"警察证人拒不出庭的证言排除规则"，使之与"撤销原判，发回重审"制度和非法证据排除规则一道，列入我国《刑事诉讼法》的程序性制裁体系。就法理而言，"警察证人拒不出庭的证言排除规则"与后两者的性质不同，其是一种针对证人证言法庭调查方式的证据能力规则。同时，需要强调的是，警察证人具有不可替代性，如果拒绝出庭或出庭后拒绝作证的证人所作的书面证言一律不能作为定案根据，则可能导致不少案件难以查明犯罪事实。因而，"警察证人拒不出庭的证言排除规则"的适用必须有一定的边界，同时立法还有必要明确诉讼程序中的庭审证言优先原则，即在庭上陈述与笔录记载内容产生矛盾时，一般情况下对出庭作证的证人证言应当予以采纳，但对于拒绝出庭或者出庭后拒绝作证的证人，其书面证言是否一概排除，还应当依据证据的合法性、关联性以及证据的相互印证等情况进行综合审查判断。

二、警察证人拒不出庭的后果

警察证人出庭作证对于维护实体公正和实现程序正义具有重要作用，如果其无正当理由而拒绝出庭作证，则应当承担由此产生的相应法律责任。但是，警察证人承担相关责任应当具备一定的前提。

具体而言，警察证人承担拒不出庭的责任，应当符合以下几方面的条件：其一，警察证人有作证义务。警察证人出庭作证应当以有作证义务为前提，如果警察证人没有出庭作证的义务，则按照"无义务无责任"的原则，其不出庭就不应当承担相应的责任。警察证人有出庭作证的义务应当以其对案件事实的认定有关键作用为实质条件，以接到法院的出庭通知为形式要件。其二，收到合法出庭通知。收到出庭通知是警察证人出庭的前提，也是警察证人承担作证义务的前提。如果警察证人并没有收到出庭通知或者出庭通知不合法，则因程序性要件的缺失而不必承担拒不出庭的责任。其三，警察证人拒绝作证，即警察证人未依照出庭通知书的规定按时出庭和接受质证，这是警察承担拒不出庭法律后果的实质要件。其四，警察证人拒绝作证无正当理由。依据《刑事诉讼法》的规定，证人因客观原因如自然灾害等不可抗力因素、证人死亡、庭审期间证人身患严重疾病或者行动极为不便等，在开庭之前确实无法到庭作证，人民法院可以不强制其出庭。然而，司法实务中，在何为"正当理由"尚未明确的情况下，证人编造各种理由拒不出庭以及法院滥用自由裁量权的情况时有发生。因而，为了在保障警察证人合法权益的基础上推动责任追究机制的贯彻落实，司法解释应对"正当理由"的具体情形进行合理界定，同时明确超出范围的不合理理由不应该成为证人拒绝出庭作证的免责理由，从而防止司法人员和警察证人的自我解释和扭曲说明。

三、警察证人拒不出庭的处罚措施

《刑事诉讼法》第 193 条规定："证人没有正当理由拒绝出庭或者出庭后拒绝作证的，予以训诫，情节严重的，经院长批准，处以十日以下的拘留。被处罚人对拘留决定不服的，可以向上一级人民法院申请复议。复议期间不停止执行。"可见，对于经人民法院通知而无正当理由不出庭作证或出庭后拒绝作证的证人，法院的制裁措施包括两个方面：一是训诫；二是处以十日以下的拘留。这一规定的适用范围为应当出庭作证的人，包括证人、鉴定人。证人拒不出庭的处罚措施是警察出庭作证制度贯彻落实的重要保障，然而在具体操作过程中还应当注意以下几方面问题：

一方面，警察证人拒不出庭处罚措施的适用标准问题。依据《刑事诉讼法》相关规定，训诫适用于所有无正当理由拒绝出庭作证的情形，拘留则只适用于拒绝出庭作证的严重情形。然而，在具体的适用标准上，何种情形属于情节严重，立法并未作具体规定。从警察证人出庭的必要条件来看，需要警察证人出庭作证的事实都是对被告人定罪量刑有重大影响的事实，不能因为需要警察证人证明的事实涉及定罪事项就属于情节严重，需要警察证人证明的事实仅仅是量刑事项就不是情节严重，因而仅仅以需要警察证人证明的具体案件事实为衡量标准是不妥当的。根据比例性原则，对警察证人采取的处罚，不仅应当与其拒绝出庭作证造成的后果适应，也应当与其违反义务之主观恶性程度适应。一般来说，案件性质越严重，警察证人拒绝出庭作证可能造成的负面后果就越严重；拒绝出庭的次数越多，说明警察证人对义务违反的主观态度越恶劣。[1]因此，应当综合案件性质、具体情节以及拒证次数等要素，来细化和完善警察证人拒不出庭处罚措施的适用标准。

---

[1] 吴光升：《论强制证人出庭作证制度的风险控制》，《证据科学》2012 年第 6 期。

　　另一方面，警察证人拒不出庭处罚的层次性和多样性问题。《刑事诉讼法》针对应当出庭的警察证人没有正当理由拒不出庭或者出庭后拒绝作证的行为，规定了训诫与拘留两种实体性处罚措施。但就该规定来看，拒证处罚措施缺乏层次性且具体操作不详，难以对警察证人不出庭的行为进行有效规制。特别是对于采取制裁措施后仍然拒绝出庭作证的证人，是否还可以再次制裁，或者司法机关穷尽处罚措施后，警察证人依然不愿出庭作证的情况如何处理，我国立法并没有做出明确规定。在德国，再次传唤不到的，还可再次采取制裁措施；对于出庭但拒绝作证或拒绝按要求宣誓的，可对其罚款或拘留，直至其改变主意，只是羁押的期限不能超过审判期限，且不能超过 6 个月。[1] 对于证人不出庭作证，国外很多立法还将其归为藐视法庭罪。

　　在英国，17 世纪通过判例确立了藐视法庭罪。凡行为本身构成对公正判决实施干预或者损害法庭声望的，即构成具有犯罪性质的藐视法庭罪。在 1941 年的"布里奇斯诉加利福尼亚州案"中，美国联邦最高法院确立了"明显而即刻的危险"原则，即某行为对司法程序和正义构成迫在眉睫的或即刻的威胁，将以藐视法庭罪而受到惩罚。[2] 大陆法系国家历来重视对法庭权威的维护，大都设立了藐视法庭罪或类似罪名对藐视法庭权威的

---

[1]【德】托马斯·魏根特：《德国刑事诉讼法》，岳礼玲、温小洁译，中国政法大学出版社，2004，第 70—17 页。

[2] 马长山：《藐视法庭罪的历史嬗变与当代司法的民主化走向》，《社会科学研究》2013 年第 1 期。

行为进行刑事追究，如法国、德国、俄罗斯、韩国等。[1]

在司法过程中，庭审活动承担着审理裁判案件以定纷止争的功能，其严格的程序和庄严的氛围彰显了司法权威，也保障了法律的指引、评价、教育与警示价值。证人拒不出庭作证实质上是对法庭权威的藐视和挑战，因而对藐视法庭行为进行严格治理已成为诸多法治国家的选择。我国可以借鉴国外立法的规定，将经采取制裁措施仍然拒绝出庭作证的行为纳入藐视法庭罪的归罪范围。藐视法庭的行为可以分为直接藐视法庭行为和间接藐视法庭行为，前者指证人在法庭内、庭审过程中的直接破坏庭审秩序的行为，包括出庭后拒绝作证、不听法官指挥随意走动或发言、肆意哄闹、强行录音摄影等；后者指在其他空间、时间发生的间接影响庭审功能、有损司法权威的行为，如采取制裁措施后证人仍然拒绝出庭作证的行为。

---

[1]《德国刑法典》在"对抗国家权力罪"一章中规定，以暴力或暴力威胁阻碍公务人员执行法律、法令、判决、裁定，或对其攻击的，处 2 年以下自由刑或罚金；同时规定，公务人员包括法官。《俄罗斯联邦法典》在"妨害司法罪"一章中设立了藐视法庭罪，规定藐视法庭，侮辱参加审理案件的人员的，处数额为最低劳动报酬 100 倍至 200 倍或被判刑人 1 个月至 2 个月工资或其他收入的罚金，或处 180 小时至 240 小时的强制性工作，或处 2 个月以上 4 个月以下的拘役。侮辱审判员、陪审员或者其他进行审判的人员的，处数额为最低劳动报酬 200 倍至 500 倍或被判刑人 2 个月至 5 个月工资或其他收入的罚金，或处 1 年以上 2 年以下的劳动改造，或处 4 个月以上 6 个月以下的拘役。法国在 1994 年 3 月 1 日生效的《刑法典》"妨害司法罪"一章设立了"侵犯对司法应有之尊重罪"，规定对正在履行职责的法官、陪审员或者其他司法建制中的人，以言语、动作或威胁或者以各种未公开的文字或形象、寄送任何物品，对其进行侮辱，旨在侵犯其尊严或侵犯对其所担负之职责的尊重的，处 1 年监禁并科 10 万法郎罚金。

结论

　　警察出庭作证，是指警察就其公务执法活动或者诉讼参与过程所亲历的客观事实（包括程序事实、量刑事实以及犯罪事实），出庭作证并接受控辩双方质询以及法官询问的诉讼法律制度。在我国，警察出庭作证制度经历了从无到有、从"偶尔为之"到"常态化"机制的发展过程。警察出庭作证制度的确立，对于促进侦查中心向审判中心诉讼模式的转变、实体公正向程序正义的转型、线性流水式作业向"三维诉讼构造"的发展、案件笔录中心向直接言词原则的跨越、"由供到证"向"由证到供"的侦查观念的转变，以及贯彻落实证据裁判原则、实物证据鉴真规则和推动庭审实质化改革具有重要的价值和作用。

　　然而，通过对 2012 年以来警察出庭作证制度实施的实证调查统计来看，该制度的贯彻落实仍面临诸多的问题和挑战，没有发挥应有的司法效能。其中，在外部制度环境层面，面临警检关系结构性矛盾、官方自证机制偏向性、程序性制裁机制缺失、庭审质证程序操作性不足以及案卷笔录中心主义的制度惯性等挑战；在内部"法空间"环境中，则面临警察出庭作证适用范围不明、身份界定模糊、作证形式单一、作证能力有限、庭审意识淡薄、业务培训不足、权利保障缺失以及启动、通知、送达、传唤、告知、宣誓、质证和庭外核实等程序规则不够健全等问题。

　　基于上述问题，本书从理论和制度双向维度对警察出庭作证的实施现状进行理论反思和制度检视，深入探讨警察"出庭难"和效率低的深层诱因，提炼警察出庭作证机制的内在机理和运行规律。

就法理范畴而言，本书通过出庭作证义务的规范分析、证明责任的逻辑结构阐释、警察证人的身份属性界定、刑事庭审证明模式的内在影响剖析等，对警察出庭作证进行了系统的法理反思和理论解构。其中，在出庭作证义务的规范分析中，发现我国法律虽然规定了包括侦查办案人员的证人都有出庭作证的法定义务，但是立法对于这种作证义务逻辑混乱、前后矛盾的规定，导致司法实践中证人拒证无处罚措施、控辩双方实际上的地位不平等以及配套性保障措施不健全等现象；在证明责任的逻辑结构方面，不被强迫自证其罪原则的缺失以及证人特权制度的不完善，使得证明责任的结构性矛盾日益突出，使警察出庭作证制度在侦查办案人员"道德义务"和"法律选择"的两难困境中举步维艰；在警察证人的身份属性方面，我国立法对于警察证人内涵和外延规定得相对模糊，导致警察是否具有证人资格在理论层面存在较大分歧，不仅影响警察出庭作证基础理论体系的构筑，而且导致侦查人员在出庭作证中的权利义务设置出现结构性错位；在刑事案件证明方面，我国实行的印证证明模式，虽然对于发现案件真实以及完善证明规则具有重要的推动作用，但是由于其过分强调庭审证言的"外部性"以及"书面证据优先"原则，使得刑事诉讼中的案卷中心主义大行其道，并给警察出庭作证带来了诸多的负面影响。

就制度检视而言，通过对警察证人庭审质证程序规则、警检关系结构模式、非法证据排除运行机制、出庭作证处罚和保障制度进行检视和分析，为我国警察出庭作证制度的顶层规划、制度设计、程序运行提供了更多的选择和可能。其中，在警察证人庭审质证程序方面，通过对庭审质证的外部"法空间"构成以及内部的质证形式和质证规则等层面的深入剖析，发现我国警察出庭作证效果不佳，不仅是因为在立法层面缺乏科学合理的庭审质证形式和质证规则，还在很大程度上受到司法体制和诉讼结构"法空间"制度环境的影响；在警检关系结构模式方面，由于"线性流水作业"的主导、检警目标共同性的缺失和侦诉职能共同体的模糊，加上侦控结构的长期错位和侦检部门在出庭作证制度衔接方面的立法缺失，使得警检关系的结构性矛盾成为阻碍警察出庭作证制度发展的重要隘口；在非法证据排除程序方面，侦查人员出庭作证程序启动规则的笼统性、非法证据排除证明体系中官方自证机制的偏向性以及作证内容的形式化，使当下的非法证据排除程序无法满足庭审实质化的改革趋势和侦查取证合法性证明的内在要求；在配套性保障机制方面，由于人身安全保护、豁免权制度、经济补偿措施、行政处罚机制、特殊作证机制以及程序性制裁措施的缺失，使得警察出庭作证制度往往因权利保障不到位而在实践中流于形式。

针对警察出庭作证贯彻落实中的具体问题，本书在法理反思和制度检视基础上，提出了我国警察出庭作证制度发展完善的改革路径和具体对策。

首先，从侦查到庭审——警察出庭作证能力的精进。警察出庭作证作为 2012 年《刑事诉讼法》规定的一项新制度，将警察与控辩双方以及案件的裁判结果联系得更为紧密。然而，由于警察出庭意识的欠缺和对作证流程、庭审规则的不熟悉，导致实践中警察出庭的数量较少以及作证效果不佳。为此，本书从出庭意识之转变、作证规则之熟稔、应答策略之提升、庭审举止之有度四个维度出发，加强警察出庭作证的能力建设，促进侦查中心向审判中心的过渡，实现警务执法和司法审判的内在衔接，推进专业办案能力向综合执法素质的转化。同时，在全面总结警察出庭作证的实践经验和程序规范的基础上，以理论和案例、规范和技巧、模拟和实战相结合的方式，推进警察出庭作证培训体系在内容、模式和方法上的创新和突破。

其次，从规范到过程——警察出庭作证程序的细化。警察出庭作证是一项新制度，现行立法对其只做出了全景式的概括规定而缺乏具体的程序规范。当前，程序性规则的模糊和缺失已成为警察出庭作证落实过程中的一大规范性难题和制度性障碍。鉴于此，本书建议通过构筑警察出庭作证庭前程序、庭审质证程序规则以及庭外核实程序，促进警察出庭作证由制度规范到具体实践的落实。

具体而言，通过完善庭前会议程序中的警察证人出庭审查机制，革新非法证据排除庭前处理程序和证据开示程序以及制定送达、传唤和通知程序规则，促进警察出庭作证庭前程序的构筑；通过重塑证人身份查明及权利义务告知程序，创设证人宣誓程序、完善证人质证程序规则以及设置警察证人证言证明力的审查机制，推动警察证人出庭作证庭审程序的发展；通过规范庭外核实程序启动规则，形塑庭外核实的"三方构造"以及建立健全警察出庭作证"庭外范式规则"，促进警察出庭作证制度的法治化和规范化。

再次，从破案到胜诉——公安侦查取证程序的完善。如上所述，在警察出庭作证的启动缘由和作证内容方面，程序性违法事项所占比例最大，这在很大程度上折射出侦查取证的规范存在很大问题，特别是侦查取证中的程序性违规问题依然较为突出。事实上，警察出庭作证制度不仅对推动庭审实质化具有重要价值，同时对侦查人员程序意识、证据意识和法治意识的树立以及公安执法规范化的落实具有积极作用。因此，本书以警察出庭作证的倒逼机制研究为视角，从侦查理念转型、调查取证措施规范化建设以及侦诉审关系结构重塑三个维度，分析和探讨公安侦查取证程序的完善。为促进从破案到胜诉的法治公安建设目标，在侦查理念方面，应促进侦查人员从犯罪控制向法治侦查办案观的转型、从"由供到证"向"由证到供"证明观的转型、从实体公正向程序正义价值观的转型。在侦诉审关系结构方面，促进侦诉关系结构的重塑，建立健全公诉引导侦查机制；推动侦审关系结构的革新，全面引入司法审查与司法令状制度；加快侦辩关系结构的调整，实施侦查程序"三维构造"的改革。在侦查取证措施的操作方面，应坚持证据裁判原则，确保证据材料禁得起法庭的调查和质证；坚持非法证据排除规则，倒逼侦查取证的规范化与法治化；坚持疑罪从无原则，保障被追诉人在侦查阶段的各项诉讼权利；坚持程序公正原则，强化侦查取证措施的程序合法性。

最后，从线性到系统——警察出庭作证配套保障机制的构建。警察出庭作证制度的贯彻落实，并不是单靠立法就可以解决的问题。需要庭审规则、作证方式、证人保护规则、物质保障机制以及诉讼模式的整体改革，以及相关配套制度措施的有效支撑，才能使警察出庭作证由静态的制度规范变为动态的现实操作。因而，本书在系统论的基础上，对警察证人特殊作证方式、警察证人特免权规则、警察证人作证保护制度以及警察证人拒证责任追究制度进行了系统分析和深入探讨。其中，在警察证人特殊作证方式方面，通过对域外经验的比较研究以及对司法实务的现实需求分析，

对特殊作证方式的适用对象、适用范围以及程序细则进行了制度探索和立
法回应；在警察证人特免权方面，通过界定警察证人特免权的内涵和外延，
将其划分为基于保守公务秘密的拒证权、基于拒绝自我归罪的豁免权和基
于公共利益的证人特免权，并在此基础上提出警察证人特免权的规范体系
和实施细则；在警察证人作证保护方面，通过明确保护主体、完善保护措
施、细化保护程序以及构建配套保障机制，提高警察证人作证保护制度的
可操作性与科学性；在警察证人拒证责任追究方面，通过对警察证人拒不
出庭证言效力的法理阐释和对拒不出庭法律责任的理论剖析，建立健全警
察证人拒不出庭处罚的适用标准以及实体和程序双向维度的层次化处罚措
施体系。

参考文献

一、著作类

[1] 陈卫东. 刑事诉讼法. 北京：中国人民大学出版社，2004.

[2] 陈瑞华. 刑事诉讼的前沿问题 (第二版). 北京：中国人民大学出版社，2005.

[3] 陈瑞华. 程序性制裁理论. 北京：中国法制出版社，2004.

[4] 何家弘，张卫平. 外国证据法选编 (下卷). 北京：人民法院出版社，2000.

[5] 何家弘. 新编证据法学. 北京：法律出版社，2000.

[6] 何家弘. 证人制度研究. 北京：人民法院出版社，2004.

[7] 王兆鹏. 美国刑事诉讼法. 台北：台湾元照出版有限公司，2004.

[8] 李玉华. 警察出庭作证指南. 北京：中国人民公安大学出版社，2014.

[9] 樊崇义. 证据法学. 北京：法律出版社 2003.

[10] 万毅. 底限正义论. 北京：中国人民公安大学出版社，2006.

[11] 江必新. 法治国家建设与司法公信. 北京：人民法院出版社，2013.

[12] 季卫东. 法律程序的意义. 北京：中国法制出版社，2004.

[13] 葛洪义. 法律方法与法律思维. 北京：中国政法大学出版社，

2002.

　　[14] 杨郁娟．侦查模式研究．北京：中国人民公安大学出版社，2009.

　　[15] 张文显．法哲学范畴研究．北京：中国政法大学出版社，2001.

　　[16] 陈光中，江伟．诉讼法论丛．北京：法律出版社，2000.

　　[17] 陈光中．联合国刑事司法准则与中国刑事法制．北京：法律出版社，1999.

　　[18] 李世光，等．国际刑事法院罗马规约评释．北京：北京大学出版社，2006.

　　[19] 王进喜．刑事证人证言论．北京：中国人民公安大学出版社，2002.

　　[20] 王进喜．美国《联邦证据规则》（2011年重塑版）条解．北京：中国法制出版社，2012.

　　[21] 杜国栋．论证据的完整性．北京：中国政法大学出版社，2012.

　　[22] 易延友．证据法的体系与精神．北京：北京大学出版社，2010.

　　[23] 沈德咏．刑事证据制度与理论．北京：人民法院出版社，2006.

　　[24] 刁荣华．比较刑事证据法各论．台北：汉林出版社，1984.

　　[25] 宋英辉、吴宏耀．刑事审判前程序研究．北京：中国政法大学出版社，2002.

　　[26] 宋英辉，孙长永，刘新魁，等．外国刑事诉讼法．北京：法律出版社，2006.

　　[27] 风笑天．社会学研究方法．北京：中国人民大学出版社，2001.

　　[28] 汪建成．理想与现实——刑事证据理论的新探索．北京：北京大学出版社，2006.

　　[29] 左卫民，等．中国刑事诉讼运行机制实证研究．北京：法律出版社，2007.

　　[30] 王永杰．从讯问到询问：关键证人出庭作证制度研究．北京：法律出版社，2012.

　　[31] 陈朴生．刑事证据法．台北：三民书局，1979.

　　[32]【美】迈克尔·D.贝勒斯．法律的原则——一个规范的分析．张文显，等，译．北京：中国大百科全书出版社，1996.

[33]【美】乔恩·R.华尔兹.刑事证据大全（第二版），何家弘，等，译.北京：中国人民公安大学出版社，2004.

[34]【美】约翰·W.斯特龙.麦考密克论证据.北京：中国政法大学出版社，2004.

[35]【德】托马斯·魏根特.德国刑事诉讼程序.岳礼玲，等，译.北京：中国政法大学出版社，2003.

[36]【美】伟恩·R.拉费弗，杰罗德·H.伊斯雷尔.刑事诉讼法.卞建林，沙丽金，等，译.北京：中国政法大学出版社，2003.

[37]【美】迈克尔·H.格莱姆.联邦证据法.北京：法律出版社，1999.

[38]【法】贝尔纳·布洛克.法国刑事诉讼法.罗结珍，译.北京：中国政法大学出版社，2009.

[39]【英】鲁珀特·克罗斯，菲利普·A.琼斯.英国刑法导论.北京：中国人民大学出版社，1991.

[40]【日】田口守一.刑事诉讼法.张凌，于秀峰，译，北京：中国政法大学出版社，2010.

[41]【美】汉密尔顿，等.联邦党人文集.程逢如，等，译.北京：商务印书馆，1980.

[42]【德】汉斯·普维庭.现代证明责任问题.吴越，译.北京：法律出版社，2000.

[43]【德】罗森贝克.证明责任论（第四版），庄敬华，译.北京：中国法制出版社，2002.

二、期刊类

[1] 龙宗智.庭审实质化的路径和方法.法学研究，2015（5）.

[2] 龙宗智.印证与自由心证——我国刑事诉讼证明模式.法学研究，2004（2）.

[3] 龙宗智.我国刑事庭审中人证调查的几个问题.政法论坛，2008（5）

[4] 龙宗智.刑事庭审人证调查规则的完善.当代法学，2018（1）.

[5] 龙宗智.论刑事对质制度及其改革完善.法学，2008（5）.

[6] 陈卫东. 论犯罪嫌疑人的诉讼主体地位. 法商研究, 2003 (3).

[7] 陈卫东. 看守所实施新刑事诉讼法实证研究报告. 政法论丛, 2014 (4).

[8] 陈瑞华. 论侦查人员的证人地位. 暨南学报 (哲学社会科学版), 2012 (2).

[9] 陈瑞华. 论侦查中心主义. 政法论坛, 2017 (2).

[10] 陈瑞华. 论瑕疵证据补正规则. 法学家, 2012 (2).

[11] 沈德咏. 论以审判为中心的诉讼制度改革. 中国法学, 2015 (3).

[12] 沈德咏. 论疑罪从无. 中国法学, 2013 (5).

[13] 沈德咏. 变革与借鉴: 传闻证据规则引论. 中国法学, 2005 (5).

[14] 李玉华. 我国侦查讯问录音录像实施中的十大问题. 中国人民公安大学学报 (社会科学版), 2014 (3).

[15] 王敏远. 电子数据的收集、固定和运用的程序规范问题研究. 法律适用, 2013 (9).

[16] 张保生. 非法证据排除与侦查办案人员出庭作证规则. 中国刑事法杂志, 2017 (4).

[17] 张保生, 常林. 2012 年我国证据法治发展的步伐. 证据科学, 2014 (2).

[18] 周欣. 警察出庭作证制度的中国化进程. 中国人民公安大学学报 (社会科学版), 2015 (2).

[19] 左卫民. 刑事证人出庭作证程序实证研究与理论阐析. 中外法学, 2005 (6).

[20] 左卫民. "热" 与 "冷": 非法证据排除规则适用的实证研究. 法商研究, 2015 (3).

[21] 左卫民. "印证" 证明模式反思与重塑: 基于中国刑事错案的反思. 中国法学, 2016 (1).

[22] 左卫民、马静华. 效果与悖论: 中国刑事辩护作用机制实证研究. 政法论坛, 2012 (2).

[23] 谢波. 从警检关系论警察出庭作证. 国家检察官学院学报, 2015 (2).

[24] 谢波. 以审判为中心视野下公安刑侦工作的问题及其改革. 长白

学刊，2017（1）.

[25] 熊秋红 . 刑事庭审实质化与审判方式改革 . 比较法研究，2016（5）.

[26] 汪海燕 . 论刑事庭审实质化 . 中国社会科学，2015（2）.

[27] 乔宗楼 . 审判中心下侦查工作之困境与路径 . 北京警察学院学报，2017（4）.

[28] 叶青 . 以审判为中心的证人、鉴定人出庭作证制度的实践思考 . 中国司法鉴定，2017（4）.

[29] 林劲松 . 我国侦查案卷制度反思 . 中国刑事法杂志，2009（4）.

[30] 林劲松 . 刑事审判书面印证的负效应 . 浙江大学学报（人文社会科学版），2009（6）.

[31] 卞建林 . 证据裁判原则在我国的确立与贯彻 . 贵州民族大学学报（哲学社会科学版），2015（4）.

[32] 杨开湘，宋扬 . 社会司法鉴定人和职能司法鉴定人 . 中国司法鉴定，2009（5）.

[33] 汪建成 . 中国刑事司法鉴定制度实证调研报告 . 中外法学，2010（2）.

[34] 王睿 . 公安机关鉴定人出庭作证率低原因分析及对策 . 中央民族大学硕士论文，2016.

[35] 王睿 . 信息化视角下现场取证规范管理研究 . 湖北警官学院学报，2015（7）.

[36] 姬艳涛 . 关于警察出庭作证的几个问题探讨 . 公安学刊，2015（1）.

[37] 孙长永 . 审判阶段非法证据排除问题实证考察 . 现代法学，2014（1）.

[38] 孙长永 . 强制侦查的法律控制与司法审查 . 现代法学，2005（5）.

[39] 阮堂辉 . 论"特殊作证方式"及其在我国的建构 . 湖北经济学院学报（人文社会科学版），2007（1）.

[40] 余方晟，叶成国 . 庭审中心视野下强制证人出庭作证研究 . 河北法学，2016（3）

[41] 李奋飞 . 通过程序制裁遏制刑事程序违法 . 法学家，2009（1）.

[42] 柴艳茹 . 侦查人员出庭说明情况调查 . 国家检察官学院学报，2013（11）.

[43] 李建明 . 刑事证据相互印证的合理性与合理限度 . 法学研究，

2005（6）.

[44] 谢勇，王广聪．证人强制出庭制度弱化的趋向与校正．湘潭大学学报（哲学社会科学版），2012（5）.

[45] 杨波．审判中心下印证证明模式之反思．法律科学（西北政法大学学报），2017（3）.

[46] 陈岚．我国刑事审判中交叉询问规则之建构．法学评论，2009（6）.

[47] 刘晓兵．交叉询问质证功能论略．证据科学，2016（4）.

[48] 颜飞．论刑事诉讼法修改中庭审对质制度的完善．法律适用，2012（7）.

[49] 韩旭．刑事庭审质证运行状况实证研究．法治研究，2016（6）.

[50] 廖勇，吴卫军．新刑事诉讼法证据规则评析——基于证据裁判原则的视角．北方法学，2013（5）.

[51] 蒋石平．美国和日本刑事证据开示制度比较研究．政法学刊，2004（4）.

[52] 徐利英．关于刑事证据开示制度的思考．中国刑事法杂志，2013（9）.

[53] 林慧．论我国刑事证据开示制度的完善．浙江工业大学硕士学位论文，2013.

[54] 陈光中，郭志媛．非法证据排除规则实施若干问题研究．法学杂志，2014（9）.

[55] 王俊民．证人拒绝出庭作证法律责任与法律后果应并重．东方法学，2012（3）.

[56] 闫召华．口供中心主义评析．证据科学，2013（4）.

[57] 李品．公安机关"由供到证"侦查模式的制约．山西省政法管理干部学院学报，2010（2）.

[58] 孙运利．"以审判为中心"对公安刑事侦查工作的影响及应对．山东警察学院学报，2018（1）.

[59] 杨婷．论大数据时代我国刑事侦查模式的转型．法商研究，2018（1）.

[60] 刘卉．侦查法治的理念与实现路径．中国人民公安大学学报（社会科学版），2016（2）.

[61] 何家弘．从侦查中心转向审判中心——中国刑事诉讼制度的改良．

中国高校社会科学，2015（2）.

[62]余缨，宋远升.从侦查中心主义到审判中心主义下的诉审关系建构.犯罪研究，2016（4）.

[63]鲁晓荣.中外警检关系比较及我国警检模式之构想.中国刑事法杂志，2009（4）.

[64]张可，陈刚.审判中心视野下侦查程序的改革与完善.河南社会科学，2016（6）.

[65]龚举文.审判中心主义与职务犯罪侦查的理论辨析及其制度构建.法学评论，2015（6）.

[66]杜康瑞.强制侦查行为司法审查机制的探究.吉林大学硕士论文，2007.

[67]赵颖.英国的司法审查之诉.河北法学，2005（7）.

[68]刘为军.英美侦查体制的发展动向及启示.山东警察学院学报，2016（5）.

[69]姚莉，黎晓露.侦查诉讼化模式再解读及其制度逻辑.法学杂志，2017（7）.

[70]陈蕾.新刑诉法施行后侦查讯问的困境及破解.犯罪研究，2015（6）.

[71]曹晓宝.侦查讯问的实践误区及其应对策略.湖北警官学院学报，2018（2）.

[72]曹晓宝.论视频侦查取证的策略与规范操作程式.山东警察学院学报，2017（2）.

[73]胡志风.侦查讯问笔录制作规范化实证研究.国家检察官学院学报，2014（4）.

[74]何永军.刑事物证的困境及出路.昆明理工大学学报（社会科学版），2016（3）.

[75]江佳佳.审判中心主义下刑事犯罪现场勘查制度完善.辽宁警察学院学报，2017（1）.

[76]魏秀丽.现场常见物证提取、保存的规范操作.警察技术，2006（1）.

[77]王景龙.论笔录证据的功能.法学家，2018（2）.

[78]谭秀云.刑事诉讼中物证真实性的保障机制研究.武陵学刊，

2016（3）.

[79] 刘雷元. 侦查机关物证保管机制研究. 黑龙江工业学院学报，2017（11）.

[80] 周维芳. 实物证据保管问题研究. 扬州大学硕士论文，2013.

[81] 杨颐嘉. 我国证据保管链制度及其记录体系问题研究. 齐齐哈尔大学学报 (哲学社会科学版)，2017（6）.

[82] 吴晓烊，王军. 略论刑事诉讼中物证制度的问题与对策. 江苏警官学院学报，2014（4）.

[83] 李娜. 电子证据取证程序研究. 河北公安警察职业学院学报，2017（4）.

[84] 任庆华. 电子证据取证规范化初探. 中国人民公安大学学报 (自然科学版)，2010（4）.

[85] 李庚强. 论刑事侦查中电子证据取证程序的规范化. 安阳师范学院学报，2014（1）.

[86] 吴思颖. 电子证据取证模型研究. 重庆邮电大学硕士论文，2014.

[87] 殷志娟. 侦查中电子证据取证的规范化研究. 山西大学硕士论文，2013.

[88] 韩宇. 刑事案件中公安机关取证规范化研究. 湖北警官学院学报，2015（12）.

[89] 何建波. 国内外电子数据取证标准规范研究. 保密科学技术，2016（3）.

[90] 周晓宇. 视频侦查的规范化研究. 西南政法大学硕士论文，2014.

[91] 杨郁娟. 打击犯罪新机制之网上作战方法. 铁道警官高等专科学校学报，2012（2）.

[92] 杨郁娟. 论视频监控信息的侦查应用模式. 广州市公安管理干部学院学报，2011（4）.

[93] 胡尔贵. 大数据背景下视频监控的特殊侦查价值及现实考量. 广西警察学院学报，2017（4）.

[94] 王长杰. 视频侦查工作困局及规范化路径研究. 江苏警官学院学报，2016（2）.

[95]甄贞,张慧明.技术侦查立法与职务犯罪侦查模式转变.人民检察,2013（9）.

[96]李瑛.论公安机关秘密侦查的法律规制.中国人民公安大学学报（社会科学版）,2015（4）.

[97]王东.技术侦查的法律规制.中国法学,2014（5）.

[98]裴炜.比例原则视域下电子侦查取证程序性规则构建.环球法律评论,2017（1）.

[99]刘鹏里.我国技术侦查审批程序研究.广西警官高等专科学校学报,2016（1）.

[100]丁寒,杨铭宇.借鉴域外经验完善我国技术侦查制度的思考.辽宁公安司法管理干部学院学报,2018（3）.

[101]向燕.人权视野下的证人隐名制度.证据科学,2008（3）.

[102]刘少军.美国警察证人豁免权制度评介.政法学刊,2014（3）.

[103]王少华.权利与义务的平衡——刑事诉讼中第三方的人权保障.湖南警察学院学报,2012（3）.

[104]朱利江.美国证人保护制度及其启示.人民检察,2001（12）.

[105]高雅.《刑事诉讼法》修改后公安机关实施证人保护制度的思考.北京警察学院学报,2014（2）.

[106]马长山.藐视法庭罪的历史嬗变与当代司法的民主化走向.社会科学研究,2013（1）.

附录

侦查人员出庭作证程序性规定（立法建议稿）

第一条【立法目的】为推动审判中心主义下庭审实质化的改革，规范侦查人员出庭作证活动，增强侦查人员的证据意识、程序意识和庭审意识，保证刑事诉讼程序的顺利开展，根据《中华人民共和国刑事诉讼法》《公安机关办理刑事案件程序规定》《关于办理刑事案件严格排除非法证据若干问题的规定》，以及《人民法院办理刑事案件第一审普通程序法庭调查规程（试行）》等法律法规制定本规定。

第二条【侦查人员出庭作证的内涵】侦查人员出庭作证，是指侦查人员就其公务执法或者诉讼参与过程中所亲历的客观事实（包括程序事实、量刑事实以及犯罪事实），出庭作证并接受控辩双方质询和法庭询问的诉讼活动。

第三条【质证原则】经法庭合法通知，侦查人员应当按时出庭，就自己所了解的案件情况依法如实向法庭进行陈述，接受控辩双方质询以及法庭询问。

第四条【程序法定原则】侦查机关、人民检察院和人民法院应当严格遵守法定程序，保障侦查人员出庭作证，确保出庭侦查人员的各项诉讼权利。

第五条【如实陈述义务原则】侦查人员在出庭作证中，对于有关案件的提问，应当客观公正、实事求是地予以回答，不得加以揣测和推断。对提问中与案件无关或者涉及侦查工作秘密的问题，经法庭同意，可以拒绝回答。

第六条【责任部门】警察出庭作证的业务协调部门为各级公安机关法制部门，其履行以下职责：

（一）收到人民法院出庭通知后，应当及时通知出庭的侦查人员所在部门；

（二）协助出庭的侦查人员所在部门与人民法院、人民检察院进行沟通；

（三）为出庭作证的侦查人员提供相应的法律意见和作证能力培训；

（四）其他应当由法制部门履行的职责。

出庭作证的侦查人员所在部门应当积极支持其出庭作证，并协助做好相关准备和辅助工作。

第七条【启动程序】人民法院认为侦查人员有必要出庭作证，可以依职权直接决定其出庭作证。

人民检察院认为侦查人员有必要出庭作证，可以向人民法院提出申请。人民检察院在庭审前提出申请，须以书面形式列明要求出庭作证的侦查人员的姓名以及出庭作证的主要案件事实，由人民法院作出是否批准的决定。在庭审过程中，公诉人要求侦查人员出庭作证，可以书面或口头申请的形式提出，由人民法院同意后，作出延期审理的决定。

被告人及辩护人对侦破经过、证据来源、证据真实性或者证据收集合法性等有异议，申请侦查人员出庭，人民法院经审查认为有必要的，应当通知侦查人员出庭。

侦查人员也可以主动要求出庭作证。

第八条【启动救济】对于控辩双方提出的侦查人员出庭作证申请，法官不予批准的，应以书面形式及时告知。对于不批准的决定，双方可以向庭前准备法官申请复议一次。对复议决定仍不服的，可以向上级人民法院申请复核。

第九条【应当出庭作证的情形】具有下列情形之一，人民法院认为有必要通知侦查人员出庭作证的，侦查人员应当出庭作证：

（一）侦查人员履行职务过程中在犯罪现场目击犯罪事实发生，或者当场抓获犯罪嫌疑人，或者犯罪嫌疑人主动投案或者有立功表现，人民法院认为有必要通知侦查人员就其知晓的案件相关情况出庭作证；

（二）当事人及其辩护人、诉讼代理人提出侦查中存在刑讯逼供等非法取证问题，并提供相应线索，人民法院启动非法证据排除程序，通知侦查人员出庭作证；

（三）公诉人、当事人或者辩护人、诉讼代理人就侦查人员实施重要物证、书证等证据的扣押、调取或现场勘验、检查、搜查、辨认等侦查活动获得的证据是否合法质疑，人民法院认为有必要通知侦查人员出庭作证；

（四）侦查人员有必要出庭作证的其他情形。

第十条【侦查人员主动要求出庭作证的情形】具有下列情形之一，经同级公安机关法制部门审核，县级以上公安机关负责人批准，并通报出庭的人民检察院，侦查人员可以主动要求出庭作证：

（一）重要证据来源的合法性受到质疑；

（二）侦查活动和办案程序的合法性受到质疑；

（三）需要对侦查活动的专门性问题予以说明。

第十一条【通知】庭前准备法官应至迟在开庭前七天将《出庭作证通知书》送达拟出庭的侦查人员。《通知书》应记明开庭时间、地址、案件当事人姓名、案由、享有的权利、不出庭作证的法律后果等内容。

送达员应将通知书直接送达拟出庭的侦查人员，记明送达时间、送达员姓名，并让侦查人员签字，不得转交他人送达；对于侦查人员不签收的，可以邀请两名见证人在场，写明送达员姓名、送达情况、时间、地点等，由见证人签字，将通知书留在侦查人员处，视为送达。

第十二条【强制出庭】人民法院依法通知出庭的侦查人员，无正当理由拒不出庭的，经院长同意，可以强制其出庭，但是被告人的配偶、父母、子女除外。

强制侦查人员出庭，应当由院长签发强制证人出庭令，并由法警执行，必要时，可以提请公安机关协助执行。

第十三条【不出庭的实体性制裁】经法院依法通知，侦查人员无正当理由，拒绝出庭作证的，法庭可以视情节轻重，采取训诫、拘传、罚款、拘留。

情节特别严重的，可以依法追究不出庭侦查人员的刑事责任。

第十四条【不出庭的程序性制裁】经人民法院通知，侦查人员拒不出庭作证，其庭前证言真实性无法确认的，不得作为定案的根据。

第二审人民法院发现第一审程序中应当出庭的侦查人员没有出庭，应撤销原判，发回重审。

第十五条【核实】侦查人员出庭，法庭应当当庭核实其身份、与当事人以及本案的关系，审查侦查人员的作证能力、身份信息，并告知其有关作证的权利义务和法律责任。

侦查人员作证前，应当保证向法庭如实提供证言、说明案件情况，并在保证书上签名。

第十六条【询问程序】侦查人员出庭后，先由对本诉讼主张有利的控辩一方发问；发问完毕后，经审判长准许，对方也可以发问。

控辩双方发问完毕后，可以归纳本方对证人证言的意见，控辩双方如有新的问题，经审判长准许，可以再行发问。

审判人员认为必要时，可以询问侦查人员。经审判长准许，被告人可以向侦查人员发问。

第十七条【询问原则】向侦查人员发问应当遵循以下原则：

（一）发问内容应当与案件事实有关；

（二）不得采用诱导方式发问；

（三）不得威胁或者误导侦查人员；

（四）不得损害侦查人员人格尊严；

（五）不得泄露侦查人员个人隐私。

第十八条【发问规则】控辩双方可以通过提问的方式向侦查人员询问与案件事实有关的问题，也可以让侦查人员向法庭自由陈述其所亲自感知的案件事实。

控辩一方发问方式不当或者内容与案件事实无关，违反有关发问规则的，对方可以提出异议。对方当庭提出异议的，发问方应当说明发问理由，审判长判明情况予以支持或者驳回；对方未当庭提出异议的，审判长也可以根据情况予以制止。

审判长认为侦查人员当庭陈述的内容与案件事实无关或者明显重复的，可以进行必要的提示。

第十九条【分别询问】有多名侦查人员出庭作证的案件，向侦查人员发问应当分别进行。

侦查人员出庭作证前，应当在法庭指定的地点等候，不得谈论案情。侦查人员出庭作证后，审判长应当通知法警引导其退庭。侦查人员不得旁听对案件的审理。

第二十条【对质】证言之间存在实质性差异，需要侦查人员进行对质的，法庭可以传呼有关侦查人员到庭对质。

第二十一条【证据出示】侦查人员出庭作证的，其庭前证言一般不再出示、宣读，但以下情形除外：

（一）侦查人员出庭作证时遗忘或者遗漏庭前证言的关键内容，需要向其作出必要提示；

（二）侦查人员的当庭证言与庭前证言存在矛盾，需要侦查人员作出合理解释。

为核实证据来源、证据真实性等问题，或者唤起侦查人员记忆，经审判长准许，控辩双方可以在询问侦查人员时向其出示物证、书证等证据。

第二十二条【特殊作证形式】对于出庭作证可能危及侦查人员人身安全和泄露侦查秘密以及造成其他严重后果的，经检察院申请，或法庭依职权决定，侦查人员可以通过物理屏障、双向视听传播等技术，改变声音、相貌等特殊作证形式进行作证。

第二十三条【人身保护】侦查人员因出庭作证，本人或者其近亲属的人身安全面临危险的，人民法院应当采取不公开其真实姓名、住址和工作单位等个人信息，或者不暴露其外貌、真实声音等保护措施。

决定对出庭作证的侦查人员采取不公开个人信息的保护措施的，审判人员应当在开庭前核实其身份，对侦查人员如实作证的保证书不得公开，在判决书、裁定书等法律文书中可以使用化名等代替其个人信息。

审判期间，侦查人员提出保护请求的，人民法院应当立即审查，确有必要的，应当及时决定采取相应的保护措施。必要时，可以商请公安机关采取专门保护措施。

第二十四条【豁免权】侦查人员出庭作证后，司法机关在以后的诉讼中不能以侦查人员在法庭上提供的证言作为追究其法律责任的直接依据。如果有合理根据认为侦查人员确实存在违法犯罪行为，司法机关必须另行通过调查取证活动来收集侦查人员不法行为的相关证据，而不能使用侦查人员出庭作证中的不利证言。

如果侦查人员出庭作证涉及国家秘密、技术侦查措施或者其他职务履行中应当保密的事项，应当豁免侦查人员就该保密事项出庭作证，而以庭外调查核实的方式进行质证和认定。

第二十五条【经济补偿】侦查人员出庭作证所支出的交通、住宿、就餐等合理费用，列入证人出庭作证补助专项经费，在出庭作证后由人民法院依照规定程序发放。

第二十六条【效力】本程序自发布之日起实施。